Terminologia Médica Para L...

Beverley Henderson, CMT e Jennifer D...

Compreender a terminologia médica começa com conhecer os sistemas do corpo, reconhecer as raízes das palavras médicas comumente usadas, entender a influência grega na terminologia médica e aprender aquelas palavras médicas difíceis de soletrar.

Os Sistemas do Corpo

Seu corpo é composto de muitos sistemas, cada um com suas próprias partes vitais que trabalham juntas. Esta lista representa os sistemas corporais e as partes específicas incluídas neles:

- **Esquelético:** ossos, esqueleto axial, esqueleto apendicular e articulações
- **Muscular:** músculos e tendões
- **Tegumentar:** pele, cabelo, unhas e glândulas da pele
- **Sensorial:** olhos, ouvidos, nariz, receptores da pele e boca
- **Cardiovascular:** coração, vasos sanguíneos e sangue
- **Linfático:** amígdalas, baço, timo, gânglios linfáticos ou linfonodos, vasos linfáticos e fluido linfático
- **Respiratório:** nariz, faringe, laringe, traqueia, brônquios e pulmões

- **Gastrointestinal:** boca, esôfago, estômago, intestinos delgado e grosso, pâncreas, fígado e vesícula biliar
- **Endócrino:** hormônios, glândula pituitária, tireoide, glândulas adrenais, pâncreas e gônadas
- **Nervoso:** cérebro, medula espinhal, nervos e órgãos sensoriais
- **Urinário:** rins, ureteres, bexiga e uretra
- **Reprodutor:** ovários, tubas uterinas, útero e vagina, nas mulheres; testículos, ductos, pênis, uretra e próstata, nos homens

Raízes Médicas Comuns

A raiz de uma palavra é a sua parte principal e o significado central. Essas raízes médicas comuns dão uma ideia geral sobre o que você está lidando ou uma parte específica do corpo.

- **Abdomin/o:** abdômen
- **Aden/o:** glândula
- **Anter/o:** frente
- **Arteri/o:** artéria
- **Audi/o:** audição
- **Bio:** vida

- **Braqui/o:** braço
- **Bronqu/i, bronc/o:** brônquios
- **Carcin/o:** câncer
- **Cardi/o:** coração
- **Cit/o:** célula
- **Col/o:** cólon

Terminologia Médica Para Leigos
Beverley Henderson, CMT e Jennifer Dorsey

Folha de Cola

- ✔ **Derm/a, derm/o, dermat/o:** pele
- ✔ **Dors/i, dors/o:** costas ou posterior
- ✔ **Encefal/o:** cérebro
- ✔ **Farmac/o:** medicamento
- ✔ **Gastr/o:** estômago
- ✔ **Ginec/o:** mulher
- ✔ **Hemat/o:** sangue
- ✔ **Hist/o, histi/o:** tecido
- ✔ **Intestin/o:** intestino
- ✔ **Lapar/o:** abdômen ou flanco
- ✔ **Linf/o:** vasos linfáticos
- ✔ **Mi/o:** músculo
- ✔ **Neur/o:** nervo
- ✔ **Ocul/o:** olho
- ✔ **Oftalm/o:** olhos

- ✔ **Optic/o, opt/o:** visão, vista
- ✔ **Or/o:** boca
- ✔ **Ot/o:** ouvido
- ✔ **Pat/o:** doença
- ✔ **Pulmon/o:** pulmões
- ✔ **Sept/o:** infecção
- ✔ **Torac/o:** tórax/peito
- ✔ **Tir/o:** glândula tireoide
- ✔ **Traquel/o:** pescoço ou semelhante a pescoço
- ✔ **Tric/o:** pelo ou semelhante a pelo
- ✔ **Ventr/i, ventr/o:** frente do corpo
- ✔ **Viscer/o:** víscera (órgãos internos)

Termos Médicos Geralmente Escritos de Forma Errada

Não desanime ao estudar terminologia médica. Um grande grupo de termos médicos são notórios por serem difíceis de soletrar. Os termos a seguir são geralmente soletrados de forma errada:

Abscesso, adolescência, alimentação, alopecia, Alzheimer, amígdalas, amigdalectomia, analisar, aneurisma, anorexia, arritmia, ascite, asfixia, assistolia, ausculta, baço, calo, cateter, caucasiano, catapora, cirrose, curetagem, decúbito, diabetes mellitus, diaforese, diafragma, dilatação, difteria, eczema, efusão, esplenectomia, extrair, epididimite, fáscia, flácido, vesícula biliar, gangrena, gonorreia, hemoptise, hemorroida, higiene, icterícia, inocular, intraocular, intussuscepção, isquemia, melanina, menstruação, oftalmologia, ooforectomia, ortopneia, marcapasso, paliativo, palpitação, períneo, periósteo, peritônio, peroneal, prótese, próstata, prurido, sagital, sedentário, sequela, sífilis, síncope, suplantar, tricúspide, úmero, ventrículo e xifoide.

Terminologia Médica PARA LEIGOS®

Por Beverley Henderson, CMT e Jennifer Dorsey

ALTA BOOKS
EDITORA
Rio de Janeiro, 2016

Terminologia Médica Para Leigos — ISBN: 978-85-7608-918-6
Copyright © 2016 da Starlin Alta Editora e Consultoria Eireli.

Translated from original Medical Terminology For Dummies © 2009 by John Wiley & Sons, Inc. ISBN 978-0-470-27965-6. This translation is published and sold by permission of John Wiley & Sons, Inc., the owner of all rights to publish and sell the same. PORTUGUESE language edition published by Starlin Alta Editora e Consultoria Eireli, Copyright © 2016 by Starlin Alta Editora e Consultoria Eireli.

Produção Editorial	Supervisão Editorial	Design Editorial	Gerência de Captação e	Vendas Atacado e Varejo
Editora Alta Books	**(Controle de Qualidade)**	Aurélio Corrêa	**Contratação de Obras**	Daniele Fonseca
Gerência Editorial	Sergio de Souza	**Marketing Editorial**	J. A. Rugeri	Viviane Paiva
Anderson Vieira	**Produtor Editorial**	marketing@altabooks.com.br	Marco Pace	comercial@altabooks.com.br
Assistente Editorial	Claudia Braga		autoria@altabooks.com.br	**Ouvidoria**
Letícia de Souza	Thiê Alves			ouvidoria@altabooks.com.br

Equipe Editorial	Carolina Giannini	Jessica Carvalho	Renan Castro	
	Christian Danniel	Juliana Oliveira	Silas Amaro	

Tradução	Copi	Revisão Gramatica	Revisão Técnica	Diagramação
Ronize Matos	Giovana Franzolin	Fátima Chaves	Vanessa Lima	Diniz Gomes

Dados Internacionais de Catalogação na Publicação (CIP)

H495t   Henderson, Beverley.
               Terminologia médica para leigos / por Beverley Henderson e Jennifer Dorsey. – Rio de Janeiro, RJ : Alta Books, 2015.
               384 p. : il. ; 24 cm. – (Para leigos)

               Inclui índice e apêndice.
               Tradução de: Medical terminology for dummies.
               ISBN 978-85-7608-918-6

               1. Medicina - Terminologia. I. Dorsey, Jennifer. II. Título. III. Série.

                                    CDU 61(083.72)
                                    CDD 610.14

Índice para catálogo sistemático:
1. Medicina : Terminologia   61(083.72)

(Bibliotecária responsável: Sabrina Leal Araujo – CRB 10/1507)

ALTA BOOKS
E D I T O R A

Rua Viúva Claudio, 291 – Bairro Industrial do Jacaré
CEP: 20970-031 – Rio de Janeiro – Tels.: (21) 3278-8069/8419
www.altabooks.com.br – e-mail: altabooks@altabooks.com.br
www.facebook.com/altabooks – www.twitter.com/alta_books

Sobre as Autoras

Beverley Henderson, Transcricionista Médica Certificada, tem desfrutado de um longa carreira na área médica. Trabalhando em hospitais de Ontário, Canadá, por 45 anos, ela tem mais de 40 anos de experiência com terminologia e transcrição médicas. Administrou a unidade de transcrição médica de um grande hospital de tratamento intensivo e lecionou terminologia médica para adultos no ensino superior. Beverley é uma Transcricionista Médica Certificada pela *American Association for Medical Transcription*. Foi diretora da Health Sciences Faculty e coordenadora do curso de Transcrição Médica em uma escola online de terminologia e transcrição médicas, onde desenvolveu o currículo do curso e ajudou a escrever e produzir uma série de vídeos de ensino de terminologia médica. Agora, com os filhos crescidos e fora de casa, vive na cidade de Hamilton com seu marido, com quem está casada há 35 anos.

Jennifer Dorsey é escritora e editora há 11 anos. Trabalhou para grandes e pequenas editoras, em especial nos segmentos de edição e aquisições. Em 2005, mudou o foco para a escrita e trabalhou em inúmeros projetos, incluindo a revisão de quatro títulos populares da coleção *How to da Entrepreneur Press*, especialmente *How to Start Your Own Medical Claims Billing Business*. Ela também escreveu artigos para revistas como a Indiana Business Magazine, Indianapolis Monthly e California Homes. Em 1997, recebeu o bacharelado em Jornalismo pela Saint Mary-of-the-Woods College, a mais antiga faculdade católica de artes liberais para mulheres nos Estados Unidos. Atualmente, está buscando um mestrado em Inglês e é membro da faculdade adjunta na Saint Louis University. Mora em Illinois com marido e filho.

Dedicatória

Beverley Henderson: Este livro é dedicado aos meus amigos e familiares. Aos colaboradores que se tornaram meus amigos nos 40 anos em que trabalhamos no Henderson Hospital, Joseph Brant Memorial Hospital e recentemente Hospital de St. Joseph e Hamilton Health Sciences. Meu agradecimento especial aos queridos amigos Pat Harmer e Isabelle Holland por seu suporte permanente, almoços divertidos e histórias engraçadas.

Aos meus pais, Maria e Bill Hunter, Só lamento não estarem aqui para ler este livro. Para o meu pai, que me ensinou a desafiar meu cérebro diariamente. Para minha mãe, cujas melhores expectativas a meu repeito me manteve com os pés no chão. Para minha filha Michele, que me mostrou que nunca é tarde demais para mudar de carreira. Para meu filho Ian, que é a prova viva de que cérebro, boa aparência, cortesia e respeito existem em apenas um homem.

Para meu marido Richard, meu "diamante bruto escocês", o amor da minha vida. Sua benevolência, compreensão e acima de tudo paciência, me permitiu seguir sempre sem questionamento o sonho de minha carreira da forma que desejei.

Jennifer Dorsey: Para a Diva que se preparou para fazer sua estreia na mesma semana que este livro. Que sabe que tanta alegria poderia acontecer de uma só vez. Mamãe te ama.

Agradecimentos

Beverley Henderson: Meus sinceros agradecimentos a Lindsay Lefever pela fé e confiança no meu conhecimento médico para me por no elenco da Wiley como a antiga "nova garota do pedaço". Nunca em meus sonhos eu me imaginaria realizando uma façanha de dessa magnitude. Agradeço a Lindsay por me dar a oportunidade de escrever sobre um assunto que tem sido grande parte da minha carreira por muitos anos. Estou verdadeiramente honrada por ser incluída nas realizações de publicações Wiley.

Para a minha "parceira no crime" neste esforço, Jen Dorsey. Eu não poderia ter feito isso sem ela. Com suas experiências em escrever, Jen me treinou nesta nova experiência. Sua paciência e compreensão, para não mencionar suas respostas às minhas perguntas intermináveis, foi acima e além da chamada do dever. Espero ter a oportunidade de trabalhar com Jennifer novamente no futuro.

Jennifer Dorsey: Escrever este livro foi um sonho para mim. Depois de trabalhar com algumas pessoas maravilhosas como um editor de aquisições para Wiley (muitas luas atrás), eu estava tão emocionada ao ser convidada para voltar a escrever. Espero que este seja o início de uma outra bela amizade.

Falando em belas amizades, agradeço a minha coautora Beverly Henderson. Seu conhecimento médico é o coração deste livro e sua paixão é aparente.

Muito obrigada às minhas talentosas editoras de aquisição, Lindsay Lefever, por ter fé que podemos conseguir isso. Ela é um anjo da guarda editorial. Lindsay, eu estou pronta para começar no próximo livro onde quer que esteja. Corbin Collins, nosso editor de projeto fabuloso, nos mostrou paciência e graciosidade além da medida. E ele ainda está falando com a gente, que é muito grande, considerando que ele é um cara legal que gosta de Tom Waits! Inúmeras agradecimentos para todo pessoal do editorial e de produção, artistas gráficos, revisores e indexadores que nos fazem parecer muito bem. Vocês arrebentam! Agradeço também a alguns velhos amigos na Wiley, Megan Saur e Barry Pruett, que tiveram a amabilidade de me deixar vir jogar por um tempo antes de eu chefiar a ala oeste. Eu sempre serei grata pelas oportunidades.

Aos meus amigos em casa e em ambas as costas, meus agradecimentos pelo e-mail de encorajamento que me fez superar muitas longas noites. Um agradecimento especial às minhas adoráveis senhoras martini de OC — Michelle, Rebekah, Erin, e Vicky. Eu sinto falta de todos vocês todos os dias! Além disso, um agradecimento especial aos meus amigos do Woodsie que fazem Madre Teodora Guerin orgulhosa a cada dia por serem muito bem-sucedidas no que fazem, socialmente e por serem simplesmente mulheres fabulosas.

Minha família é o meu sistema de apoio sem o qual não teria sobrevivido nos últimos meses. Obrigada a todas as minhas babás maravilhosas avós Rosie e Mickie, Beth e tia Sandy em particular — que me salvou em mais de uma ocasião.

Agradeço ao meu filho incrível, engraçado e agradável que tem mais charme e cérebro que James Bond (e sabe disso). Ele me faz sorrir e me lembra o que é mais importante na vida. Mais importante ainda, muito obrigada ao Mike, meu marido maravilhoso que me ama não importando em qual projeto louco eu esteja envolvida ("Ei! Vamos fazer uma pequena reforma na cozinha enquanto eu escrevo este livro!") e que sempre acreditou que esse é o caminho certo desde o início.

Sumário Resumido

Sumário

Capítulo 15: Depende da Sua Percepção: Os Sistemas Sensoriais 167

Parte IV: Vamos a um Pouco de Terminologia Fisiológica.. 185

Capítulo 16: O Cerne da Questão: Os Sistemas Cardiovascular e Linfático 187

Capítulo 20: Acalme-se: O Sistema Nervoso................ 263

Parte V: Identifique Aquele Encanamento............... 277

Capítulo 21: Quando a Coisa Aperta: O Sistema Urinário...... 279

Capítulo 22: Cheque o Encanamento: O Sistema Reprodutor Masculino........................ 293

Introdução

$\pmb{B}$em-vindo ao *Terminologia Médica Para Leigos*! Considere este o seu curso particular e pessoal no estudo dos termos médicos usados diariamente em consultórios, hospitais, clínicas, companhias de faturamento e seguros saúde, laboratórios e até mesmo farmácias. Este é um grande passeio particular não apenas pelo mundo da terminologia médica, mas também pelo seu próprio corpo.

À medida que for lendo este livro você descobrirá que o aprendizado dos termos médicos está dividido em duas partes. Primeiro, você tem que dominar o panorama da linguagem em si. Não se preocupe, não haverá nenhum tipo de prova! Apenas queremos que você entenda melhor como as palavras foram criadas e desmembradas. Assim que souber mais sobre prefixos, sufixos e as raízes das palavras, poderá fazer quase qualquer coisa com a terminologia. Por exemplo, você pode olhar para o interior do seu corpo e descobrir os termos que se assemelham com os diferentes sistemas, doenças, procedimentos e produtos farmacológicos.

Dominar a terminologia médica envolve mais do que apenas memorização. Explorar esses termos e como eles podem ser criados revelará para você não apenas os mistérios da medicina, mas também grandes oportunidades.

Sobre Este Livro

Conhecer o mundo da terminologia médica pode ser, às vezes, um pouco repetitivo. Por causa disso, decidimos desmembrar o livro em várias partes sobre os diferentes tipos de assunto. Você começará sendo mandado de volta aos primórdios da terminologia — a história e os envolvidos em tornarem essa "linguagem" acessível às massas. Então será levado ao âmago da questão de como as palavras são formadas e verá tudo sobre cada uma das partes, uso, pronúncia e reconhecimento. Por fim, dará uma olhada nos diferentes sistemas do corpo e nas palavras associadas a eles. Ainda daremos ao final um bônus de algumas listas de Dez Mais que esperamos que sejam úteis.

Há muito a aprender sobre terminologia médica, admitimos, mas estaremos bem ao seu lado nesse louco e selvagem passeio.

Tenha em mente que este não é um imenso compêndio de termos, nem um dicionário. Ambos são grandes recursos e recomendamos que você consulte-os se for um profissional de saúde. Este é um apanhado amigável sobre o assunto e nosso principal objetivo é mostrar-lhe o básico sobre como as palavras são formadas, para que você possa se soltar nesse grande e malvado mundo e lidar com a criação e o uso dos termos médicos à sua própria maneira. Não estamos dando-lhe o peixe, estamos ensinando-o a pescar.

Convenções Usadas Neste Livro

Na verdade, a melhor maneira de fazer com que a terminologia tenha sentido (porque em muitos aspectos é como uma linguagem própria) é se aproximar dela como se fosse um idioma estrangeiro. Mas queremos que se sinta confortável com o conceito de como cada termo é formado antes de enlouquecer com fichas e outras formas de memorização. É por isso que há tantos capítulos sobre linguagem e funções da terminologia médica.

Você notará que fazemos também um extenso uso de listas neste livro. Isso é para manter sua sanidade. Seja honesto: você não preferiria ser capaz de estudar esses termos em listas e tabelas organizadas e fáceis de achar em vez de buscá-las em longos e cansativos parágrafos, tentando encontrar as palavras que precisa aprender? Achamos que sim.

Assim que você pegar o jeito dos termos médicos e de como são formados, mudamos um pouco o mecanismo e pulamos para os sistemas do corpo. Cada capítulo sobre os sistemas fala um pouco sobre como cada um funciona, fornecendo o contexto para as palavras relacionadas a ele. Não somos médicos, então tentamos explicar as coisas da melhor maneira usando uma linguagem simples. Isso significa que você pode ver palavras como xixi e cocô de vez em quando. Imaginamos que você esteja até o pescoço com as pronúncias oficiais, então não fará mal algum relaxar uma vez ou outra.

Como dissemos, há muitas listas. Mas no texto colocamos os novos termos em itálico onde os definimos, tornando-os mais fáceis para localizar.

Não se alarme com aquelas pequenas imagens que você vê salpicadas nas páginas deste livro. Sinta-se à vontade para se distrair, entretanto — esse é o objetivo. Queremos que pare e olhe para esses grandes centros de conhecimento à medida que vá avançando no livro.

 Aponta dicas e truques específicos que você pode colocar em uso para ter mais controle sobre sua vida financeira.

 Ressalta boas passagens para ter em mente quando estiver lidando com terminologia médica.

 Alerta para os erros comuns que podem fazê-lo tropeçar em seus estudos de terminologia médica.

 Este ícone indica que você está prestes a ler um interessante aperitivo sobre a herança grega por trás dos termos que está aprendendo.

 Idem aqui. Este ícone retorna às raízes latinas que tornaram esses termos possíveis.

 Este ícone indica alguma coisa legal e talvez um pouco excêntrica sobre a discussão em mãos.

Penso que...

Presumimos que você se encaixe em uma dessas categorias:

- ✔ Um estudante de medicina que espera dar um salto em terminologia geral antes do seu primeiro grande teste.
- ✔ Um profissional de saúde que busca rever os termos, caso esteja um pouco fora de forma, ou apenas quer saber mais sobre como esses termos são compostos.
- ✔ Um adulto curioso interessado em falar a linguagem de seu médico e aprender mais sobre os termos que descrevem como o corpo funciona.

Não importa o que o levou a pegar este livro, esperamos que ele lhe dê o impulso que precisa para a sua situação em especial. O corpo humano tem centenas e centenas de partes operantes e todas elas têm nomes.

Além disso, há nomes para todos os tipos de termos associados que se relacionam a funções, estados de saúde, doenças, patologias e até mesmo farmacologia. É muita coisa, admitimos. Mas você está ansioso, certo? E nenhuma quantidade de palavras rebuscadas o afugentarão de seu objetivo: tornar-se um mestre em terminologia médica. Você consegue!

Como Este Livro Está Organizado

Não bagunçamos as coisas com o que é irrelevante aqui no território *Para Leigos*. Você quer a informação mais importante de um modo amigável e fácil de ler e nós queremos lhe dar isso. Todos ganham.

Este livro começa do modo mais lógico, o passado da terminologia médica, e vai desde onde tudo começou, quem contribuiu para o desenvolvimento e como se transformou na versão moderna que utilizamos hoje em dia. Você revisita as aulas de gramática rapidamente e lê sobre as partes das palavras, seus significados e como elas funcionam juntas para formar uma palavra coesa. Se você odiava gramática na escola, não tenha medo. Não é nada doloroso e achamos que você vai achar interessante conhecer a história por trás dos termos. Prometemos: Palavras que você pode ter como certas irão revelar-se sob uma nova luz e, como resultado, a lâmpada que sinaliza uma nova descoberta irá disparar muitas vezes.

Assim que isso acontecer, o livro o levará direto ao interior do corpo humano para uma grande turnê pelos sistemas e os termos que os acompanham. Por fim, você irá desacelerar com algumas listas úteis de Dez Mais com muitos recursos, atividades de construção de palavras e dispositivos de memorização. Quando você virar a última página, sabemos que se sentirá confiante e pronto para conversar sobre raiz das palavras e epônimos com especialistas.

Parte I: Vivenciando a Linguística

No início da jornada, você pulará para dentro da história da terminologia médica e descobrirá um pouco sobre como toda a grande e louca bagunça evoluiu para algo que as pessoas usam todos os dias em consultórios médicos, hospitais, clínicas, companhias de faturamento e seguros saúde e até mesmo farmácias.

Acredite ou não, termos médicos não apareceram como mágica em tablets caídos do espaço. Alguém passou um bom tempo pensando em como eles poderiam ser criados. Você descobrirá tudo sobre gurus médicos gregos, romanos e até mesmo alguns mais modernos, a partir de quem os termos receberam os nomes.

Quando você conhecer um pouco da história, irá se familiarizar com os três blocos básicos de formação de palavras: raízes, prefixos e sufixos. Você pode misturá-los e combiná-los como em um jogo para descobrir em que copo se esconde a bolinha, e ter uma palavra diferente a cada vez. E finalizará o treinamento básico de terminologia dando uma olhada em pronúncia, uso, plurais e múltiplos.

Parte II: Mapeando Palavras e Corpos

Aqui é onde se começa a afinar as habilidades com terminologia. Esta parte o levará através de um vasto mundo de prefixos, sufixos e como as palavras são formadas. Antes disso, você surpreenderá seus amigos com todos os truques de formação de palavras. E, assim como mapear uma palavra, começará a pensar mais sobre como aqueles termos se relacionam com o universo que é o seu corpo. Você verá algumas breves informações a respeito de sistemas e funções do corpo, aprendendo como funcionam juntos, antes de passar para algumas explicações mais detalhadas dos termos associados àqueles sistemas.

Parte III: Em Termos de Anatomia

Esta parte é onde começa a diversão, os grandes capítulos para descobrir tudo sobre os diferentes sistemas do corpo e as palavras que ajudam a descrevê-los. Desde o sistema ósseo (também conhecido como o sistema esquelético), até os músculos, sentidos e *sistema tegumentar* (uma palavra extravagante para cabelo, pele e unhas), você descobrirá centenas de palavras e partes de palavras usadas para descrevê-los. Aqui, irá ler sobre muitos deles em termos de descrição básica, patologia, testes e procedimentos e farmacologia.

Parte IV: Vamos a um Pouco de Terminologia Fisiológica

Mantendo-se na dinâmica interna dos termos médicos, você continuará para os sistemas do corpo que são um pouco mais fisiológicos. O coração — literalmente — da operação é o sistema cardiovascular. Ele é auxiliado pelo sistema respiratório, que o ajuda a respirar e fornece oxigênio para o sangue. O sistema gastrointestinal é repleto de palavras que descrevem como o que você come se transforma no que você elimina. Todos os hormônios e substâncias químicas malucas são mantidos sob controle pelo sistema endócrino, enquanto o sistema nervoso trata de administrar as reações e substâncias químicas corporais. O corpo é como um imenso circo e os termos usados para descrevê-lo são os folhetos de programação que você acompanha para que tudo faça sentido.

Parte V: Identifique Aquele Encanamento

Pode nos chamar de loucos, mas achamos que seu xixi e suas partes íntimas são importantes o suficiente para merecerem uma parte inteira neste livro. Ei, por que não dedicarmos um espaço maior aos sistemas que livram o corpo das toxinas e fornecem a chave para a preservação da população mundial? Ao ler esta parte, você saberá tudo o que sempre quis sobre o trato urinário e então — prepare-se — terá um curso revigorante sobre educação sexual. Naturalmente, há inúmeros termos para ajudá-lo ao longo do caminho e, como nos outros sistemas, eles descrevem partes do corpo, estados de saúde, doenças, procedimentos e medicamentos.

Parte VI: A Parte dos Dez

Apenas para ter certeza de que passou por todos os fundamentos, certifique-se de conferir esta parte, que é repleta de aperitivos divertidos. Abordamos onde buscar mais recursos, atividades divertidas de formação de palavras e alguns artifícios mnemônicos comumente usados.

De Lá para Cá, Daqui para Lá

De qualquer forma, se você tiver vontade, pode pular direto para qualquer parte deste livro e começar a trabalhar seu entendimento sobre as terminologias. Dominar os comos e porquês dos termos médicos é algumas vezes tão importante quanto aprender os próprios termos, motivo pelo qual colocamos aqueles capítulos primeiro. Mas de toda forma, sinta-se livre para procurar e consultar as seções que lhe são mais úteis.

Seja atrevido. Seja corajoso. E, mais importante, prossiga neste livro com confiança. Uma vez que tenha pegado o jeito de como as palavras são formadas, não terá problema em lançá-las à memória e à sua vida diária.

Parte I

Vivenciando a Linguística

"Eu sei que conviver com cachorros e nadar com golfinhos são terapias comprovadas para o autismo, mas quando o médico sugeriu a hipoterapia para o nosso filho eu disse que de jeito nenhum ele entraria em uma poça de lama com um hipopótamo."

Nesta parte . . .

Estabeleça algum fundamento sobre terminologia médica antes de se envolver com cada sistema corporal individualmente. O Capítulo 1 dá uma visão global dos blocos de formação básicos para aprender terminologia. O Capítulo 2 fornece um dossiê sobre o passado da terminologia e sua história, enquanto que o Capítulo 3 familiariza você com todos os conceitos importantes das raízes das palavras. O Capítulo 4 percorre o mundo dos múltiplos e plurais e o Capítulo 5 introduz dicas e truques de pronúncia e uso.

Capítulo 1

Preparando-se para Dominar a Terminologia Médica

Neste Capítulo

▶ Conheça a história da terminologia médica

▶ Domine o básico da formação de palavras e pronúncia

▶ Familiarize-se com as partes básicas da sua anatomia

▶ Descubra a grande variedade de sistemas no corpo

*V*ocê tem consciência de que, quando pegou este livro, estava começando uma jornada rumo a uma linguagem completamente nova? Não se preocupe — você não está com um exemplar de *Grego Para Leigos* por engano — está tudo em português. Mas, assim que você mergulhar fundo no mundo dos termos médicos, descobrirá que é um modo inteiramente novo de falar. Sua jornada o levará de fato à Grécia antiga, bem como à Roma. Encontrará alguns dos pioneiros do mundo médico e ganhará entrada em um mundo completamente novo: seu corpo. Todos aqueles termos confusos que você ouve em *Grey's Anatomy*[1] logo se tornarão naturais e rapidamente você estará sacando palavras rebuscadas como um profissional de saúde experiente.

A História por Trás dos Termos

A terminologia médica é feita de termos que descrevem a anatomia e a fisiologia humanas (órgãos do corpo, sistemas e suas funções), posições corporais, doenças, aspectos clínicos, diagnóstico por imagem e exames de laboratório, junto com procedimentos clínicos, cirurgias e diagnósticos.

---

[1] N.E.: Seriado da tevê norte-americana que mostra o dia a dia de um hospital.

É importante que cada uma dessas coisas tenha um nome específico — assim como é importante que você tenha seu único e próprio nome — porque, caso contrário, como os médicos ou profissionais de medicina poderiam se comunicar claramente uns com os outros? Você pode visitar seu médico e dizer "tenho uma dor em meu ombro" e ele resolve o mistério do que está causando aquela dor. Mas quando o seu médico precisa repassar essa informação para, por exemplo, um cirurgião, é crucial que ele seja mais específico. Há muitas partes no seu ombro, afinal, você não iria querer fazer uma cirurgia para consertar algo que não estivesse quebrado. Quando o médico lhe diz que o problema cirúrgico é com o manguito rotador, a comunicação é muito mais clara e espera-se que a cirurgia e o tratamento sejam muito melhores.

A beleza da terminologia médica é que ela torna tal comunicação vital mais sucinta e direta ao ponto. Um termo médico normalmente descreve em uma palavra, uma doença ou condição que, sob circunstâncias normais, exigiria várias palavras para descrever. *Apendicectomia* é um termo médico de uma única palavra para descrever "remoção cirúrgica do apêndice". Isso poupa muito do seu fôlego para coisas mais importantes, como cantar uma ária ou torcer para a seleção brasileira.

Pode agradecer aos gregos e romanos por começarem a trabalhar a questão da terminologia, em especial Hipócrates e Aristóteles. Há mais de dois mil anos, eles perceberam a necessidade de uma linguagem médica descritiva e específica e começaram a criar palavras que combinavam partes do corpo e funções. Agora, embora você possa secretamente amaldiçoá-los enquanto estuda para os seus exames de terminologia, deveria também tirar algum tempo para agradecê-los por nos pouparem de um mundo de confusão.

A criação da terminologia médica é baseada em origens gregas e latinas. Os gregos foram os fundadores da medicina moderna, mas o latim é a fonte básica dos termos médicos. Com origens na Roma antiga, o latim rapidamente atravessou o mundo, solidificando seu repertório como a linguagem escolhida para a medicina e para a ciência. Formados a partir das origens gregas e latinas, os termos médicos começaram a se profissionalizar em meados dos anos 1800. O primeiro dicionário médico apareceu na década de 1830, pouco depois da primeira edição do *Dicionário Webster da Língua Inglesa*.

Fazendo a Terminologia Trabalhar por Você

Reconhecidamente, há maneiras de se avançar pelo atoleiro dos termos médicos e descobrir como pronunciá-los e usá-los como um campeão. Mas você tem de começar do início, desmembrando as partes de cada palavra e, então, decifrando o seu significado. Ou, colocando de uma forma mais extravagante, você deveria usar etimologia. A *etimologia* ajuda a encontrar a origem e o desenvolvimento histórico de um termo. Você pode usar a etimologia para decifrar palavras com origens latinas e gregas, epônimos (palavras nomeadas em homenagem a alguém) e acrônimos (termos da linguagem moderna que abreviam frases mais longas).

Voltemos àquelas partes das palavras que você desmembrará. Há três delas que você precisa conhecer:

- Raízes/formas combinadas
- Prefixos
- Sufixos

Raízes são a cola que mantém todos os termos médicos juntos. Elas são a forma básica ao redor da qual a palavra final é formada. Uma *forma combinada* é uma vogal de ligação (normalmente *o* ou *i*) mais a raiz da palavra, normalmente com um prefixo ou sufixo adicionado. *Prefixos* aparecem no início de uma palavra e informam como, por que, onde, quando, quanto, quantos, posição, direção, tempo ou estado. O *sufixo*, sempre no fim de uma palavra, normalmente indica um procedimento, um estado de saúde ou uma doença. Enquanto o prefixo nos dá uma pista sobre o que esperar a respeito do significado da palavra, o sufixo nos diz o que está acontecendo com um sistema ou uma parte específica do corpo. E, geralmente, também engloba o que está errado com você ou o procedimento usado para diagnóstico e solução.

Ah, mas não terminamos ainda! Na verdade, a diversão da terminologia médica está apenas começando assim que você conseguir identificar as partes de cada palavra. Você pode colocar as palavras no plural (que infelizmente envolve outras maneiras do que adicionar um simples *s*), descobrir como pronunciá-las e — a grande recompensa — usá-las no mundo real.

O desmembramento de palavras que você aprenderá neste livro também o ajudará com a pronúncia. Na terminologia médica, não há regras inalteráveis que garantam que uma combinação específica de letras será pronunciada sempre da mesma maneira. Uma coisa que ajuda tanto no português padrão, quanto nas palavras médicas, entretanto, é aprender como pronunciar foneticamente, quebrando a palavra em pequenas partes.

Há um antigo ditado de que a única constante é a mudança. Essa mesma regra se aplica aos termos médicos. Uma regra que pode funcionar para a pronúncia de uma palavra pode nem chegar perto de funcionar para qualquer outra. Esteja preparado para ser flexível, porque o que parece familiar pode ter um som completamente diferente como termo médico. Assim que você conseguir abrir sua mente para todas essas possibilidades, entrará em um novo mundo de compreensão da terminologia.

Criando uma Base de Vocabulário

Captar de forma apropriada o básico da formação e pronúncia das palavras é a parte difícil. Uma vez que você consiga fazer isso, pode seguir para a construção do seu próprio vocabulário. Apesar de profissionais de saúde gostarem de brincar que terminologia é como um idioma estrangeiro (às vezes, sim), não jogue este livro para fora da janela ainda. A boa notícia é que provavelmente você já sabe muito de termos médicos e pode usá-los para construir o resto do seu recém-descoberto vocabulário. Novos termos tornam-se mais fáceis uma vez que você conheça o raciocínio por trás da maioria deles.

Lembra dos seus dias de escola primária, quando usava toda sorte de pequenos truques para recordar-se de coisas como tabuadas e capitais dos estados? O mesmo princípio se aplica a novos termos médicos. Dá para fazer uma lista das partes das palavras, uma lista de palavras que têm sons similares, um mapa de palavras ou memorizar os termos por sistema do corpo. E essas são apenas algumas poucas ideias. Use o que funcionar melhor para você, mesmo que seja cantar os termos na melodia de "Ilariê" no chuveiro. Prometemos não contar a ninguém.

Em Termos de Anatomia

Para nossos propósitos na terra dos termos médicos, podemos comparar anatomia à infraestrutura de um edifício. As paredes, andares, tijolos, reboco, sistema elétrico, encanamento e assim por diante ajudam a manter o edifício funcionando para as pessoas habitarem-no. A anatomia do corpo não é diferente, por isso você irá ler sobre esses temas específicos primeiro. Quando conhecer o básico do que mantém o seu corpo unido, poderá seguir adiante e descobrir sobre os sistemas fisiológicos que fazem o corpo reagir a circunstâncias internas e externas.

O primeiro item da nossa lista de anatomia é o sistema esquelético. Essa é a estrutura do corpo, assim como a estrutura de um edifício. Esse sistema, junto às articulações, trabalha com os músculos para dar o suporte e o movimento de que você precisa todos os dias. O esqueleto ósseo fornece uma armação articulada para o corpo, dando-lhe forma. Essa armação protege os órgãos vitais de ferimentos externos e fornece pontos de ligação para músculos, ligamentos e tendões, que tornam possível o movimento corporal.

Funcionando junto com o esqueleto está o sistema muscular, no qual vários grupos de músculos principais trabalham lado a lado. Formado por mais de seiscentos músculos e articulações, o sistema muscular é responsável pelo movimento. O esqueleto fornece pontos de ligação e apoio para os músculos, mas é a habilidade do tecido muscular em estender e contrair que torna o movimento possível.

Cobrindo toda essa estrutura está o sistema tegumentar. Sua pele, glândulas, unhas e cabelo funcionam como a fachada, ou o revestimento externo, de um edifício. São coisas que as pessoas veem quando olham para você. O exterior do seu "edifício" frequentemente mostra ao mundo quão saudável é o resto do seu corpo. Pele saudável, glândulas de órgãos acessórios, cabelo e unhas são a marca de interiores saudáveis, então cuide deles adequadamente. Pense nisso como a compra de um imóvel. Se o exterior do edifício parece de má qualidade, você iria querer se mudar para lá?

Seu sistema sensorial são todas as "coisas divertidas" do seu edifício. As janelas, amenidades, sistema de som e a instalação para as refeições, tudo isso traz um encantamento estético aos habitantes do edifício e seus sentidos trabalham em um estilo similar. Seus olhos são as janelas para o mundo. Tudo o que você vê, desde o seu próprio rosto no espelho a cada manhã até a vista do mais belo pôr do sol são uma cortesia dos seus olhos. O aroma do pão assando, o toque de um suéter de fina casimira, o gosto de um vinho envelhecido e o som da risada de uma criança são todos possíveis graças aos seus sentidos.

Pode ser difícil imaginar que palavras podem descrever todas as incríveis coisas que a anatomia pode fazer, mas acredite quando dizemos que é tudo possível por meio da terminologia. Quem sabe? Talvez haja por aí uma palavra que não tenha sido criada ainda e que você possa inventar usando o que aprender aqui.

Todos os Sistemas

A partir do momento em que você tiver aquelas partes básicas do funcionamento impregnadas no seu cérebro, irá se dirigir para a terminologia fisiológica. Fisiologia lida com os sistemas corporais remanescentes que ajudam seu fabuloso corpo a fazer o trabalho diário.

Em primeiro lugar está o que mantém seu sangue bombeando e sua vida movendo-se adiante a cada dia: o coração. Mais especificamente, o sistema cardiovascular. O coração não trabalha no vácuo. Ele tem ajudantes, a saber, células e vasos sanguíneos. Essas partes todas trabalham juntas para suprir o corpo com sangue fresco, limpo e oxigenado.

Então há o independente, porém complementar, sistema linfático, que trabalha para limpar o corpo das impurezas. Mais diretamente associado à imunidade, o sistema linfático trabalha no mesmo contexto do cardiovascular, devido à composição similar do sistema e ao fato de que, uma vez limpo pelos nódulos linfáticos, o fluido é lançado diretamente na corrente sanguínea. Os vasos linfáticos são organizados em um padrão similar aos vasos sanguíneos.

Falando em oxigenar o sangue, pense em como o oxigênio descobre seu caminho no corpo. Pode ser que você não pense nisso conscientemente todos os dias, mas a respiração torna tudo isso possível. Os trilhões de células do corpo precisam de oxigênio e devem se livrar do monóxido de carbono, e essa troca de gases é realizada pelo sistema respiratório. Respiração externa é a troca repetitiva e inconsciente de ar entre os pulmões e o ambiente externo.

Você tem que respirar, mas também tem que comer e comer é algo mais divertido. Seu bom companheiro, o sistema gastrointestinal, ajuda a transformar aquelas refeições e guloseimas saborosas em energia útil para o corpo. Também chamado de trato alimentar ou digestivo, esse sistema fornece uma passagem tubular através de um labirinto de órgãos e cavidades corporais, começando na boca, a entrada da comida no corpo, e terminando no ânus, onde os resíduos sólidos deixam o corpo. *Voilà!* Sua deliciosa comida chinesa se transformou magicamente em... bem, você sabe.

Seguindo adiante, o complicado sistema endócrino mantém o balanço químico do corpo. Ele faz isso enviando mensagens químicas, chamadas hormônios, através do corpo, via corrente sanguínea. Hormônios regulam e controlam a atividade de células e órgãos específicos. Os hormônios lançados lentamente controlam os órgãos a distância. As glândulas endócrinas estão localizadas em diferentes partes do corpo. Elas são assim chamadas porque não têm um sistema de dutos para transportar suas secreções. Em vez disso, os hormônios são lançados diretamente na corrente sanguínea para regular uma variedade de funções dos órgãos. Um hormônio pode estimular o crescimento, outro pode amadurecer os órgãos sexuais e um outro, ainda, controla o metabolismo. O corpo tem tanto glândulas centrais quanto periféricas.

Ainda mais complicado (estamos nos divertindo?) é o sistema nervoso. Trabalhando como o sistema computacional do corpo, é muito mais complexo do que um laptop. Mensagens do cérebro são transmitidas via medula espinhal, por meio de filamentos nervosos que fornecem conexões para dados de entrada e saída. O corpo tem mais de *dez bilhões* de células nervosas, cuja função é coordenar as atividades do corpo. Este sistema controla nossas atividades voluntárias, bem como as involuntárias. Nós falamos, ouvimos, saboreamos, enxergamos, pensamos, movemos músculos e temos glândulas que secretam hormônios. Respondemos à dor, perigo, temperatura e toque. Temos memória, associação e discernimento. Essas funções são apenas uma pequena parte do que o sistema nervoso controla.

O sistema nervoso é composto pelo sistema nervoso central (SNC), que inclui o cérebro e a medula espinhal. O sistema nervoso periférico (SNP) é composto por nervos cranianos (que se estendem a partir do cérebro) e nervos espinhais ou raquidianos (que se estendem a partir da medula espinhal). O sistema nervoso autônomo (SNA) controla e coordena as funções dos órgãos vitais do corpo, como a batida do coração e o ritmo da respiração — funções que nós nem mesmo pensamos a respeito.

Descendo aos Detalhes

Falando das coisas que você normalmente não pensa a respeito, o sistema urinário é composto pelos rins (dois), ureteres (também dois), bexiga e uretra. A principal função desse sistema é remover a ureia (composto nitrogenado produto de resíduos metabólicos) da corrente sanguínea e eliminá-la na urina, para fora do corpo. O composto nitrogenado é difícil de ser eliminado do corpo. A principal função do sistema urinário é remover a ureia da corrente sanguínea.

A ureia é formada no fígado a partir da amônia. A corrente sanguínea carrega a ureia (da mesma maneira que os hormônios e a linfa) em direção à corrente sanguínea, avançando junto com água, sais e ácidos. Os rins produzem a urina, que viaja através de cada ureter até a bexiga para ser excretado via uretra. Agora você tem bastante informação para impressionar os amigos em um jantar. Pensando melhor, talvez não.

Quando comida e oxigênio se combinam nas células para produzir energia, esse processo é conhecido como *catabolismo*. No processo, comida e oxigênio não são destruídos, mas pequenas partículas que os compõem são rearranjadas em uma nova combinação e o resultado são resíduos. Os resíduos em forma de gás (dióxido de carbono) são removidos do corpo através dos pulmões.

Pense sobre como você foi feito. Não, você não foi descoberto debaixo de uma folha de repolho. Sua mãe e seu pai fizeram você (veja *Sexo Para Leigos* se não captou nossa intenção) usando seus sistemas reprodutivos. No homem, ele tem duas funções principais: produzir espermatozoides, a célula reprodutiva masculina, e secretar testosterona, o hormônio masculino. Os órgãos reprodutivos, ou gônadas, são os testículos. Eles são auxiliados por órgãos acessórios, dutos, glândulas e estruturas de suporte. Os dutos incluem os epidídimos, canal deferente, dutos ejaculatórios e a uretra. As glândulas incluem as vesículas seminais, próstata e glândulas bulbouretrais (ou glândulas de Cowper). As estruturas de suporte incluem o pênis, o escroto e veias espermáticas. Há muitas partes móveis.

O sistema reprodutivo feminino produz a célula reprodutiva feminina, ou célula sexual, secreta os hormônios estrogênio e progesterona e proporciona as condições para estabelecer uma gravidez, ao mesmo tempo em que fornece um lugar seguro para a gravidez se desenvolver e evoluir. As gônadas (os ovários, na mulher), junto com os órgãos de suporte internos, que são as trompas de Falópio (uterinas), útero, vagina, genitália externa e seios (glândulas mamárias), formam o sistema reprodutivo na mulher. A reprodução é conseguida pela união da célula reprodutiva feminina, um óvulo, com a célula reprodutiva masculina, um espermatozoide, resultando na fertilização.

Esta é apenas uma olhada rápida em todos os tipos de coisas que você aprenderá sobre seu corpo. Naturalmente, os termos apropriados serão discutidos em detalhes, junto com um simples histórico biológico.

O Recurso Definitivo: Você

Antes de você abrir uma bebida gelada e comemorar o fato de que sobreviveu à primeira aula de Terminologia Básica, leve alguns recursos rápidos com você pelo caminho. Uma lista de termos de referência conhecidos, dispositivos de memória e atividades de formação de palavras irão ajudá-lo a montar seu show de terminologia e aplicá-lo à sua própria situação pessoal no mundo real.

As referências mencionadas neste livro são algumas das mais respeitadas. É claro, existem muitos recursos online e impressos, muitos com boa reputação. Utilize seu próprio bom senso ao escolher sua fonte principal. Em outras palavras, fique longe do Manual de Termos Médicos do Zé da Esquina.

Conforme você percorrer essa jornada, lembre-se de que no fim das contas você é sua melhor fonte de dicas e truques. Talvez você seja aficionado por fichas de memorização. Talvez você se dê melhor ao visualizar o termo com o sistema apropriado. Ou talvez você goste de conselhos mnemônicos, como "*m* sempre antes de *p* e *b*". Não importa como você opte por aprender e memorizar esses termos, faça o que for mais confortável e útil para você. Você é o capitão deste barco. Então, içar velas!

Capítulo 2

Terminologia Médica: Como e Por quê

Neste Capítulo

▶ Entenda o que é terminologia médica

▶ Descubra como os termos médicos são usados no mundo real

▶ Siga a evolução da terminologia

▶ Explore as raízes gregas e latinas

*R*epita conosco: contexto é algo bom.

Você ama contexto. Hum, contexto. É uma boa ideia saber algo sobre o assunto antes de mergulhar de cabeça no estudo. Isso é especialmente verdade com terminologia médica, porque muita teoria e história por trás deste tema aparecerão nas palavras e termos reais que você usará todos os dias.

Definindo a Terminologia Médica

Primeiro, vamos considerar o que é terminologia médica. É muito mais do que apenas palavras e frases médicas. Cada palavra e cada termo é *orgânico*, o que significa que pode-se rastrear cada parte da palavra de volta a um significado específico. Colocados juntos, esses pequenos significados formam o significado global da palavra.

Terminologia médica é composta de termos que descrevem a anatomia e a fisiologia humanas (órgãos do corpo, sistemas e outras funções), posições do corpo, doenças, diagnóstico por imagem e exames de laboratório, junto de procedimentos clínicos, cirurgias e diagnósticos.

Por que precisamos da terminologia médica?

Um termo médico geralmente descreve em uma palavra uma doença ou condição que, sob circunstâncias normais, seriam necessárias várias palavras para descrever.

Sprechen Sie terminologia?

Terminologia médica é como um idioma estrangeiro para a maioria das pessoas. De fato, funciona exatamente como uma língua estrangeira se você nunca tiver se deparado com ela antes. Há tantas palavras difíceis de pronunciar e ainda mais difíceis de soletrar corretamente. Da mesma forma, termos médicos soam estranhos, confusos e algumas vezes opressivos para o iniciante. Eles não fazem sentido algum. Mas em um país estrangeiro, você não consegue compreender o que está acontecendo até ser capaz de falar o idioma.

Assim como quando estiver praticando alemão (ou qualquer outra língua), você obtém o significado dos termos médicos desmembrando cada palavra em diferentes partes:

✔ **Prefixo**: Aparece no início da palavra e diz como, por quê, onde, quando, quanto, quantos, posição, direção, tempo ou estado.

✔ **Raiz da palavra**: Especifica a parte do corpo a que o termo se refere.

✔ **Sufixo**: Aparece no fim da palavra e indica um procedimento, condição ou doença.

Esses são o esqueleto, as partes básicas de cada termo médico. Cada prefixo, raiz e sufixo tem seu próprio significado, então é seu trabalho lembrar deles e colocar os três significados juntos em um significado maior. Entretanto, pode ser complicado, por isso, prossiga com cuidado até estar confiante a respeito dos significados específicos de cada parte.

Assim como com os idiomas, as coisas nem sempre são o que parecem. Por exemplo, se usamos amigdalite e apendicectomia, vemos que o sufixo *-ite* sempre significa "inflamação", não importa que raiz o preceda. Da mesma forma, o sufixo *-ectomia* sempre significa "remoção cirúrgica". Por isso quando trocar os sufixos, *apendicite* significa "inflamação do apêndice" e *amigdalectomia* significa "remoção cirúrgica das amígdalas".

Por exemplo, considere dois termos frequentemente usados pela maioria das pessoas. *Amigdalite* é um termo médico de uma só palavra para descrever "inflamação das amígdalas", e *apendicectomia* é um termo de uma só palavra para descrever "remoção cirúrgica do apêndice". É muito mais fácil usar uma palavra do que uma longa e esboçada frase para descrever essas condições, não acha?

Usando Terminologia Médica no Mundo Real

A necessidade ou desejo de aprender terminologia médica não está limitada aos profissionais da saúde. Por exemplo, um bombeiro tem que transmitir informações para os paramédicos, tais como a situação de uma vítima de queimadura sendo colocada em uma ambulância. Um policial deve preencher um relatório depois de fazer um parto no banco de trás de um carro. Ou algo mais próximo, pense em como entender quando um médico diz que seu filho precisa de uma cirurgia, ou por que um de seus pais idosos necessita ser colocado em uma clínica de repouso.

E, claro, o melhor de tudo sobre terminologia médica é que permite repassar uma maior quantidade de informação, com o mínimo de confusão e maior precisão, a qualquer um no mundo. Por exemplo, dizer que alguém tem um pulso quebrado em péssimo estado não transmite tanto quanto dizer que alguém tem uma fratura Salter-Harris tipo II no rádio distal direito com deslocamento lateral moderado e 28 graus de angulação para cima. Quem é o cara mais legal na clínica agora?

Na teoria e na prática

Você não precisa ter conhecimento prévio de grego e latim ou anatomia e fisiologia para construir um vocabulário médico. Mas precisa dominar os fundamentos, ou o ABC, por assim dizer, para estar confortável e confiante com terminologia médica.

Você concluirá isso ao desmembrar cada palavra e identificar suas partes (prefixo, sufixo e raiz). Algum conhecimento básico da anatomia humana ajuda, porém, o mais importante é saber como cada sistema do corpo funciona de forma independente e junto com outros sistemas. Saber disso ajuda as peças do quebra-cabeça se encaixarem mais facilmente.

Dominar os termos médicos é muito mais fácil do que você pensa. É certamente mais fácil do que aprender um idioma completamente novo a partir do nada. Você já sabe palavras como *apendicite* e *amigdalectomia*. Novos termos se tornam mais fáceis à medida que você conhece o raciocínio por trás da maioria dos termos médicos. Muitos deles são formados por partes intercambiáveis usadas repetidas vezes, em diferentes combinações. Uma vez que entenda isso, estará no caminho certo para traduzir até mesmo o mais espinhoso dos termos — incluindo aqueles dos quais você nunca ouviu falar ou viu antes.

Seu vocabulário crescerá a toda velocidade assim que analisar os termos médicos, então descobrirá que isso se tornará a chave para o seu sucesso. Raízes, sufixos e prefixos formam a base de todos os termos. Assim como foi com o alfabeto, uma vez que os tenha dominado, o céu é o limite.

Escreva

Uma coisa que faz algumas pessoas se deterem na terminologia médica é soletrar as palavras corretamente. De novo, demore-se na regra de desmembrar a palavra em partes. Se você puder soletrar cada pequeno prefixo, raiz ou sufixo, e colocá-los todos juntos, então poderá soletrar termos médicos com facilidade.

Uma das melhores maneiras de praticar a ortografia é, naturalmente, escrever.

Se você adora fazer listas ou se prefere desenhar mapas, há um modo para incorporar a escrita dos termos como prática de ortografia e reconhecimento de palavras. Algumas ideias úteis para escrita e memorização de termos são

- ✔ Faça listas de prefixos, raízes e sufixos baseados no sistema do corpo a que eles estão associados.

- ✔ Faça listas de prefixos, sufixos e raízes baseados em alguns outros tópicos de memorização, como similaridade de som e significado parecido.

- ✔ Desenhe mapas simples de cada sistema e legende os termos para cada parte do corpo.

- ✔ Use os mapas dos sistemas para identificar doenças que afetam cada parte específica. Você também pode usar essa técnica para identificar a localização de procedimentos específicos.

Construir um vocabulário médico envolve desmembrar uma palavra identificando seu prefixo, sufixo e raiz. A raiz é a fundação ou o significado básico da palavra. Pode aparecer com um prefixo e um sufixo, ou entre os dois, já que prefixos e sufixos nunca ficam sozinhos. Eles devem estar ligados a uma raiz.

Neste livro, esboçamos raízes, sufixos e prefixos e incluímos a anatomia de cada sistema para ajudar a entender como tudo se encaixa. Na dúvida, olhe o Sumário e verifique um capítulo específico sobre algum sistema.

Mudanças na Terminologia Médica

Linguagem médica é uma entidade que segue um desenvolvimento histórico. O vocabulário médico comum utilizado hoje inclui termos construídos a partir de partes de palavras gregas e latinas, algumas das quais foram usadas por Hipócrates e Aristóteles mais de dois mil anos atrás. Essa é uma linhagem e tanto e que continuou a ser construída à medida que o tempo voou direto para a dade moderna.

Um tipo de termo médico é o *epônimo*, um termo nomeado em homenagem a alguém. Um exemplo seria o Mal de Parkinson, nomeado em homenagem ao médico inglês Dr. James Parkinson.

Com os grandes avanços da medicina por todo o século XX, a linguagem médica mudou com o tempo e continua mudando até hoje. Algumas palavras são descartadas ou consideradas obsoletas, enquanto outras são alteradas e novas palavras são continuamente adicionadas.

Construídos a partir da orientação das origens gregas e latinas, os termos médicos começaram a se profissionalizar na metade dos anos 1800. O *Dicionário Médico Ilustrado Dorland* foi publicado pela primeira vez em 1890, assim como o *American Illustrated Medical Dictionary*, consistindo de 770 páginas, mais de cinquenta anos depois da primeira edição do *Dicionário Webster da Língua Inglesa*. Dr. William Alexander Dorland era o editor e quando ele morreu, em 1956, os dicionários foram renomeados para incluir seu nome, assim são conhecidos hoje em dia como *Dicionário Médico Ilustrado Dorland*. Publicações médicas eletrônicas decolaram durante os anos 1980 graças aos avanços da publicação de dados e armazenamento eletrônico. Em meados dos anos 1990, dicionários médicos — particularmente o Dorland, o Stedman e o Taber — tornaram-se disponíveis em formato eletrônico, com várias edições e publicações em disquete, CD-ROM e download via internet.

Disponíveis agora em vários formatos, incluindo a impressão tradicional, CD-ROM, sites, bancos de dados e inclusive painéis, os dicionários médicos crescem mais a cada nova edição. Confira o Capítulo 24 para uma lista de grandes recursos. O rápido crescimento do conhecimento médico e científico precisa de um novo vocabulário para descrevê-lo. Mudanças na medicina no século XX tornaram-se evidentes no crescimento do tamanho dos dicionários médicos. Conhecimentos sobre imunologia, anticorpos, alergias e viroses estavam engatinhando ainda nas primeiras edições.

É Grego e Latim para Mim

Pode agradecer aos dois fundadores da terminologia médica por darem o primeiro pontapé: Hipócrates e Aristóteles. Hipócrates, considerado o pai da medicina, era estudante, professor e grande médico. Aristóteles era um filósofo e cientista grego. Ele enfatizou a observação e a indução. Seus estudos principais eram em anatomia e fisiologia comparadas.

O Juramento de Hipócrates — um juramento de comportamento profissional feito pelos médicos em início de carreira — é atribuído a ele próprio.

Os gregos foram os fundadores da medicina moderna, mas o latim é a fonte básica dos termos médicos. Com origem na Roma antiga e graças à boa e velha conquista, o latim rapidamente fez o seu caminho através do mundo, solidificando seu repertório como a língua escolhida para a medicina e a ciência. Ainda é possível ver evidências da influência latina em vários idiomas, do inglês e francês ao italiano e espanhol.

Quando confrontada pela primeira vez com termos médicos, a pessoa comum sente-se confusa e frequentemente oprimida pela ortografia às vezes estranha, e mais ainda pela pronúncia. Isto é compreensível quando aproximadamente 75% de todos os termos médicos são baseados em termos latinos ou gregos. A maioria deriva do Latim e do Grego, embora mudanças atuais sejam feitas para torná-los mais compreensíveis.

Olhe para além do estudo da etimologia para quebrar o código dos termos médicos. *Etimologia* indica a origem e o desenvolvimento histórico de um termo. Alguns exemplos de etimologia, ou história das palavras, incluem

- **Palavras de origem latina:** *Fêmur*, por exemplo, é um termo latino que se refere a um osso da perna.

- **Palavras de origem grega:** *Hemorragia*, por exemplo, é uma palavra de origem grega que indica uma rápida e incontrolável perda de sangue.

- **Epônimos:** São as palavras nomeadas em homenagem a alguém, como Mal de Parkinson.

- **Acrônimos:** São os termos da língua moderna que representam expressões maiores como *laser*, que significa "amplificação da luz por emissão estimulada de radiação" (*light amplification by stimulated emission of radiation*, no original em inglês).

Etimologias foram listadas nos primeiros dicionários médicos, presumindo que o leitor tivesse estudado línguas e fosse capaz de ler Grego ou Latim. Gradualmente, o alfabeto grego foi deixado de lado quando, mais tarde, reconheceu-se que poucos, exceto os especialistas, estavam de fato estudando Grego antigo.

Modernizando a Medicina

Com o advento do dicionário médico, a terminologia chegou às massas com toda a força. Hoje, a terminologia médica expandiu-se para aplicações recentes de anatomia básica, a fim de incluir a medicina alternativa, holística, naturopata e complementar. Outras aplicações recentes incluem (mas não estão limitadas a essas):

- TAC (Tomografia Axial Computadorizada)

- Avanços no DNA

- Centenas de novos medicamentos no mercado para auxiliar ou aliviar uma grande quantidade de doenças

- Medicina investigativa e diagnóstica

- Próteses e outros procedimentos cirúrgicos

- Cirurgias laparoscópicas

- ↙ Ressonância magnética
- ↙ Transplantes de órgãos
- ↙ Pesquisa com células-tronco

A terminologia médica atual é usada e necessária em qualquer ocupação que seja remotamente relacionada à medicina e ao funcionamento normal do corpo.

Eis algumas carreiras que precisam da terminologia médica:

- ↙ Terapia esportiva
- ↙ Audiologia
- ↙ Odontologia e higiene dental
- ↙ Serviços de emergência médica
- ↙ Ciência do exercício
- ↙ Genética
- ↙ Massagem terapêutica
- ↙ Estatísticas médicas
- ↙ Transcrição médica
- ↙ Nutrição
- ↙ Terapia ocupacional
- ↙ Personal training
- ↙ Farmácia
- ↙ Fisioterapia
- ↙ Fonoaudiologia
- ↙ Medicina veterinária

Todas essas aplicações existem além dos grupos óbvios de profissionais da saúde que usam terminologia em suas atividades diárias, incluindo os associados, a secretária em um consultório médico, o corretor de planos de saúde, o comitê de mediação e arbitragem, o escrevente de tribunais... e a lista continua. Até mesmo o revisor de um jornal local precisa conhecer um pouco de terminologia médica a fim de livrar as notícias médicas de erros de ortografia.

Há sinais de mudança em todos os lugares. Uma grande porcentagem de cirurgias são feitas atualmente por laparoscopia (usando um aparelho de fibra ótica) e novos instrumentos cirúrgicos são introduzidos quase diariamente. Na área da cosmética, além da cirurgia plástica, há o Botox e procedimentos de redistribuição de gordura. Um livro de referência de medicamentos já é obsoleto quase a partir da sua publicação, à medida que mais e mais remédios novos inundam o mercado. Há sempre um novo medicamento para tosse para se testar ou um comprimido de alergia para tomar. Com cada nova descoberta médica vem junto um termo que a descreve. Os estudos continuam a se desenvolver, até mesmo enquanto você lê este livro.

A 31ª edição do *Dicionário Médico Ilustrado Dorland* informa que contém em torno de 125.000 verbetes. A 29ª edição do mesmo dicionário contém aproximadamente 117.500 verbetes. Isso é um acréscimo de 7.500 novas palavras em duas edições.

Capítulo 3

Introduzindo a Grande Trindade: Prefixos, Raízes e Sufixos

Neste Capítulo

▶ Descubra suas raízes

▶ Conheça os prefixos

▶ Dando uma rápida olhada nos sufixos

Com você, os titulares que dão a partida ao seu time de terminologia médica!

Tenha você ideia ou não, a maioria das palavras são formadas por partes individuais que contribuem para o seu próprio significado. A grande trindade — raízes, prefixos e sufixos — dos termos médicos trabalha juntamente para lhe dar uma pista do que a palavra significa. Com frequência, essas partículas também dizem de onde ela vem.

Partindo do centro, você tem a raiz. A *raiz* é a parte principal da palavra, que diz, de uma forma geral, com o que você está lidando. A raiz da palavra especifica a parte do corpo.

Seguindo adiante está o prefixo. Um *prefixo* aparece no início de uma palavra e diz mais sobre as circunstâncias que circundam o seu significado.

O sufixo seria o goleiro, se estendermos a metáfora. O *sufixo* está sempre no fim de uma palavra e, no mundo médico, normalmente indica um procedimento, um estado de saúde ou uma doença.

Quase todo termo médico pode ser quebrado em alguma combinação de prefixos, raízes e sufixos. Por serem o núcleo do significado de uma palavra, as raízes são em grande número. Há muito mais delas do que prefixos e sufixos juntos.

Vasculhando por Respostas

O que faz com que a raiz de uma palavra seja tão irritantemente importante? Talvez seja porque a raiz ilumina o caminho para entender o sistema corporal em questão. A forma combinada, ou a raiz da palavra, especifica a parte do corpo que a palavra está descrevendo ou à qual está associada. Apenas fazendo isso, já ajuda a excluir centenas de outras possibilidades, permitindo pensar apenas sobre um conjunto específico de parâmetros corporais.

Nesta seção, estão duas grandes listas de todas as raízes importantes que podem aparecer depois de qualquer prefixo ou antes de qualquer sufixo. Elas estão divididas em duas categorias: raízes exteriores, que descrevem a parte externa do corpo, e raízes interiores, que lidam com — isso mesmo — a parte interna do corpo. Essas são as maiorais, que mantêm todos os termos médicos juntos. Pense nesta seção como uma parada obrigatória. Se você não puder encontrar sua raiz aqui, não a encontrará em lugar algum. Não seremos desvalorizados!

Raízes exteriores

A tabela 3–1 lista as raízes e as formas combinadas que se referem à parte externa do corpo.

Tabela 3–1	Sua Fabulosa Fachada: Raízes Exteriores
Raiz Exterior	*O Que Significa*
Acr/o	Extremidades
Anter/o	Frente
Axil/o	Axila
Blefar/o	Pálpebra
Braqui/o	Braço
Buc/o	Boca
Cant/o	Canto dos olhos
Capit/o	Cabeça
Carp/o	Punho
Caud/o	Cauda
Cefal/o	Cabeça
Cervi/o	Pescoço
Cili/o	Cílios

Raiz Exterior	O Que Significa
Cor/e, cor/o	Pupila do olho
Derm/a, derm/o, dermat/o	Pele
Dors/i, dors/o	Costas
Estet/o	Peito
Faci/o	Face
Fal/o	Pênis
Gingiv/o	Gengiva
Gloss/o	Língua
Gnat/o	Maxilar
Inguin/o	Virilha
Irid/o	Íris
Labi/o	Lábio
Lapar/o	Abdômen, lombo ou flanco
Later/o	Lado
Lingu/o	Língua
Mamm/a, mamm/o	Seio, mama
Mast/o	Seio, mama
Nas/o	Nariz
Occipit/o	Occipício, parte de trás da cabeça
Ocul/o	Olho
Odont/o	Dente
Onfal/o	Umbigo
Onic/o	Unha
Oftalm/o, ocul/o	Olho
Otic/o, ot/o	Visão
Or/o	Boca
Ot/o	Ouvido
Papil/o	Mamilo
Pelv/o	Pélvis, bacia
Pil/o	Cabelo
Pod/o	Pé
Queil/o, Quil/o	Lábio
Queir/o, Quir/o	Mão

(continua)

Tabela 3–1 (continuação)

Raiz Exterior	O Que Significa
Rin/o	Nariz
Somat/o	Corpo
Stomat/o	Boca
Tal/o	Tornozelo
Tars/o	Pé
Torac/o	Peito, tórax
Traquel/o	Pescoço
Tric/o	Cabelo
Ventr/i, ventr/o	Frente do corpo

Raízes interiores

Agora é hora de encontrar as grandes influências que mais bem definem o seu eu interior. A tabela 3–2 lista as raízes e formas combinadas associadas ao funcionamento interno do corpo.

Tabela 3–2	Lindo por Dentro: Raízes Interiores
Raiz Interior	O Que Significa
Abdomin/o	Abdômen
Aden/o	Glândula
Adren/o	Glândula adrenal ou suprarrenal
Alveoli/o	Alvéolo
Angi/o	Vaso
Arteri/o	Artéria
Arteriol/o	Arteríola
Artr/o	Articulação
Atri/o	Átrio
Audi/o	Audição
Balan/o	Glande
Bio-	Vida
Bronqu/i, bronqu/o	Brônquio
Bronquiol/o	Bronquíolo

Raiz Interior	O Que Significa
Carcin/o	Câncer
Cardi/o	Coração
Celul/o	Célula
Cerebel/o	Cerebelo
Cerebr/i, cerebr/o	Cérebro
Col/e	Bile
Colecis/o	Vesícula biliar
Coledoc/o	Duto biliar comum
Condr/i, condr/o	Cartilagem
Crom/o	Cor
Col/o	Cólon
Colp/o	Vagina
Cost/o	Costela
Cri/o	Frio
Cript/o	Escondido
Cutane/o	Pele
Cian/o	Azul
Cisti, Cist/o	Bexiga ou cisto
Cit/o	Célula
Dipl/o	Duplo, duas vezes
Duoden/o	Duodeno
Encefal/o	Cérebro
Enter/o	Intestino
Episi/o	Vulva
Eritr/o	Vermelho
Esofag/o	Esôfago
Farmac/o	Medicamento
Faring/o	Faringe
Fibr/o	Fibra
Fleb/o	Veia
Fren/o	Diafragma
Galact/o	Leite
Gastr/o	Estômago

(continua)

Tabela 3–2 (continuação)

Raiz Interior	O Que Significa
Glic/o	Açúcar
Ginec/o	Feminino, mulher
Hemat/o	Sangue
Hepat/o, hepatic/o	Fígado
Heter/o	Outro, diferente
Hidr/o	Suor
Hist/o, histi/o	Tecido
Hom/o, home/o	Mesmo, parecido
Hidr/o	Água, molhado
Hister/o	Útero
Iatr/o	Tratamento, médico
Ile/o	Íleo (intestino)
Ili/o	Ílio (osso pélvico)
Intestin/o	Intestino
Jejun/o	Jejuno
Lacrim	Lágrima
Laring/o	Laringe
Leuc/o	Branco
Lipid/o	Gordura (na vesícula ou rins)
Lit/o	Pedra
Linf/o	Vasos linfáticos
Melan/o	Negro
Men/o	Menstruação
Mening/o	Membrana
Metr/a, metr/o	Útero
Mi/o	Músculo
Miel/o	Medula óssea
Miring/o	Tímpano
Nat/o	Nascimento
Necr/o	Morte
Nefr/o	Rim
Neur/o	Nervo
Oofor/o	Ovário

Raiz Exterior	O Que Significa
Orquid/o, orqui/o	Testículo
Oss/eo, oss/i, ost/e, ost/eo	Osso
Palat/o	Palato, céu da boca
Pat/o	Doença
Peritone/o	Peritôneo
Pleur/o	Pleura
Pneum/a, pneum/o	Pulmão
Pneum/ato, pnem/ono	Pulmão
Poli/o	Massa cinzenta (cérebro)
Proct/o	Ânus, reto
Pulmon/o	Pulmão
Pi/o	Pus
Piel/o	Pelve renal
Querat/o	Córnea, tecido córneo
Rect/o	Reto
Ren/i, ren/o	Rim
Sacr/o	Sacro
Salping/o	Tubas uterinas ou trompas de Falópio
Sarc/o	Carne
Scapul/o	Escápula
Sept/o	Infecção
Splen/o	Baço
Spondil/o	Vértebra
Stern/o	Esterno
Tend/o, ten/o	Tendão
Testicul/o	Testículo
Term/o	Calor
Torac/o	Peito
Tim/o	Timo
Tir/o	Glândula tireoide
Tiroid/o	Glândula tireoide
Tonsil/o	Amígdala
Traque/o	Traqueia

(continua)

Tabela 3–2 (continuação)

Raiz Interior	O Que Significa
Timpan/o	Tímpano
Ur/e, ur/ea, ur/eo, urin/o, ur/o	Urina
Ureter/o	Ureter
Uretr/o	Uretra
Vas/o	Vaso, ducto
Vas/o, ven/o	Veia
Vesic/o	Bexiga, vesícula
Viscer/o	Vísceras (órgãos internos)
Xant/o	Amarelo
Xer/o	Seco

Similares e opostos

Alguns prefixos podem parecer bem diferentes entre si, mas têm o mesmo significado. Aqui estão alguns exemplos:

✔ *Anti-* e *contra-* significam contrário.

✔ *Dis-* e *mal-* significam deficiente ou doloroso.

✔ *Hiper-*, *supra-* e *epi-*, todos significam acima.

✔ *Hipo-*, *sub-* e *infra-*, todos significam abaixo.

✔ *Intra-* e *endo-* significam dentro de.

Contudo, há os prefixos perturbadores que significam o oposto um do outro, embora pareçam ou soem similares. Estes são prefixos controversos:

✔ *Ab-* significa longe de (abduzir), mas *ad-* significa em direção a.

✔ *Ante-*, *pre-* e *pro-* significam antes, mas *post-* significa depois.

✔ *Hiper-*, *supra-* e *epi-* significam acima, mas *hipo-*, *infra-* e *sub-* significam abaixo.

✔ *Macro-* significa grande, enquanto *micro-* significa pequeno.

✔ *Taqui-* significa rápido, mas *bradi-* significa devagar.

✔ *Hiper-* também significa excessivo, enquanto *hipo-* significa deficiente.

É apenas semântica

Tire um momento para digerir o que exatamente a palavra *semântica* quer dizer. *Semântica* é, pura e simplesmente, o estudo do significado em comunicação.

Você já ouviu alguém dizer "Vamos a fundo na semântica"? O que provavelmente querem dizer é para discutirem o real significado do que quer que seja que estejam discutindo. Então, lembre-se de que quando estiver tentando decifrar o significado de um termo médico, você quer de fato falar sobre semântica.

A palavra *semântica* deriva do grego *semantikos*, que quer dizer "significante".

Este pode ser um livro sobre termos médicos, mas estamos falando sobre morfemas aqui, não morfina. Um *morfema* é a menor unidade linguística que tem um significado semântico. Por exemplo, *un* significa não, ou oposto. Assim, da próxima vez que você olhar para um prefixo de duas letras e pensar que é apenas decoração, pense novamente. Há chances de que ele tenha muitos significados importantes.

Prefixo como Predecessor

Pense no prefixo como um vagão de boas-vindas para um termo. Ele o convida a entrar, acolhendo-o para um mundo inteiramente novo. Ele diz algo sobre o que você irá encontrar lá dentro. Prefixos e sufixos são modificadores ou adjetivos que alteram o significado da raiz da palavra, da mesma maneira que em termos habituais da língua portuguesa. Um prefixo aparece no início de uma palavra e diz como, por que, onde, quando, quanto, quantos, posição, direção, tempo e estado.

Uma atividade fácil de construção de palavras é usar os prefixos que você conhece e traçar conexões com termos médicos com os quais está familiarizado. Por exemplo, você provavelmente sabe que *ultra-* significa algo extra ou além do alcance normal. E também deve estar familiarizado com a palavra *ultrassom*, um procedimento que proporciona — isso mesmo — uma olhada no seu interior que está além do alcance normal dos exames visuais. Entende? Você já é um gênio da terminologia médica! Tudo bem, talvez eu tenha exagerado um pouco.

Você deve reconhecer muitos dos prefixos associados à terminologia médica porque eles têm o mesmo significado na nossa língua diária. Por exemplo, o prefixo mais básico *a-* significa sem, ou não, em terminologia médica, exatamente como em qualquer outra palavra. Se algo é atípico, não é típico. *Hemi-* significa metade, como em *hemisfério*. A moral da história é que prefixos não são apenas decoração. Eles têm um único e específico objetivo, que é dizer ao leitor mais sobre as circunstâncias que rodeiam o significado da palavra.

Prefixos Comuns

Você pode ler muito mais sobre prefixos no Capítulo 6, mas para estimular seu apetite a Tabela 3–3 fornece uma rápida olhada em alguns dos prefixos mais comuns que desempenham um grande papel tanto no português comum do dia a dia, quanto na terminologia médica.

Tabela 3–3	Prévia dos Prefixos Importantes
Prefixo	*O Que Significa*
A-, an-	Sem, falta, deficiente
Ante-	Antes, na frente
Anti-	Contra
Bi-	Dois, duplo, ambos
Co-, con-, com-	Junto a
De-	Para baixo, a partir de
Di-	Duas vezes, dois
Extra-, extro-	Fora, além de
Hemi-, semi-	Metade
Hiper-	Além de, excessivo
Hip-, hipo-	Abaixo de, deficiente
Intro-	Dentro
Macro-	Grande
Micro-, micr-	Pequeno
Post-	Depois de, atrás
Pre-, pro-	Antes de, em frente de
Retro-	Para trás, atrás
Semi-	Metade
Trans-	Através de
Tri-	Três
Ultra-	Além de

Sufixos: Considerações Finais

O sufixo, sempre no fim de uma palavra, costuma indicar um procedimento, um estado de saúde ou uma doença. Enquanto o prefixo dá uma pista sobre o que esperar a respeito do significado da palavra, o sufixo não faz rodeio e nos diz o que está acontecendo com uma parte específica do corpo ou sistema. E, normalmente, também mostra o que está errado em termos médicos ou indica o procedimento usado para o diagnóstico ou solução.

O âmbito dos significados do sufixo é extremamente amplo. Como os prefixos, muitos têm significados similares no velho português do dia a dia que você ouve nas ruas. Por exemplo, o sufixo -*metro* indica um instrumento usado para medir algo, assim como em outros campos de estudo. Geografia, um termo temido por muitos alunos do quinto ano ao redor do mundo, termina com -*grafia* e significa o processo de registro. Você encontrará várias outras formas de -*grafia* em nossas discussões sobre termos médicos.

A Tabela 3–4 dá uma prévia das delícias que o esperam no Capítulo 7.

Tabela 3–4	Resumindo Sufixos Importantes
Sufixo	*O Que Significa*
-ac, -ic, -al, -ous, -tic	Referente a
-ate, -ize	Sujeito a
-ent, -er, -ista	Pessoa ou agente que pratica
-genico	Produzido por
-grama	Registro de
-grafo	Instrumento de registro
-ismo	Condição ou teoria
-ologista	Especialista
-ologia	Estudo de algo
-fobia	Aversão a
-scopio	Instrumento para exame visual

Capítulo 4

Acrônimos, Epônimos, Homônimos, Múltiplos e Plurais — Nossa!

A gora que você já domina o básico, é hora de ramificar-se. Realmente ramificar-se — em múltiplas direções. Você deve pensar que em terminologia médica, múltiplos e plurais funcionam exatamente como nas palavras normais da língua portuguesa.

Prepare-se!

Continue lendo para descobrir sobre o astuto mundo dos múltiplos médicos.

Termos médicos pluralizados seriam muito fáceis de compreender e lembrar se todos os exemplos seguissem as mesmas regras. A graça (graça?) da língua portuguesa é que parece haver tantas palavras que *não* seguem as regras quanto palavras que seguem. Para observar isso, tudo que tem a fazer é olhar para alguns exemplos básicos das conversações diárias.

Não seria simples se a regra padrão fosse adicionar um *s* para fazer o plural? Um gato e um cachorro se tornariam dois ou mais *gatos* e *cachorros*. Simples. E que tal um animal, um cônsul e um pão? Com a pluralização, se transformam em dois ou mais *animais*, *cônsules* e *pães*. Muito mais do que simplesmente adicionar um *s*.

Mas, primeiro, vamos dar uma rápida olhada nesses três tipos comuns de terminologia médica: acrônimos, epônimos e homônimos.

Acrônimos

Um *acrônimo* é uma palavra (ou abreviação) formada pelas primeiras letras ou sílabas de outras palavras. A maioria dos acrônimos é representada por letras maiúsculas, mas nem sempre. Por exemplo, você pode estar familiarizado com as palavras *scuba* e *laser*. Esses termos são tão conhecidos que se tornaram aceitáveis como palavras próprias. *Scuba* foi criada como um acrônimo para *aparelho de respiração subaquática independente* (*self-contained underwater breathing apparatus*, em inglês). *Laser* era um acrônimo para *amplificação de luz por emissão estimulada de radiação* (*light amplification by stimulated emission of radiation*, em inglês). Esses dois modestos acrônimos alcançaram a glória maior como palavras genuínas.

Há muitos, para dizer o mínimo, acrônimos em terminologia médica, alguns dos quais são comuns, outros não tão comuns. É importante saber o contexto no qual são usados, porque muitos são idênticos ou têm som similar, mas com significados muito diferentes. Aqui estão alguns acrônimos médicos comuns.

- ✔ **AMB:** Associação Médica Brasileira
- ✔ **AVE:** Acidente Vascular Encefálico
- ✔ **DPOC:** Doença Pulmonar Obstrutiva Crônica
- ✔ **ECG:** Eletrocardiograma
- ✔ **ECO:** Ecocardiograma
- ✔ **ECT:** Eletrochoqueterapia
- ✔ **FR:** Frequência Respiratória
- ✔ **FV:** Fibrilação Ventricular
- ✔ **IAM:** Infarto Agudo do Miocárdio
- ✔ **IRA:** Insuficiência Renal Aguda
- ✔ **IRC:** Insuficiência Renal Crônica
- ✔ **TRM:** Traumatismo Raquimedular

Como pode ver, alguns acrônimos têm semelhanças, mas, na verdade, significam algo completamente diferente. Saber o *contexto* no qual o acrônimo está sendo usado é muito importante. Muitos acrônimos comuns podem ser mal interpretados.

Um acrônimo que pode causar problemas em um hospital se não estiver contextualizado é SRA. Se você estiver internado e uma enfermeira disser que está com SRA, isso pode deixá-lo preocupado achando que está com *síndrome respiratória aguda*. Na verdade, ela estava se referindo ao seu estado de *sem ruídos adventícios*. Até parece pegadinha, não?

Em seguida na turnê das formas plurais está o antônimo, provando de uma vez por todas que os opostos se atraem. Um *antônimo* é uma palavra que significa o oposto de outra. Alguns exemplos poderiam ser certo/errado, direita/esquerda, em cima/embaixo e frente/atrás. Com referência aos termos médicos, alguns prefixos podem ser dispostos como opostos. A Tabela 4–1 lista alguns dos mais populares.

Tabela 4–1	Antônimos Médicos
Prefixo	*O Que Significa*
Ab-	Para longe (abdução)
Ad-	Em direção a (adução)
Anterior-	Frente
Posterior-	Trás
Bio-	Vida
Necro-	Morte
Bradi-	Devagar
Taqui-	Rápido
Cefalo-	Cabeça (para cima)
Caudo-	Cauda (para baixo)
Endo-	Dentro
Exo-	Fora
Eu-	Bem, normal
Dis-	Doloroso, difícil
Hiper-	Acima ou excessivo
Hipo-	Abaixo ou deficiente
Leuco-	Branco
Melano-	Negro
Pre-	Antes ou em frente a
Post-	Depois ou atrás
Proximal-Proximal-	Perto (proximidade)
Distal-	Longe (distância)
Superior-	Acima
Inferior-	Abaixo

Epônimos

Epônimos são facetas incomuns e interessantes do mundo plural. Um *epônimo* é uma pessoa, lugar ou coisa do qual uma pessoa, lugar ou coisa obtém (ou supõe-se ter obtido) seu nome. Por exemplo, Rômulo é o epônimo de Roma. Pode também se referir a uma pessoa cujo nome é um sinônimo para algo (do Grego *eponymos*: *epi* [para] + *onyma* [nome]).

No campo médico, uma doença, sinal, operação, instrumento cirúrgico, síndrome ou teste é com frequência nomeado em homenagem a um certo médico, cirurgião, cientista ou pesquisador — alguém responsável pela criação, aperfeiçoamento ou pesquisa envolvidos na descoberta.

Aqui estão alguns dos epônimos médicos mais populares:

- **Doença de Lyme:** Uma desordem multissistêmica transmitida por carrapatos. Nomeada em homenagem a um lugar, Old Lyme, em Connecticut, onde a doença foi relatada pela primeira vez, em 1975.

- **Doença de Peyronie:** Nomeada em homenagem a François de la Peyronie, cirurgião francês (1678–1747). Significa uma deformidade ou curvatura do pênis causada por tecido fibroso dentro da túnica albugínea. Quando a deformação do pênis é grave, causa disfunção erétil ou dor aguda durante a relação sexual.

- **Escala ou Índice de Apgar:** Nomeado em homenagem a Virginia Apgar, anestesista americana (1909–1974). Uma numeração que expressa a condição de uma criança recém-nascida a um minuto do nascimento e novamente depois de cinco minutos.

- **Escore de Gleason:** Nomeado em homenagem a Donald Gleason, patologista americano (1920–2008). Uma classificação do câncer de próstata que atribui pontos de 1–5 para graus de desenvolvimento primário e secundário.

- **Linfoma de Hodgkin:** Uma forma de linfoma maligno. Nomeado em homenagem a Thomas Hodgkin, médico inglês (1798–1866).

- **Ligamento de Treitz:** Localizado no trato intestinal. Nomeado em homenagem a Wenzel Treitz, médico tcheco (1819–1872).

- **Mal de Alzheimer:** Nomeado em homenagem a Alois Alzheimer, neurologista alemão (1864–1915). Uma doença progressiva degenerativa do cérebro.

🖊 **Mal de Parkinson:** Nomeada em homenagem a James Parkinson, médico inglês (1755–1824). Um grupo de desordens neurológicas incluindo tremores e rigidez muscular.

🖊 **Sinal de Homans:** Nomeado em homenagem a John Homans, cirurgião americano (1877–1954). Dor na dorsiflexão do pé, um sinal de trombose das veias profundas da panturrilha.

🖊 **Síndrome de Cushing:** Nomeada em homenagem a Harvey Williams Cushing, cirurgião americano (1869–1939). Um complexo de sintomas causados por hiperatividade do córtex adrenal (porção das glândulas adrenais ou suprarrenal).

🖊 **Síndrome de Down:** Nomeado em homenagem a John Haydon Down, médico inglês (1828–1896). Uma desordem cromossômica, também chamada trissomia 21, anteriormente chamada de mongolismo.

Como você pode ver, essas pessoas famosas não estão mais entre nós. Então, você teria muito mais chance de ter algo nomeado em sua homenagem se tivesse nascido cem anos atrás.

Não tenha medo de aprender mais sobre epônimos. Muitas doenças, sinais, síndromes e testes estão listados em dicionários médicos. Qualquer nome pode ser pesquisado, já que a maioria está indexada em um bom dicionário médico, como o *Dorland*.

Homônimos

Semelhante aos antônimos é o homônimo. Um *homônimo* é uma palavra que tem a mesma pronúncia de outra, mas um significado diferente e, na maioria dos casos, uma grafia diferente (do Grego *homonymos*: *homos* [mesmo] + *onyma* [nome]). Alguns homônimos comuns na língua portuguesa são acender e ascender, estrato e extrato, espiar e expiar, tachar e taxar, e conserto e concerto. Enquanto essa lista poderia continuar com palavras comuns do dia a dia, há poucos homônimos em terminologia médica. A Tabela 4–2 mostra os mais prováveis de serem encontrados.

Tabela 4–2	Homônimos Médicos
Palavra	*O Que Significa*
Antisséptico	Impede a multiplicação de micróbios
Anticético	Contrário ao ceticismo
Coriza	Secreção das fossas nasais, rinite

(continua)

Tabela 4–2 (continuação)	
Palavra	*O Que Significa*
Corisa	Espécie de inseto
Séptico	Que causa infecção
Cético	Descrente
Esterno	Nariz
Externo	Corpo
Interseção	Boca
Intercessão	Tornozelo
Proeminente	Pé
Preeminente	Peito, tórax

Derivando o Plural à Maneira Médica

Como você leu anteriormente neste capítulo, plurais médicos são um pouco diferentes da variação padrão da língua portuguesa falada no dia a dia. Leia as regras abaixo para se familiarizar com as nuances da formação plural médica.

Regras médicas para formar plurais

Algumas regras de pluralização de termos médicos são como se segue, com exemplos e exceções da regra. Estas regras são semelhantes às regras do plural em latim.

Regra Médica 1: Troque o a final por ae

Em outras palavras, *vertebra* torna-se *vertebrae*.

Adicionando o *e* ao plural, o som "a" que finaliza a pronúncia torna-se "e".

- Axilla, axillae
- Bursa, bursae
- Conjuctiva, conjuctivae
- Scapula, scapulae
- Sclera, sclerae

Regra Médica 2: Troque o um final para a

O *a* no fim é pronunciado "a".

- ✔ Acetabulum, acetabula
- ✔ Antrum, antra
- ✔ Atrium, atria
- ✔ Bacterium, bacteria
- ✔ Diverticulum, diverticula
- ✔ Labium, labia
- ✔ Medium, media

Regra Médica 3: Troque o us final para i

O *i* no fim é pronunciado "i".

- ✔ Alveolus, alveoli
- ✔ Bronchus, bronchi
- ✔ Coccus, cocci
- ✔ Embolus, emboli
- ✔ Fungus, fungi
- ✔ Glomerulus, glomeruli
- ✔ Meniscus, menisci
- ✔ Syllabus, syllabi (mas syllabuses é aceitável também)

As exceções para esta regra incluem as seguintes:

- ✔ Corpus, corpora
- ✔ Meatus, meatus (permanece o mesmo)
- ✔ Plexus, plexuses
- ✔ Viscus, viscera

Regra Médica 4: Troque o is final para es

O *es* é pronunciado "ez".

- ✔ Analysis, analyses
- ✔ Diagnosis, diagnoses
- ✔ Exostosis, exostoses
- ✔ Metastasis, metastases
- ✔ Prognosis, prognoses
- ✔ Testis, testes

As exceções para esta regra são

- ✔ Epydidymis, Epididymides
- ✔ Femoris, femora
- ✔ Iris, irides

Regra Médica 5: Troque o ma ou oma final para mata

- ✔ Carcinoma, carcinomata
- ✔ Condyloma, condylomata
- ✔ Fibroma, fibromata
- ✔ Leiomyoma, leiomyomata

Nos exemplos da Regra 5, o plural adicionando o *s* é também aceitável: condylomas, carcinomas, leiomyomas e fibromas.

Regra Médica 6: Quando um termo finalizar em yx, ax ou ix, troque o x por c e adicione es

- ✔ Appendix, appendices
- ✔ Calyx, calyces
- ✔ Calix, calices (Estranho mas é verdade, ambos estão corretos)
- ✔ Thorax, thoraces

Regra Médica 7: Quando um termo finalizar em nx, troque o x por g e adicione es

- ✔ Larynx, larynges
- ✔ Phalanx, phalanges

Regra Médica 8: Para termos médicos latinos que consistem de um substantivo e um adjetivo, pluralize ambos os termos

- Condyloma acuminatum, condylomata acuminata
- Placenta previa, placentae previae
- Verruca vulgaris, verrucae vulgares

Há (claro) algumas exceções para todas essas regras:

- Cornu, cornua
- Pons, pontes
- Vas, vasa

Regras da língua portuguesa para formação de plurais

Muitos termos médicos aplicam as regras básicas da língua portuguesa para formar plurais. Graças a Deus! Você sem dúvida reconhecerá muitas dessas regras.

Regra 1 da língua portuguesa: A forma mais comum de formar o plural de um termo é adicionando um -s:

- Anemia, anemias
- Dermatite, dermatites
- Edema, edemas
- Náusea, náuseas
- Paralisia, paralisias

Regra 2 da língua portuguesa: Quando um termo finaliza em -ão, a maior parte forma o plural substituindo essa terminação por -ões:

- Coagulação, coagulações
- Erupção, erupções
- Incisão, incisões
- Lesão, lesões

Regra 3 da língua portuguesa: *Alguns termos finalizados em -ão também aceitam o plural formado por -ães:*

▸ Cirurgião, cirurgiães ou cirurgiões

Regra 4 da língua portuguesa: *Os termos paroxítonos terminados em -ão e alguns poucos oxítonos e monossílabos formam o plural pelo simples acréscimo de -s:*

▸ Ancião, anciãos

Regra 5 da língua portuguesa: *Em alguns casos, é aceitável mais de uma forma para os plurais de termos finalizados em -ão:*

▸ Ancião, anciões, anciães ou anciãos

Regra 6 da língua portuguesa: *Os termos finalizados em -m formam o plural trocando essa letra por -n e acrescentando o -s:*

▸ Bandagem, bandagens

▸ Flambagem, flambagens

▸ Vertigem, vertigens

Regra 7 da língua portuguesa: *Os termos finalizados em -r e -z formam o plural com o acréscimo de -es:*

▸ Cateter, cateteres

▸ Fêmur, fêmures

▸ Gravidez, gravidezes

Regra 8 da língua portuguesa: *Termos finalizados em -s, quando oxítonos, formam o plural acrescentando -es. Quando paroxítonos ou proparoxítonos, são invariáveis:*

▸ Cútis, cútis

▸ Fórceps, fórceps

▸ Herpes, herpes

Regra 9 da língua portuguesa: *Quando os termos finalizarem em -al, -el, -ol e -ul, o plural é formado pela troca do -l dessas terminações por -is:*

- ✔ Bucal, bucais
- ✔ Estomacal, estomacais
- ✔ Fel (bile), féis (ou feles)

Regra 10 da língua portuguesa: *Os termos oxítonos que terminam em -il trocam o -l pelo -s para fazer o plural:*

- ✔ Febril, febris

Regra 11 da língua portuguesa: *Quando terminados em -n, os termos formam o plural pelo acréscimo de -s ou -es:*

- ✔ Abdômen, abdomens ou abdômenes
- ✔ Gérmen, germens ou gérmenes

Regra 12 da língua portuguesa: *Os termos finalizados em -x são inalteráveis:*

- ✔ Tórax, tórax

Se tiver dúvidas, consulte um dicionário. Seria impossível listar aqui todos os casos de plural e suas exceções.

Bem-vindo ao Senso Comum: Mais Exceções para as Regras de Plural

Profissionais de saúde, incluindo cirurgiões, clínicos e farmacêuticos, costumam usar medidas e suas abreviações para transmitir informação. No que diz respeito a *múltiplos*, o plural não tem lugar em abreviações de medida se unidas a um valor numérico.

Por exemplo, a frase "A incisão teve vários centímetros de comprimento" é aceitável porque é uma quantia vaga, não exata. Mas se unida a um valor numérico e a uma abreviação de medida, então, torna-se "A incisão teve 7cm de comprimento". A abreviação de medida *cm* é sempre usada com um valor numérico e sempre no singular. Nunca é pluralizada como *cms*, já que o valor numérico fornece a pista de que alguém está falando sobre mais do que um centímetro.

Outro exemplo de medida comum é a hora. Quando vai para o plural, a palavra se torna *horas*. Usada com um valor numérico específico, torna-se 12 horas. Quando abreviada, é sempre 12*h*, não 12*hs*.

Abreviação de medida com números é sempre deixada no singular.

A pluralização de abreviações em letras maiúsculas ou acrônimos é feita acrescentando um *s* minúsculo o final. Alguns exemplos médicos:

- ✔ DPOC, DPOCs
- ✔ AVE, AVEs
- ✔ IAM, IAMs

Os verdadeiros culpados na terminologia médica são as chamadas palavras *homófonas*. Elas são pronunciadas quase da mesma forma, mas com grafia e significado diferentes. Não saber a diferença pode colocá-lo em problemas e causar muita confusão. A Tabela 4–3 mostra vários exemplos.

Tabela 4–3	Homófonas Problemáticas
Palavra	*O Que Significa*
Ablação	Remoção cirúrgica
Oblação	Uma oferta religiosa
Acesso	Um meio de aproximação
Abscesso	Acumulação de pus
Aferente	Em direção ao centro
Eferente	Para longe do centro
Anedota	Uma história engraçada
Antídoto	Um remédio para curar envenenamento
Aparente	Evidente, óbvio
Aberrante	Fora do curso, anormal
Aural	Pertencente ao ouvido
Oral	Pertencente à boca
Caloso	Duro como um calo
Calo	Área endurecida da pele
Cecal	Pertencente ao ceco
Fecal	Pertencente às fezes
Disfagia	Dificuldade de comer ou engolir
Disfasia	Dificuldade de falar
Efusão	Derramamento de fluido para dentro do tecido

Palavra	O Que Significa
Infusão	Introduzir fluido na veia ou tecido
Escleredema	Acúmulo de colágeno na pele
Esclerodermia	Doença caracterizada pelo endurecimento da pele e dos tecidos dos órgãos
Etanol	Álcool
Etenil	Vinil
Labial	Relativo ao lábio
Lábil	Instável
Obstipação	Prisão de ventre
Obstrução	Bloqueio de um canal
Palpação	Apalpar com a palma da mão ou com os dedos
Palpitação	Batimento acelerado do coração
Perfusão	Bombeamento de um líquido através de um órgão
Profusão	Abundante, muito
Protusão	Deslocamento de um órgão para a frente
Perineal	Relativo ao períneo
Peritoneal	Relativo ao peritôneo
Peroneal	Relativo ao perônio
Pleurite	Inflamação das pleuras pulmonares
Prurido	Coceira
Precedente	Vem antes
Procedente	Que tem fundamento, que se justifica
Prostática	Relativo à próstata
Protético	Confecciona próteses dentárias
SRA	Síndrome Respiratória Aguda
SRA	Sem Ruídos Adventícios

Perineal, peritoneal e *peroneal* são famosos encrenqueiros entre tantos no campo médico. Não se junte ao grupo!

Técnicas de Memorização

Todos têm seu jeito favorito de lembrar palavras. A melhor coisa a fazer é ir experimentando e descobrir o método de memorização que melhor funciona para você. Tente alguns desses sob medida:

- **Ordem alfabética**: Liste prefixos, sufixos ou raízes em ordem alfabética para memorizar.

- **Fichas**: Use qualquer conexão que quiser para criar suas próprias fichas.

- **Agrupe palavras em sistemas corporais semelhantes**: Monte sua lista por sistema, recordando e memorizando um de cada vez, tal como o cardiovascular, muscular, urinário e assim por diante.

- **Memorize pelo significado**: Tente agrupar palavras com significados similares.

- **Memorize por prefixo ou sufixo similar**: Se prefixos e sufixos têm som, grafia ou significado parecidos, tente colocá-los juntos e memorize-os em pedaços.

- **Dispositivos mnemônicos**: Lembra do "M antes de P e B"? É fácil criar seu próprio dispositivo mnemônico para termos médicos.

- **Enigmas cronometrados**: Quando sentir que está dominando um grupo de palavras, crie seu próprio enigma (ou encontre algum online) e cronometre seu tempo.

Temos um punhado de termos que nunca mudam, não importa o que aconteça. Considere colocar esses no topo da sua lista de memorização.

- Algumas palavras estão sempre no plural: costas e fezes.

- Algumas estão sempre no singular: pâncreas e ânus.

- Algumas permanecem iguais no singular ou plural: bíceps, tríceps e fórceps.

Capítulo 5

Como É que se Diz? Pronúncia e Uso

Neste Capítulo

▶ Simplifique os métodos de pronúncia

▶ Distingua os sons de prefixo dos de sufixo

▶ Aplique dicas de pronúncia no uso diário e construção de palavras

Se você leu o Capítulo 4, agora tem uma ideia melhor de como os termos médicos são formados. Mas a menos que você trabalhe no set de filmagem de um filme médico mudo, vai ter que aprender como pronunciar essas palavras. Até mesmo os figurões de Hollywood que perambulam pelos sets de *ER*[1] e *Grey's Anatomy* têm que aprender como dizer os termos médicos e são bem pagos para fazer isso de forma convincente. Ainda que você não fature sete dígitos por gritar "Faça uma RM do duodeno e do jejuno desse homem!", vai ficar bem entre seus companheiros médicos por saber a forma correta de pronunciar os termos.

Vidrado na Fonética

Na terminologia médica, os sons não são sempre pronunciados da mesma maneira que no português do dia a dia, e também não há regras inalteráveis que dizem que uma combinação de letras específicas será pronunciada do mesmo jeito sempre. Uma coisa que ajuda tanto no português padrão, quanto nas palavras médicas, entretanto, é aprender a pronunciar *foneticamente* — quebrando a palavra em partes menores.

---

[1] N.E.: Outro seriado norte-americano que se passa dentro de um hospital, a exemplo de *Grey's Anatomy*.

A variedade de combinações de letras e sons possíveis pode deixar — ou ao menos pode parecer fazer — os termos médicos difíceis de pronunciar, especialmente se você nunca os viu ou ouviu antes. O que pode lhe soar familiar no português diário, pode assumir um som completamente novo em um termo médico.

Nunca é demais repetir: ao desmembrar a palavra em suas partes básicas — prefixo, raiz e sufixo — você simplifica a tarefa da pronúncia.

Dê uma olhada mais de perto nos prefixos e formas de ligação ou raízes das palavras quando começar a vocalizar os termos que conhece. Você descobrirá que, ao adicionar uma variedade de sufixos, não apenas o prefixo e o sufixo mudam a definição do termo mas, o mais importante, em muitos casos muda a forma como o termo é pronunciado. O que isso significa? Significa que você deve mergulhar neste livro e começar a memorização! Essa é uma tarefa difícil mas, ainda bem, há algumas regras e dicas básicas que podem ser usadas para lhe ajudar ao longo do caminho.

Pronunciando Prefixos Comuns e Sons Iniciais

Você tem que começar de algum lugar, então por que não do início? Visto que muitos termos médicos começam com uma estranha combinação de letras, a pronúncia nem sempre é óbvia. Algumas letras assumem um som completamente novo. Vamos dar uma olhada em algumas regras comuns para ajudar a clarear um pouco as coisas.

Do seu ouvido ao dicionário

E se você não puder ver o termo, mas apenas ouvi-lo? Você conseguiria achá-lo em um dicionário médico? Algumas boas e velhas regras de memorização vão lhe ajudar a lembrar aqueles inícios difíceis de pronunciar.

Se começa com um som de "s", poderia começar com *c* ou *s:*

- Citologia: (ci-to-lo-GI-a)

- Sorologia: (so-ro-lo-GI-a)

- Se começa com som de "z"

- Se começa com som de "f"

- Se começa com um som de "j", poderia ser *g* ou *j:*

> ✔ Gengivite: (gen-gi-VI-te)
>
> ✔ Se começa com um som de "k", a palavra pode começar com *k* ou *c*:
>
> ✔ Crânio: (CRÃ-ni-o)
>
> ✔ Cólera: (CÓ-le-ra)
>
> ✔ Kernicterus: (ker-NIC-te-rus)

Pronunciando Sufixos Comuns e Terminações

Você não está fora de perigo ainda. Pode-se pensar que pronunciar as terminações é relativamente autoexplicativo. Mas, novamente, terminologia médica é como uma surpresa inesperada. Tal qual, letras nem sempre soam como parecem. Esta seção lista algumas coisas para serem lembradas sobre como falar as terminações das palavras.

Para termos que finalizam em *i* (normalmente para formar um plural), o *i* é sempre pronunciado "ai".

Exemplos:

Glomerulus, glomerulli (glo-ME-ru-lai)

Radius, radii: (rei-di-AI)

Termos que finalizam em *ae* (de novo geralmente plurais) são pronunciados *i*:

Exemplo:

Vertebra, vertebrae (VER-te-brei)

Termos que finalizam em *es*

Pronunciando Combinações Comuns

Agora que você tem algumas regras de pronúncia estabelecidas, reflita sobre o que acontece com a pronúncia de um termo quando combinamos um prefixo com uma raiz ou forma combinada mais um sufixo e, com frequência, uma vogal de ligação. A combinação não tem fim.

Mantenha algumas poucas explicações em mente antes de começar a combinar as partes das palavras. Reveja:

- ✔ **Prefixo:** Sempre no início de um termo. Modifica a raiz da palavra que ele precede. Quase sempre indica uma localização, um número, um tempo ou período de tempo ou estado.

- ✔ **Raiz/forma combinada:** Normalmente indica uma parte do corpo, tal qual *cardi/o* para coração, *gastr/o* para estômago e *neur/o* para nervo.

- ✔ **Sufixo:** Aparece no fim de um termo médico. Normalmente, embora nem sempre, indica um estado de saúde, procedimento, síndrome ou doença.

Uma *vogal de ligação* pode ser usada para mudar a grafia de um termo, tornando a pronúncia mais fácil. Não é usada quando o sufixo começa com uma vogal, pois isso tornaria a pronúncia difícil. Uma vogal de ligação é usada somente quando o sufixo começa com uma consoante. Por exemplo, *gastr/o* diz respeito a estômago. Acrescentando o sufixo *-ite*, que significa inflamação, resulta no termo *gastrite* (gas-TRI-te). Se a vogal de ligação o não fosse removida, o resultado seria *gastroite*, criando uma vogal dupla e uma palavra mais difícil de pronunciar (gas-tro-I-te).

Juntando Tudo

Você tem todas as ferramentas, agora só precisa usá-las para construir suas habilidades de pronúncia. Para isso, você tem que ser valente e começar a juntar todas as partes da palavra. Um termo médico longo deve ser desmembrado em partes para chegar a uma definição e uma pronúncia. Você pode fazer isso de duas maneiras.

Algumas pessoas gostam de olhar para o sufixo primeiro, a fim de determinar se o termo é um estado de saúde, um procedimento, uma síndrome ou uma doença. Estando o sufixo definido, você pode voltar para o início da palavra e definir o prefixo, se houver um, e a raiz. Esse método é o preferido de muitas pessoas que ainda estão apenas molhando os pés no mundo dos termos médicos.

Outros preferem enfrentar o termo do início, estabelecendo um significado para o prefixo primeiro, então indo até a raiz e, por último, para o sufixo.

A pronúncia de uma palavra pode mudar ,às vezes, quando você pega alguns prefixos, junta-os com raízes e adiciona vogais e sufixos. A seguir estão alguns exemplos:

- ✔ **Eutireoideo (eu-ti-re-OI-deo):** O prefixo *eu* significa normal. Antes de tireoide, significa que a tireoide está normal.

- ✔ **Febril (fe-BRIL):** Significa estar com febre. Adicione o prefixo *a*, que significa estar longe de ou sem, e a palavra se torna *afebril* (a-fe-BRIL), significando sem febre.

Caça ao tesouro terminológico no dicionário

É importante lembrar que cada termo médico que você vê ou ouve pode não aparecer em um dicionário médico como é comumente grafado ou pronunciado. Com tantas raízes, prefixos e sufixos, as combinações possíveis são infinitas e o dicionário médico se tornaria uma série de enciclopédias. Então, quando tentar encontrar um termo em um dicionário médico, você deve olhar primeiro para a raiz da palavra e para o prefixo e sufixo separadamente. Os termos mais comumente usados são agora listados em ordem alfabética, mas apenas porque você não consegue achar um termo no dicionário imediatamente não significa que ele não exista. Apenas significa que você tem que montar a sua própria definição.

⮕ **Hipertensão (hi-per-ten-SÃO):** Pressão sanguínea alta.

⮕ **Hipotensão (hi-po-ten-SÃO):** Pressão sanguínea baixa. Embora não haja muita diferença na pronúncia de hipertensão e hipotensão e uma signifique o oposto da outra, é importante ouvir — e ver — a grafia diferente na aplicação do prefixo.

⮕ **Oligúria (o-li-GÚ-ri-a):** Micção escassa ou pouco frequente.

⮕ **Poliúria (po-li-Ú-ri-a):** Micção excessiva ou frequente.

Sufixos também podem afetar a pronúncia de uma palavra. Sufixos diferentes podem significar pronúncias diferentes, particularmente em respeito a cores. Confira essas duas combinações e como a pronúncia e o significado mudam com a alteração dos sufixos:

⮕ **Eritrócitos (e-ri-TRÓ-ci-tos):** Glóbulos vermelhos do sangue

⮕ **Eritrocitose (e-ri-tro-ci-TO-se):** Aumento de eritrócitos

⮕ **Melanose (me-la-NO-se):** Pigmentação preta incomum

⮕ **Melanocitose (me-la-no-ci-TO-se):** Célula de pigmentação na camada da pele

Até mesmo a parte mais básica de uma palavra, a raiz ou forma combinada, pode mudar a forma como falamos e vemos as palavras. A vogal de ligação, em particular, pode mudar o significado e a pronúncia:

⮕ **Neurite (neu-RI-te):** Inflamação de um nervo (neur/o)

⮕ **Neuropatia (neu-ro-pa-TI-a):** Doença do sistema nervoso

⮕ **Neuroplastia (neu-ro-plas-TI-a):** Capacidade de um tecido neural se reagrupar

Em que Estado Você se Encontra

Pronunciar termos de estados de saúde pode ser fácil se você se familiarizar primeiro com a raiz da palavra do estado e então com o sufixo. Vamos usar uma simples doença estomacal como exemplo. Primeiro pronuncie a raiz da palavra, então adicione diferentes sufixos e você elevará seu vocabulário em alguns pontos:

> ✔ **Gastro (GAS-tro):** Estômago

> ✔ **Gastrite (gas-TRI-te):** Inflamação do estômago (-ite)

> ✔ **Gastrodinia (gas-tro-di-NI-a):** Dor no estômago (-dinia)

> ✔ **Gastropatia (gas-tro-pa-TI-a):** Doença do estômago (-patia)

Por outro lado, você pode aumentar seu vocabulário de estados de saúde e habilidades de uso se aplicar o sufixo a uma variedade de raízes:

> ✔ **Cardiomegalia (car-dio-me-ga-LI-a):** Aumento do coração

> ✔ **Hepatoesplenomegalia (e-pa-to-es-ple-no-me-ga-LI-a):** Aumento do fígado e do baço (*splen/o* para o baço e *hepat/o* para o fígado)

> ✔ **-megalia (me-ga-LI-a):** Aumento de

> ✔ **Esplenomegalia (es-ple-no-me-ga-LI-a):** Aumento do baço

Sufixos de Sofrimento

Sufixos desempenham o mais importante papel nas diferentes maneiras que os termos procedimentais são grafados e pronunciados. Para sua sorte, há uma pequena lista de sufixos muito comuns que referem-se a procedimentos. Então, mais uma vez, entenda esta pequena lista com as várias partes e você terá em retorno um mundo de palavras.

Aqui estão alguns dos sufixos relacionados a procedimentos que criam alteração na pronúncia:

> ✔ **-centese:** Uma punção cirúrgica para retirar ou aspirar fluido

> ✔ **-ectomia:** Remoção cirúrgica de algo

> ✔ **-otomia:** Corte ou incisão cirúrgicos

> ✔ **-ostomia:** Criação cirúrgica de uma abertura artificial

> ✔ **-plastia:** Reparo cirúrgico

- **-scópio:** Um instrumento usado para exame visual
- **- scopia:** Para ver, ou exame visual
- **-grama:** Registro ou imagem resultante
- **-grafia:** O processo de gravação de um registro ou imagem

Usando esses sufixos, observe a mudança na pronúncia dependendo de qual é usado:

- **Abdominocentese (ab-do-mi-no-cen-TE-se):** Punção cirúrgica da cavidade abdominal
- **Abdominoplastia (ab-do-mi-no-plas-TI-a):** Reparo cirúrgico do abdômen
- **Broncoscópio (bron-cos-CÓ-pi-o):** Aparelho utilizado para examinar os brônquios
- **Broncoscopia (bron-cos-co-PI-a):** Exame visual dos brônquios usando um broncoscópio
- **Cardiograma (car-di-o-GRA-ma):** Filme produzido por uma cardiografia
- **Cardiografia (car-di-o-gra-FI-a):** Processo de gravar a atividade do coração
- **Colostomia (co-los-to-MI-a):** Criação cirúrgica de uma abertura no cólon
- **Colectomia (co-lec-to-MI-a):** Corte cirúrgico do cólon
- **Endoscópio (en-dos-CÓ-pi-o):** Aparelho usado para exame visual interno
- **Endoscopia (en-dos-co-PI-a):** Exame visual usando um endoscópio
- **Mamograma (ma-mo-GRA-ma):** Registro resultante de uma mamografia
- **Mamografia (ma-mo-gra-FI-a):** Processo de exame dos seios
- **Mamoplastia (ma-mo-plas-TI-a):** Reparo cirúrgico do seio
- **Ooforite (o-o-fo-RI-te):** Inflamação de um ovário
- **Ooforectomia (o-o-fo-rec-to-MI-a):** Remoção cirúrgica de um ovário
- **Salpingectomia (sal-pin-gec-to-MI-a):** Remoção cirúrgica de uma trompa de Falópio
- **Salpingograma (sal-pin-go-GRA-ma):** Gravação resultante de uma salpingografia
- **Salpingografia (sal-pin-go-gra-FI-a):** Procedimento para examinar as trompas de Falópio

E agora, para o grande final

E qual é, você pergunta, o termo médico mais louco de se pronunciar? Aquele com o qual posso surpreender meus amigos em coquetéis e reuniões? Aquele que faria até mesmo o técnico de enfermagem de uma emergência estremecer de prazer?

Tente essa duas palavras rebuscadas sob medida:

✔ **Salpingo-ooforectomia (sal-pin-go/o-o--fo-rec-to-MI-a):** remoção cirúrgica de um ovário e uma trompa

✔ **Ooforossalpingectomia (o-o-fo-ro-sal--pin-gec-to-MI-a):** também significa a remoção cirúrgica de um ovário e uma trompa

Alguns dos exemplos aqui demonstram como uma palavra médica pode mudar apenas acrescentando *grama* versus *grafia* ou *ectomia* versus *otomia*. Algo tão pequeno quanto uma letra pode mudar o som e o significado completamente. Pegue *scópio* versus *scopia*. Uma letra diferencia as mudanças de um instrumento para um exame e, mais importante, muda a pronúncia, ainda por cima.

Pratique sua pronúncia. Diga os termos em voz alta e dê ênfase na sílaba certa! (SÍ-la-ba!)

Parte II
Mapeando Palavras e Corpos

Nesta parte . . .

Prove os fundamentos básicos substanciosos deste livro! Os Capítulos 6 e 7 mostram as possibilidades de prefixos e sufixos. O Capítulo 8 mostra como reconhecer palavras em seus próprios termos. O Capítulo 9 ensina como desmembrar palavras para compreendê-las melhor. E os Capítulos 10 e 11 dão uma visão em profundidade do corpo e seus sistemas, órgãos e cavidades.

Capítulo 6

Assim Era no Princípio: Prefixos

. . . .

Neste Capítulo

- ▶ Defina prefixos comuns
- ▶ Categorize os prefixos por significado
- ▶ Conheça os usos mais prováveis do prefixo
- ▶ Recapitule algumas raízes das palavras

. . . .

Primeiramente, você conheceu seus novos amigos, os prefixos, no Capítulo 3. Recapitulando: *Prefixos* aparecem no início de uma palavra e dizem como, por quê, onde, quando, quanto, quantos, posição, direção, tempo ou estado.

Prefixos têm um trabalho muito importante: eles agem como modificadores ou adjetivos, alterando o significado da raiz de um termo médico. Embora você irá ver neste capítulo alguns prefixos novos e estranhos que apenas existem no mundo médico, para a maior parte dos casos os prefixos médicos funcionam exatamente como qualquer outro.

Prefixos Comuns

Mantenha as outras funções das partes da palavra em mente quando estiver lidando com prefixos. A *forma combinada* ou *raiz*, como explicado no Capítulo 3, especifica a parte do corpo. O sufixo, sempre no fim de uma palavra, costuma indicar um procedimento, estado de saúde ou doença. Quando todos os três trabalham juntos, eles formam uma palavra poderosa.

As primeiras coisas primeiro: vamos dar uma olhada nos prefixos mais comuns numa simples ordem alfabética fácil de memorizar. Mais adiante no capítulo, vamos examinar como esses prefixos se encaixam na linguagem e na vida médica diárias.

Prefixos de A a E

- **A-, an-:** Falta de, sem, não
- **Ab-:** Longe de
- **Ad-:** Em direção a, perto
- **Ambi-, ambo-:** Ambos
- **Anfi-:** Dos dois lados
- **Ana-:** Para cima
- **Ante-:** Antes, em frente a
- **Anti-:** Contra
- **Ap-, apo-:** Afastado ou separado de
- **Aut-, auto-:** Próprio, por si mesmo
- **Bi-:** Dobro, duas vezes, dois
- **Bradi-:** Lento; geralmente relacionado ao ritmo cardíaco
- **Braqui-:** Curto
- **Cata-:** Diminuído, menor, contrário
- **Circum-:** Em torno de
- **Co-, con-, com-:** Com, junto a
- **Contra-:** Oposto a
- **De-:** Para baixo, a partir de
- **Di-:** Duas vezes, dois
- **Dia-:** Através, entre
- **Dis-, des-:** Separado de, livre de
- **Dis-:** Ruim, doloroso
- **E-, ec-, ex-:** Para fora
- **Ect-, exo-, ecto-:** Fora de
- **Em-, en-:** Dentro de
- **End-, endo-, ent-, ento-:** Dentro de, para dentro
- **Epi-, ep-:** Sobre, acima de
- **Eu-:** Normal, bem
- **Extra-, extro-:** Fora, além de

Parentes distantes: nomes diferentes, mesmo significado

Alguns prefixos parecem totalmente diferentes, mas têm o mesmo significado. Confira esses prefixos substitutos:

Hiper-, *supra-* e *epi-*: todos significam "acima de".

Anti- e *contra-*: significam "contrário".

Dis- e *mal-*: ambos significam "deficiente" ou "doloroso".

Hipo-, *sub-* e *infra-*: todos significam "abaixo".

Intra- e *endo-*: significam "para dentro".

Procure por prefixos que soem similares mas signifiquem coisas levemente diferentes, tais como *ab-* e *ad-*, *ambi-* e *anfi-*, além de *des-* e *dis-*.

Prefixos de F a J

- ✔ **Hemi-, semi-:** A metade
- ✔ **Hiper-:** Excessivo, acima de
- ✔ **Hip-, hipo-:** Deficiente, abaixo de
- ✔ **Im-, In-:** Dentro de
- ✔ **Infra-:** Abaixo de, sob
- ✔ **Inter-:** Entre
- ✔ **Intra-:** Dentro

Infra-, *inter-* e *intra-* são sempre confundidos e usados inapropriadamente.

- ✔ **Intro-:** Dentro

Prefixos de K a O

- ✔ **Macro-:** Grande
- ✔ **Mal-:** Anormal
- ✔ **Mes-, meso-:** Meio
- ✔ **Meta-:** Após, além de ou em alteração
- ✔ **Micro-, micr-:** Pequeno
- ✔ **Mono-, uni-:** Um

- ✔ **Mult-, multi-:** Muitos, múltiplos
- ✔ **Neo-:** Novo, recente
- ✔ **Oligo-:** Escasso, deficiente

Se você não conseguir lembrar do significado de um prefixo, tente colocá-lo em um contexto diário. Por exemplo, você pode lembrar do significado de *macro-* pensando sobre a palavra *macroeconomia*, que é sobre economia em grande escala.

Prefixos de P a Z

- ✔ **Pan-:** Todo
- ✔ **Para-:** Junto a, além de, depois
- ✔ **Per-:** Através
- ✔ **Peri-:** Em torno de
- ✔ **Poli-:** Muitos, excessivo
- ✔ **Post-:** Depois de, atrás
- ✔ **Pre-, pro-:** Antes de, em frente
- ✔ **Presbi-:** Velho
- ✔ **Pseudo-:** Falso
- ✔ **Quadri-:** Quatro
- ✔ **Re-:** Para trás, de novo
- ✔ **Retro-:** Atrás
- ✔ **Semi-:** Metade
- ✔ **Sub-:** Abaixo de
- ✔ **Super-, supra-:** Acima de
- ✔ **Sim-, sin-:** Junto a, com
- ✔ **Taqui-:** Rápido, veloz
- ✔ **Trans-:** Através de, além de
- ✔ **Tri-:** Três
- ✔ **Ultra-:** Além de, excessivo

Não chega nem perto: prefixos opostos

Alguns prefixos significam o oposto de outro:

Ab- significa "longe de" (abduzir), mas *ad-* significa "em direção a".

Ante-, pre- e *pro-*: todos significam "antes", mas *post-* significa "depois".

Hiper-, supra- e *epi-* significam "acima", mas *hipo-, infra-* e *sub-* significam "abaixo".

Taqui- significa "rápido", enquanto que *bradi-* significa "lento".

Macro- significa "grande", enquanto que *micro-* significa "pequeno".

Hiper- significa "excessivo", mas *hipo-* significa "deficiente".

Adequando os Prefixos às Situações

O próximo passo sobre prefixos é aplicá-los às palavras que usamos todos os dias em terminologia médica. Tenha em mente que o que se segue não é de maneira nenhuma uma lista conclusiva e definitiva de palavras médicas, mas uma boa amostra de prefixos em ação.

No seu corpo

Aqui estão alguns exemplos comuns de prefixos em palavras relacionadas ao corpo. Você pode ver uma mistura agradável de quantidades, direções e mudanças em cada um:

- **A**menorreia: Ausência de fluxo menstrual, como na gravidez
- **An**ovulatório: Ovários que não estão ovulando, podem ser induzidos por meio de hormônios
- **Bi**lateral: Ambos os lados
- **Bradi**cardia: Diminuição da frequência cardíaca
- **Bradi**arritmia: Batimento lento e irregular do coração
- **Circun**ferencial: Ao redor do exterior
- **Dis**funcional: Sangramento uterino agudo, disfuncional
- **Exo**cervical: Que está situado ou se produz à superfície do colo do útero
- **Endo**cervical: Que está situado ou se produz dentro do colo do útero
- **Hiper**tensão: Elevação acima do normal da pressão sanguínea

- **Hiper**êmese: Vômito excessivo
- **Hipo**tensão: Baixa da pressão sanguínea abaixo do normal
- **Infra**umbilical: Situado abaixo do umbigo
- **Multi**loculado: Um tumor ou cisto que apresenta múltiplos lóculos, pequenas cavidades geralmente preenchidas com fluido
- **Oli**gúria: Produção escassa de urina
- **Oligo**menorreia: Menstruação com frequência anormal, em intervalos de mais de 35 dias
- **Par**ovariano: Próximo ao ovário
- **Peri**cardial: Ao redor do coração
- **Peri**uretral: Ao redor da uretra
- **Poli**dipsia: Sensação excessiva de sede (sintoma de diabetes)
- **Poli**úria: Volume urinário excessivo (também um sintoma de diabetes)
- **Pseudo**cisto: Estrutura que se assemelha a um cisto, mas não é um cisto real
- **Sub**costal: Abaixo das costelas
- **Sub**umbilical: Abaixo do umbigo

No consultório médico e no hospital

Confira essa amostra de palavras que você deve ouvir por aí em consultórios médicos ou em emergências hospitalares:

- **Ab**dução: Movimento que afasta um membro do plano mediano que divide o corpo em duas metades.

  Este termo é usado em ortopedia para testar a amplitude de movimento de um membro superior ou membro inferior.
- **Ad**ução: Movimento de aproximação de membro do eixo do corpo, o oposto de abdução.

  Enxerto ósseo **aut**ólogo: Osso retirado do próprio paciente para usar como enxerto em outra parte do corpo
- Dispositivo **Intra**uterino: Contraceptivo colocado dentro do útero
- **Dis**secação: Ato de separar em partes
- **Intra**venosa: Injeção aplicada dentro da veia

- **Intra**muscular: Injeção aplicada dentro de um músculo
- **Macro**scópico: Grande o suficiente para ver a olho nu
- **Multí**para: Mulher que já teve vários filhos
- **Peri**operatório: Tempo que envolve todo o procedimento cirúrgico, desde a sua indicação até a liberação do paciente às atividades normais
- **Pós**-natal: Período que se segue após o nascimento
- **Pós**-operatório: Período que se segue a um procedimento cirúrgico
- **Pré**-operatório: Período que antecede um procedimento cirúrgico
- **Pré**-natal: Período que antecede o nascimento
- **Pré**-menstrual: Período antes do início da menstruação
- **Pseudo**gravidez: Falsa gravidez
- **Taqui**cardia: Frequência cardíaca alta ou irregularidade
- **Taqui**arritmia: Arritmia rápida

Na farmácia e no laboratório

Só Deus sabe a quantidade de palavras extensas, rebuscadas e difíceis de soletrar usadas em farmácia e laboratório. Aqui está um tiragosto:

- **Anti**-inflamatório: Agente que combate as inflamações
- **Contra**indicação: A ser evitado

  Na terapia medicamentosa, um remédio pode ser contraindicado a outro por conta dos efeitos do uso dos dois juntos.
- **Micro**scópico: Muito pequeno, visto apenas com um microscópio
- **Neo**plasia: Crescimento anormal de um grupo de células
- **Neo**plasma: Aumento anormal, pode ser um tumor ou cisto

Retrospecto das Raízes de A a M

Então você conhece os prefixos. Excelente! Agora, você é capaz de lembrar da vasta gama de raízes das palavras com as quais eles combinam para formar os termos médicos? A Tabela 6–1 dá um rápido curso de reciclagem nas raízes de A a M. Para as raízes de N a Z, veja o final do Capítulo 7.

Tabela 6–1	Homófonas Problemáticas
Raiz	*O Que Significa*
Abdomin/o	Abdômen
Aden/o	Glândula
Adren/o	Glândula adrenal ou suprarrenal
Alveoli/o	Alvéolo
Angi/o	Vaso
Arteri/o	Artéria
Arteriol/o	Arteríola
Artr/o	Articulação
Ater/o	Gorduroso
Atri/o	Átrio
Audi/o	Audição
Balan/o	Glande
Bio-	Vida
Bronqu/i, bronqu/o	Brônquio
Bronquiol/o	Bronquíolo
Carcin/o	Câncer
Cardi/o	Coração
Celul/o	Célula
Cerebel/o	Cerebelo
Cerebr/i, cerebr/o	Cérebro
Col/e	Bile
Colecis/o	Vesícula biliar
Coledoc/o	Ducto biliar comum
Condr/i, condr/o	Cartilagem
Crom/o	Cor
Col/o	Cólon
Colp/o	Vagina
Cost/o	Costela
Cri/o	Frio
Cript/o	Escondido
Cutane/o	Pele
Cian/o	Azul
Cisti, Cist/o	Bexiga ou cisto

Raiz	O Que Significa
Cit/o	Célula
Dipl/o	Duplo, duas vezes
Duoden/o	Duodeno
Encefal/o	Cérebro
Enter/o	Intestino
Episi/o	Vulva
Epondil/o	Vértebra
Eritr/o	Vermelho
Escapu/o	Escápula
Esofag/o	Esôfago
Esplen/o	Baço
Estern /o	Esterno
Farmac/o	Medicamento
Faring/o	Faringe
Fibr/o	Fibra
Fleb/o	Veia
Fren/o	Diafragma
Galact/o	Leite
Gastr/o	Estômago
Glic/o	Açúcar
Ginec/o	Feminino, mulher
Hemat/o	Sangue
Hepat/o, hepatic/o	Fígado
Heter/o	Outro, diferente
Hist/o, histi/o	Tecido
Hom/o, home/o	Mesmo, parecido
Hidr/o	Água, molhado
Hister/o	Útero
Iatr/o	Tratamento, médico
Ile/o	Íleo (intestino)
Ili/o	Ílio (osso pélvico)
Intestin/o	Intestino
Jejun/o	Jejuno

(continua)

Tabela 6–1 (continuação)

Raiz	O Que Significa
Lacrim	Lágrima
Laring/o	Laringe
Leuc/o	Branco
Lipid/o	Gordura
Lit/o	Pedra ou cálculo
Linf/o	Vasos linfáticos
Melan/o	Negro
Men/o	Menstruação
Mening/o	Membrana
Metr/a, metr/o	Útero
Mi/o	Músculo
Miel/o	Medula óssea
Miring/o	Tímpano

Capítulo 7

Assim Será no Fim: Sufixos

Neste Capítulo

▶ Defina sufixos comuns

▶ Categorize os sufixos pelo significado

▶ Conheça os mais prováveis usos de sufixos

▶ Reveja algumas raízes das palavras

O sufixo tem um trabalho que é tão importante quanto o do prefixo e o da raiz. É a terceira pista para o mistério que é cada termo médico. O sufixo está sempre no fim de uma palavra e normalmente indica um procedimento, um estado de saúde ou uma doença. Todos os termos médicos têm sufixos. O sufixo é o que há e nos diz o que está acontecendo com um sistema ou parte específica do corpo — geralmente o que está errado com o corpo ou que procedimento está sendo usado para diagnosticá-lo ou solucioná-lo.

Sufixos Comuns

O âmbito de significados do sufixo é extremamente amplo. Como os prefixos, muitos sufixos têm significados similares àqueles usados no bom e velho português de todo dia, enquanto outros são completamente diferentes. Você irá conhecer os suspeitos habituais rapidamente — em especial os três a seguir.

-ite

O sufixo -ite indica meramente uma inflação de algum tipo. O -ite é bastante popular em terminologia médica porque pode ser aplicado a praticamente qualquer parte do corpo dentro de qualquer sistema. Aqui está uma amostra rápida:

> ✔ **Amigdalite**: Inflamação das amídalas
>
> ✔ **Bronquite**: Inflamação dos brônquios
>
> ✔ **Artrite**: Inflamação de uma articulação

-oma

O sufixo -*oma* pode, com frequência, significar algo nem um pouco bonito: um tumor. Também pode referir-se a um neoplasma, ou novo crescimento. Novamente, -*oma* é um dos sufixos mais versáteis porque um tumor ou neoplasma pode ocorrer em, ou próximo a, qualquer parte do corpo, em qualquer sistema. Alguns -*omas* que você já deve ter ouvido:

> ✔ **Carcinoma**: Tumor ou crescimento maligno (canceroso)
>
> ✔ **Leiomioma**: Tumor benigno (não canceroso) do tecido muscular. Comumente chamado de fibroma ou mioma
>
> ✔ **Melanoma**: Tumor do sistema *melanocítico* (melanócitos da pele), um tumor altamente maligno e rapidamente metastático (que se espalha)

Um tumor pode ser benigno ou maligno dependendo do tipo, composição e quantidade da divisão celular e crescimento.

-patia

O último dos três grandes é o sufixo -*patia,* que indica uma doença em processo. Novamente, o amplo uso deste sufixo torna-se possível pelo grande número de sistemas do corpo que pode ajudar a descrever.

> ✔ **Cardiomiopatia**: Doença que envolve o músculo do coração
>
> ✔ **Cardiopatia**: Doença que envolve o coração
>
> ✔ **Neuropatia**: Doença que envolve o sistema nervoso
>
> ✔ **Osteopatia**: Doença que envolve os ossos

E muito mais sufixos

Há, claro, muito, muito mais sufixos que são tão importantes quanto os três grandes, embora eles possam não ser tão reconhecíveis para você (ainda). Muitos desses sufixos transformam seus termos em adjetivos. A Tabela 7–1 lista vários que você deveria conhecer.

Tabela 7–1	Sufixos: Encerrando com Eles
Sufixo	*O Que Significa*
-ac, -ic, -al, -oso, -tic	Relacionado ou pertencente a
-algia, -dinia	Dor, desconforto
-ate, -ise	Sujeito a, uso
-cele	Saliência (hérnia)
-centese	Punção cirúrgica para retirar ou aspirar fluido
-cle, -cule, -ule, -ulo	Pequeno
-cito	Célula
-dese	Fusão ou ligação cirúrgica
-dinia	Dor
-ectomia	Remoção cirúrgica
-emese	Vômito
-emia	Relacionado a sangue
-ent, -er, ist	Pessoa, agente
-ese, -ia, -iase, -ite, -ose, -se, -ção, -ia	Estado ou condição de
-fagia	Comer
-fobia	Medo mórbido ou intolerância
-form, -oid	Parecido, de forma semelhante
-genese	Processo inicial, origem
-genic	Produzido por
-grama	Registro escrito
-grafia	Processo de registro
-grafo	Instrumento usado para registrar
-ism	Condição ou teoria
-lise	Destruição, colapso ou separação
-malacia	Amolecimento
-megalia	Alargamento
-metro	Instrumento usado para medir
-metria	Processo de medida
-ologist, ologo	Quem estuda, especialista
-ologia	Estudo ou processo de estudo
-opsia	Ver

(continua)

Tabela 7–1 (continuação)

Sufixo	O Que Significa
-otomia	Processo de incisão ou corte
-ostomia, -stomia	Abertura artificial cirúrgica
-penia	Falta ou deficiência
-pexia, -pexe	Fixação cirúrgica
-plasia	Formação, desenvolvimento
-plastia	Reconstrução cirúrgica
-plegia	Paralisia
-pneia	Respiração
-poiese	Produção ou fabricação
-ptose	Deslocamento para baixo, inclinação
-rragia	Descarga ou fluxo excessivo
-rrafia	Sutura no local, fixação
-rreia	Fluxo ou descarga
-rrexe	Ruptura ou rompimento
-sclerose	Endurecimento
-scopia	Processo de exame visual
-scópio	Instrumento usado para exame visual
-spasmo	Repentino ou involuntário
-tomo	Instrumento
-tripsia	Esmagar
-trófico, -trofia	Crescimento ou desenvolvimento

Os sufixos -rragia, -rrafia, -rreia e -rrexe são conhecidos como Os Quatro Rs.

Adequando os Sufixos às Situações

Cansado? Aguente apenas um pouco mais, porque agora é hora de dar uma olhada em alguns exemplos de sufixos no mundo médico real. Vamos começar com o lugar mais próximo de você: seu próprio corpo.

No seu corpo

- Acro**fobia**: Medo de altura
- Ane**mia**: Baixo índice de hemoglobina no sangue
- A**pneia**: Suspensão voluntária ou involuntária da respiração
- Cardio**megalia**: Aumento do coração
- Claustro**fobia**: Medo de lugares pequenos ou fechados
- Colo**stomia**: Abertura artificial no cólon
- Dia**rreia**: Fluxo frequente de fezes aguadas ou soltas
- Dis**fagia**: Dificuldade ou dor na alimentação (ou no ato de engolir)
- Dis**pneia**: Respiração difícil ou dolorosa
- Eritró**cito**: Célula vermelha do sangue
- Espleno**megalia**: Aumento do baço
- Foto**fobia**: Intolerância visual à luz
- Gastro**dinia**: Dor ou desconforto estomacal
- Hemi**plegia**: Paralisia de um lado do corpo
- Hemo**rragia**: Derramamento excessivo de sangue
- Hepato**megalia**: Aumento do fígado
- Hepatoespleno**megalia**: Aumento do fígado e baço
- Hiper**êmese**: Vômito excessivo
- Ile**ostomia**: Abertura artificial no íleo
- Leuc**emia**: Doença relacionada aos leucócitos
- Leucó**citos**: Células brancas do sangue
- Meno**rreia**: Alto fluxo menstrual
- Mi**algia**: Dor muscular
- Ne**frose**: Perturbação renal
- Orto**pneia**: Dificuldade de respirar adequadamente a menos que esteja de pé
- Osteo**penia**: Deficiência da massa óssea
- Quadri**plegia**: Paralisia de todas as quatro extremidades do corpo
- Traque**ostomia**: Abertura artificial da traqueia, após traqueotomia

No consultório médico e no hospital

✔ Abdomino**plastia**: Cirurgia plástica no abdômen

✔ Amnio**centese**: Procedimento para retirar fluido do saco amniótico durante a gravidez

✔ Apendicec**tomia**: Remoção cirúrgica do apêndice

✔ Bronco**scópio**: Instrumento usado para fazer uma broncoscopia

✔ Cardio**grama**: Registro impresso de cardiografia

✔ Cardió**grafo**: Máquina usada para fazer uma cardiografia

✔ Cardio**grafia**: Processo de gravar a atividade do coração

✔ Hernio**rrafia**: Reparação cirúrgica de uma hérnia

✔ Histerec**tomia**: Remoção cirúrgica do útero

✔ Laparo**scópio**: Instrumento usado para fazer uma laparoscopia

✔ Laparo**tomia**: Corte no abdômen

✔ Mamo**grafia**: Exame do tecido do seio

✔ Mio**rrafia**: Sutura de um músculo

✔ Mio**rrexia**: Ruptura muscular

✔ Naso**plastia**: Reparo de desvio de septo

✔ Osteo**tomia**: Corte do osso

✔ Psic**ólogo**: Pessoa que estuda psicologia

✔ Rino**plastia**: Cirurgia na estrutura nasal

✔ Traque**otomia**: Corte na traqueia

✔ Uretro**pexia**: Reparo cirúrgico da uretra

Retrospecto das Raízes de N a Z

Se você leu o Capítulo 6, deve se lembrar que paramos na metade do alfabeto em nossa recapitulação das raízes das palavras. Aqui está a sua chance de terminar a revisão de todas essas honradas raízes que se ajustam a inúmeros prefixos e sufixos. A Tabela 7–2 cobre as raízes de N a Z. Para as de A a M, volte um capítulo.

Tabela 7–2	Recapitulando as Raízes (N–Z)
Raiz	*O Que Significa*
Nat/o	Nascimento
Necr/o	Morte
Nefr/o	Rim
Neur/o	Nervo
Oofor/o	Ovário
Orquid/o, orqui/o	Testículo
Oss/eo, oss/i, ost/e, ost/eo	Osso
Palat/o	Palato, céu da boca
Pat/o	Doença
Peritone/o	Peritôneo
Pleur/o	Pleura
Pneum/a/o, pneum/ono, pneum/ato	Pulmão
Poli/o	Massa cinzenta (cérebro)
Proct/o	Ânus, reto
Pulmon/o	Pulmão
Pi/o	Pus
Piel/o	Pelve renal (porção mais interna do rim)
Querat/o	Córnea, tecido córneo
Rect/o	Reto
Ren/i, ren/o	Rim
Sacr/o	Sacro
Salping/o	Tubas uterinas ou trompas de Falópio
Sarc/o	Carne
Sept/o	Infecção
Tend/o, ten/o	Tendão
Testicul/o	Testículo
Term/o	Calor
Torac/o	Peito
Tim/o	Timo
Tir/o, tiroid/o	Glândula tireoide
Tonsil/o	Amígdala

(continua)

Tabela 7–2 (continuação)

Raiz	*O Que Significa*
Traque/o	Traqueia
Timpan/o	Tímpano
Ur/e, ur/ea, ur/eo, urin/o, ur/o	Urina
Ureter/o	Uréter
Uretr/o	Uretra
Vas/o	Vaso, ducto
Vas/o, ven/o	Veia
Vesic/o	Bexiga, vesícula
Viscer/o	Vísceras (órgãos internos)
Xant/o	Amarelo
Xer/o	Seco

Capítulo 8

Ei, Eu Conheço Você: Reconhecimento de Palavras

*P*egar o jeito com os prefixos, raízes e sufixos médicos é apenas o começo para alcançar seu objetivo de se tornar um especialista em terminologia. Uma vez feito isso, você pode progredir para o reconhecimento geral de palavras.

Raízes permanecem como o componente básico da construção de palavras e você pode olhar diretamente para elas para reconhecer todo tipo de palavras que estão associadas com alguma parte ou região específica do corpo. Já que você gastou tanto tempo examinando esses blocos específicos de construção, agora pode começar a usar o que sabe para juntar as peças do grande quebra-cabeça que é conhecer palavras inteiras.

Toda a sua memorização deve começar a funcionar. Agora, muitas das partes que formam palavras médicas devem ser naturais para você, a fim de que possa criar todo tipo de palavras relacionadas.

Antes que você pule de cabeça no seu dicionário médico, no entanto, tire um momento para prestar homenagens aos ancestrais Gregos e Latinos por tornar tudo isso possível. Embora as maravilhas da medicina moderna e a evolução da linguagem mudem muitos termos para torná-los mais aplicáveis e compreensíveis, lembre que a maioria dos termos médicos *são* derivados do Latim e do Grego.

Responsabilize Aristóteles e Hipócrates. Aproximadamente 75% de todos os termos médicos são baseados em termos Latinos e Gregos.

Voltando ao Capítulo 2, no tópico sobre etimologia, você deve se lembrar (eu espero!) que todas as palavras têm uma origem e uma história. Uma grande parte dos termos médicos tem raízes gregas. Pegue um termo relativamente comum, *hemorragia*, como exemplo. Você já deve ter ouvido a palavra, mas sabe que deve agradecer aos Gregos por ela? *Hemorragia* é uma palavra de origem Grega que indica uma rápida e incontrolável perda de sangue.

Imagine uma rápida olhada da cabeça aos dedos dos pés de um corpo humano. Se você pudesse, magicamente, transformar seus olhos em um *scanner* de corpo inteiro, veria que seu corpo é dividido em várias regiões e cavidades. Centenas de palavras são associadas com cada uma dessas diferentes localizações e as partes do corpo contidas em cada uma. Antes que você comece com as palavras associadas a elas, faça um rápido passeio pelas regiões do corpo.

Primeiro, examine a cavidade craniana dentro da cabeça, junto ao cérebro. Essa bola redonda que é sua cabeça provavelmente já está cheia de todo tipo de palavras e termos (e espero que muitos mais, depois de você terminar este livro). A cavidade *torácica* ou do peito abriga os pulmões, coração, aorta, traqueia e esôfago. Em seguida vem a cavidade *abdominal*, que contém o estômago, intestinos, baço, fígado, pâncreas, vesícula biliar, ureteres e rins. A cavidade *pélvica* contém a bexiga, uretra, útero, ovários e vagina, nas mulheres (testículos nos homens), bem como parte do intestino grosso e reto (em ambos). No meio de toda essa mistura, está a cavidade *espinhal*, que consiste da coluna espinhal conectada à cavidade craniana.

A História por Dentro: Termos para o Seu Interior

Dentro de todas essas cavidades, é claro, reside uma generosa quantia de termos médicos relacionados às partes do corpo. Todas as raízes e formas combinadas do Capítulo 3 (e Capítulos 6 e 7) podem se transformar em todo tipo de palavras diferentes que explicam tudo das doenças comuns do dia a dia e dos procedimentos da patologia e farmacologia.

Lembre que você pode pegar qualquer raiz ou forma combinada e criar vários termos médicos diferentes.

A Tabela 8–1 lista muitos exemplos de para onde essas raízes podem levá-lo na sua jornada pela terminologia médica.

Tabela 8–1	Assuntos Internos	
Raiz	*O Que Significa*	*Exemplo(s)*
Abdomin/o	Abdômen	Abdominoplastia: reparo cirúrgico ou reconstrução do abdômen
Angi/o	Vaso	Angioplastia: reparo cirúrgico ou reconstrução de um vaso
Arteri/o	Artéria	Arterioplastia: reparo cirúrgico ou reconstrução de uma artéria
Arthr/o	Articulação	Artrite: inflamação de uma articulação
		Artroplastia: reparo cirúrgico ou reconstrução de uma articulação
Audi/o	Audição	Audiometria: medição da audição usando um audiômetro
Bio	Vida	Biologia: estudo da vida e dos organismos vivos
Bronqu/i, bronqui/o	Brônquios/ pulmão	Bronquite: inflamação dos brônquios
		Broncoscopia: exame visual dos brônquios
Cardi/o	Coração	Cardiomegalia: aumento do coração
		Cardíaco: pertencente ao coração
		Cardite: inflamação do coração
Colecist/o	Vesícula	Colecistectomia: retirada da vesícula
		Colecistite: inflamação da vesícula
Condr/i, condr/o	Cartilagem	Condromalácia: amolecimento da cartilagem
Col/o	Cólon	Colonoscopia: exame visual do cólon
		Colonoscópio: instrumento usado na colonoscopia
Cri/o	Frio	Criobiologia: ramo da biologia que lida com os efeitos de temperaturas baixas

(continua)

Tabela 8–1 (continuação)

Raiz	O Que Significa	Exemplo(s)
Cisti, cist/o	Bexiga ou cisto	Cistectomia: remoção cirúrgica de um simples cisto ou da bexiga
		Cistite: inflamação da bexiga
		Cistograma: radiografia da bexiga
		Cistopexia: fixação cirúrgica da bexiga na parede abdominal
Cit/o	Célula	Citologia: estudo das células
Duoden/o	Duodeno (primeira seção do intestino delgado)	Duodenotomia: corte cirúrgico no duodeno
		Duodenectomia: remoção cirúrgica do duodeno
		Duodenite: inflamação do duodeno
Encefal/o	Cérebro	Encefalite: inflamação do cérebro
Episi/o	Vulva	Episiotomia: corte cirúrgico da vulva
Esofag/o	Esôfago	Esofagite: inflamação do esôfago
		Esofagogastoduodenoscopia: exame visual do esôfago, estômago e duodeno por um endoscópio
Erithr/o	Vermelho	Eritrócitos: glóbulos vermelhos
		Eritema: vermelhidão da pele
		Esplenomegalia: aumento do baço
		Esplenectomia: remoção cirúrgica do baço
Faring/o	Faringe	Faringite: inflamação da faringe (garganta inflamada)
Galact/o	Leite	Galactorreia: fluxo espontâneo de leite durante amamentação
Gastr/o	Estômago	Gastrite: inflamação do estômago
		Gastrodinia: dor de estômago
Glic/o	Açúcar	Glicosúria: açúcar na urina
Ginec/o	Mulher	Ginecologista: médico que estuda e trata das doenças dos órgãos reprodutivos femininos

Raiz	O Que Significa	Exemplo(s)
Hemat/o	Sangue	Hematócrito: exame que avalia a percentagem de glóbulos vermelhos no sangue
Hepat/o, hepatic/o	Fígado	Hepatite: inflamação do fígado
Heter/o	Outro, diferente	Heterossexual: sexualmente atraído pelo sexo oposto
Hist/o, histi/o	Tecido	Histologia: estudo e função do tecido
Hom/o, home/o	Mesmo, parecido	Homossexual: sexualmente atraído pelo mesmo sexo
Hidr/o	Água, molhado	Hidromassagem: massagem por meio da água em movimento
Hister/o	Útero	Histerectomia: remoção cirúrgica do útero
Ile/o	Íleo (intestino)	Ileostomia: abertura artificial do íleo
		Ileíte: inflamação do íleo
Ili/o	Ílio (osso pélvico)	Ilioinguinal: referente ao ílio e às regiões inguinais
Jejun/o	Jejuno (no intestino delgado)	Jejunite: inflamação do jejuno
		Jejunostomia: abertura artificial no jejuno
Lacrim/a	Lágrima	Lacrimal: causa um fluxo de lágrimas
Laring/o	Laringe	Laringite: inflamação da laringe
Leuc/o	Branco	Leucócitos: glóbulos brancos
Lit/o	Pedra ou cálculo	Litotripsia: aniquilamento de uma pedra ou cálculo
Men/o	Menstruação	Menorreia: fluxo menstrual
		Menorragia: fluxo menstrual excessivo
Miel/o	Medula óssea ou medula espinhal	Mielograma: registro da medula óssea
Mi/o	Músculo	Miosite: inflamação de um músculo
Nat/o	Nascimento	Pré-natal: antes do nascimento
		Pós-natal: depois do nascimento

(continua)

Tabela 8–1 (continuação)

Raiz	O Que Significa	Exemplo(s)
Necr/o	Morte	Necrose: morte de uma célula
		Necrofobia: medo mórbido da morte ou de corpos mortos
Nefr/o	Rim	Nefrectomia: remoção cirúrgica de um rim
Neur/o	Nervo	Neurologista: médico que estuda e trata as condições do sistema nervoso
Oofor/o	Ovário	Ooforectomia: remoção cirúrgica de um ovário
		Ooforite: inflamação de um ovário
Orquid/o, orqui/o	Testículo	Orquialgia: dor no testículo
		Orquiectomia: remoção cirúrgica de um testículo
Peritone/o	Peritônio	Peritoneal: referente ao peritônio
		Peritonite: inflamação do peritônio
Pleur/o	Pleura	Pleurisia: inflamação do revestimento da cavidade do peito
		Pleurodese: remoção cirúrgica da aderência pleural
Pneum/a/o/ ato/ono	Pulmões	Pneumônia: inflamação do pulmão
Proct/o	Reto/ânus	Proctologista: médico que estuda e trata das doenças do reto e do ânus
Pulmon/o	Pulmões	Pulmonária: relativa aos pulmões
Piel/o	Pelve renal	Pielografia: radiografia da pelve renal
		Pielolitotomia: remoção de uma pedra do rim
Rect/o	Reto	Retossigmoide: relativo ao reto e ao sigmoide
Salping/o	Trompa de Falópio	Salpingectomia: remoção cirúrgica da trompa de Falópio
Sarc/o	Carne	Sarcoide: semelhante à carne
Tend/o, ten/o	Tendão	Tendinite: inflamação de um tendão

Raiz	O Que Significa	Exemplo(s)
Testícul/o	Testículo	Testicular: referente aos testículos
		Testite: inflamação de um testículo
Torac/o	Tórax	Toracotomia: incisão na cavidade torácica
		Toracocentese: punção cirúrgica na avidade torácica
Tonsil/o	Amígdalas	Tonsilectomia: remoção cirúrgica das amígdalas
		Tonsilite: inflamação das amígdalas
Ureter/o	Ureter	Ureterolitotomia: remoção de uma pedra de um ureter por meio de uma incisão
		Ureteropélvico: relativo ao ureter e à pelve do rim
Uretr/o	Uretra	Uretrite: inflamação da uretra
		Uretropexia: fixação cirúrgica da uretra
Vas/o	Vaso deferente	Vasectomia: remoção cirúrgica de parte dos vasos deferentes para esterilização masculina
Viscer/o	Víscera (órgãos)	Viscerografia: radiografia da víscera

Termos para o Lado de Fora do Seu Corpo

Ufa! Agora vamos dar uma olhada em algumas palavras que você pode invocar para o exterior do seu corpo. A Tabela 8–2 é a sua passagem.

Tabela 8–2	Fora dos Limites: Terminologia Externa	
Raiz	O Que Significa	Exemplo(s)
Blefar/o	Pálpebra	Blefaroplastia: reparação cirúrgica das pálpebras
Buc/o	Boca	Bucolingual: referente à boca e à língua
Cefal/o	Cabeça	Cefalocentese: punção cirúrgica da cabeça (crânio)
		Cefalomegalia: aumento da cabeça

(continua)

Tabela 8–2   (continuação)

Raiz	O Que Significa	Exemplo(s)
Cervic/o	Pescoço	Cervicodinia: dor no pescoço
Derm/a/o, dermat/o	Pele	Dermatite: inflamação da pele
		Dermatologista: médico que estuda e trata doenças da pele
		Dermátomo: instrumento usado para retirar lâminas da pele para enxerto ou área da pele inervada por fibras nervosas
Dors/i, dors/o	Atrás ou posterior	Dorsalgia: dor nas costas
Gengiv/o	Gengiva	Gengivite: inflamação da gengiva
Inguin/o	Virilha	Inguinodinia: dor na virilha
Irid/o	Íris do olho	Iridectomia: remoção cirúrgica da íris
Lapar/o	Abdômen, flanco	Laparotomia: corte no abdômen
		Laparoscopia: exame visual do abdômen
Lingu/o	Língua	Sublingual: debaixo da língua
Mam/a, mam/o	Seio	Mamoplastia: reparo cirúrgico ou reconstrução do seio
Mast/o	Seio	Mastectomia: remoção cirúrgica do seio
Odont/o	Dente	Odontalgia: dor de dente
Onic/o	Unhas	Onicofagia: hábito de roer unhas
		Onicomalácia: amolecimento das unhas
Oftalm/o, ocul/o	Olhos	Oftalmologista: médico que estuda e trata as doenças dos olhos
Optic/o, opt/o	Visão	Óptico: referente à visão
Ot/o	Ouvido	Otite média: inflamação do ouvido médio
Pelv/o	Pélvis	Pelvimetria: medição das dimensões e capacidade da pélvis
Pod/o	Pé	Podartrite: inflamação nas articulações do pé
Queil/o, Quil/o	Lábio	Queilofagia: morder os lábios

Raiz	O Que Significa	Exemplo(s)
Rin/o	Nariz	Rinoplastia: plástica no nariz
		Rinorreia: corrimento excessivo do muco nasal
Stomat/o	Boca	Estomatite: inflamação da mucosa oral ou revestimento da boca
Torac/o	Tórax	Toracocentese: punção cirúrgica na cavidade torácica
		Toracotomia: incisão cirúrgica na cavidade torácica

Tabela 8–3 Olhada Rápida: Patologia

Raiz	O Que Significa	Exemplo(s)
Aden/o	Glândula	Adenomegalia: aumento de uma glândula
		Adenite: inflamação de uma glândula
Atri/o	Átrio	Atriomegalia: crescimento anormal de um átrio do coração
Carcin/o	Câncer	Cancerígena: uma substância que produz câncer
Colecist/o	Vesícula	Colelitíase: pedra na vesícula
Coledoc/o	Duto biliar comum	Coledocolitíase: pedras no duto biliar comum da vesícula
Cian/o	Azul	Cianose: coloração azul da pele
		Cianótico: relativo ou caracterizado pela cianose
Cisti, cist/o	Bexiga ou cisto	Cistocele: protrusão hernial da vesícula através da parede vaginal
Dipl/o	Duplo, duas vezes	Diplopia: visão dupla
Encefal/o	Cérebro	Encefalopatia: desordem ou doença do cérebro
Hemat/o	Sangue	Hematemese: vômito de sangue
Hepat/o, hepatic/o	Fígado	Hepatomegalia: aumento do fígado
Hidr/o	Água, molhado	Hidropenia: deficiência de água no corpo (desidratação)

(continua)

Tabela 8–3 (continuação)

Raiz	O Que Significa	Exemplo(s)
Melan/o	Negro	Melanoma: tumor de cor negra ou de crescimento
Necr/o	Morte	Necrose: morte de uma célula
Nefr/o	Rim	Nefrolitíase: pedra nos rins
Pat/o	Doença	Patologia: ramo da medicina que lida com o estudo das doenças e seus efeitos
		Patologista: médico que diagnostica doenças examinando tecidos e células com um microscópico. Também realiza autópsias
Pnem/ato, pneum/ono	Pulmões	Pneumoconiose: depósito anormal de poeira ou outra matéria nos pulmões
Quei/o, quir/o	Mão	Quiromegalia: aumento anormal da mão
Salping/o	Trompa de Falópio	Hidrossalpinge: acúmulo de fluido na trompa de Falópio
Sept/o	Infecção	Septicemia: toxinas ou organismos patogênicos no sangue (envenenamento)
Ureter/o	Ureter	Ureterolitíase: cálculo ou pedra no ureter
Urethr/o	Uretra	Uretrorreia: escoamento anormal pela uretra
Viscer/o	Víscera (órgãos)	Visceromegalia: aumento dos órgãos internos, também chamado organomegalia

Capítulo 9

Desconstrução e Junção: Quebrando as Palavras

Neste Capítulo

▶ Identifique as partes das palavras
▶ Defina o significado de prefixos, sufixos e raízes
▶ Acrescente significados individuais para as palavras

Um componente importante e necessário para aprender terminologia e termos médicos é ser capaz de quebrar ou dissecar uma palavra para estabelecer seu significado. Conhecer as partes das palavras e como dividir um termo médico pelas suas partes é um método vital que você pode usar para entender a definição. Isso significa que termos médicos extensos ou difíceis de pronunciar usados pelos médicos e profissionais de saúde *não* são tão difíceis quanto parecem.

Quando você entende uma parte da palavra e entende seu significado, é fácil analisar a definição de um termo médico. Muitas palavras médicas são muito próximas na ortografia, mas têm diferentes sentidos. Quando você conhece o significado correto de uma palavra, há menos chance de usar inapropriadamente uma palavra que soe parecida.

Na dúvida, procure em um dicionário médico.

Agora, vamos pegar algumas palavras maiores e quebrá-las usando as regras.

Descobrindo Partes das Palavras

Não se preocupe — você não está retrocedendo, está apenas relembrando as três principais partes de cada termo médico para que possa mais facilmente descobrir seu significado.

Identificando elementos nominativos

No início de um termo médico, você frequentemente (mas nem sempre) encontra o prefixo, que pode indicar a direção, o onde, o quando e a quantidade.

Em seguida, vem a raiz, indicando a parte do corpo envolvida. Alguns significados de raízes são óbvios e fáceis de entender, como *arteri/o* para artéria, *abdomin/o* para abdômen, *testicul/o* para testículo e *ureter/o* para ureter. Muitas não são tão fáceis: que tal *blefar/o* para pálpebras, *aden/o* para glândula, *nefr/o* para rim, *hepat/o* para fígado ou *oofor/o* para ovário? Obviamente, você vai ter que acessar suas melhores habilidades de memorização para palavras como essas.

O sufixo de um termo é com frequência a primeira pista para a definição do termo. Pode indicar um procedimento, um estado de saúde ou uma doença.

Há *sempre* um sufixo de um termo médico.

O significado de um sufixo, assim como de algumas raízes, pode não ser óbvio. É importante lembrar que o sufixo sempre tem o mesmo significado, não importa a que raiz está anexado.

O sufixo, então, é o primeiro lugar para olhar quando estiver tentando analisar ou desmembrar um termo médico. Do sufixo, voltamos ao prefixo, se houver um, e, finalmente, olhe para a raiz.

Definindo o prefixo

O prefixo e o sufixo são "adjetivos", de certa maneira, que lhe dizem algo sobre a raiz que está no meio. Mudando o prefixo ou o sufixo, muda-se o significado do termo.

Vamos dar uma olhada em alguns prefixos comumente usados, *pre-* (antes), *peri-* (durante) e *pós-* (depois ou seguinte), todos ligados ao mesmo termo. Observe como o prefixo muda a noção do tempo. Podemos usar a palavra *operatório*, por exemplo, começando com *pré-operatório*, referindo-se ao período de tempo ou eventos antes de um procedimento operatório. Mudando o prefixo para *peri-*, seria *perioperatório*, indicando o tempo ou eventos em torno ou durante a operação. Então, mudando o prefixo para *pós-* resultaria em *pós-operatório*, significando o tempo ou eventos depois que a cirurgia estiver completa. Usando os três diferentes prefixos, cada uma dessas palavras soa semelhante, mas são bem diferentes em seus significados.

Alguns prefixos que com frequência são confundidos um com o outro são os prefixos *ab-*, que significa "longe de", e *ad-*, que significa "para" ou "em direção a".

Lembre-se de *abdução*, um rapto, ou ser levado embora, como uma chave de memória para diferenciar os dois.

Outro exemplo é o prefixo dis-, geralmente usado em termos médicos. Pense em *disfuncional* (não o *des* em *desconforto*). *Dis-* usado como prefixo em frente a um termo médico significa "difícil", "ruim" ou "doloroso".

O prefixo *inter-*, significando "entre ou no meio", é com frequência confundido com intra-, que significa "dentro ou interior". Pense em uma rodovia *interestadual*, serpenteando entre ou no meio de estados. Para *intra-*, pense em um *contraceptivo intrauterino*, usado dentro ou no interior do útero.

A definição de um prefixo é sempre o mesmo, não importa com o que está combinado.

Cada vez que você vê *intra-* antes de uma raiz, sempre significa "dentro ou interior". *Inter-* sempre significa "entre ou no meio".

Alguns prefixos são combinados a uma raiz sem o uso do hífen, como é o caso de *peri-*. Em outros casos, usa-se o hífen, de acordo com as regras da língua portuguesa, como é o caso de *pré- e pós-*.

Definindo a raiz da palavra

A raiz descreve as partes do corpo envolvidas no termo médico. Dê uma olhada em alguns exemplos comuns.

- ✔ **Artro**: Articulação
- ✔ **Mielo**: Medula óssea
- ✔ **Mio**: Músculo
- ✔ **Neuro**: Nervo
- ✔ **Osteo**: Osso

Como sempre, um pequeno trabalho de memória é necessário aqui.

Termos médicos sempre têm um sufixo *mas nem sempre um prefixo*. Alguns têm uma combinação de duas ou mais raízes, ligando múltiplas partes do corpo: *hepatoespleno* vem de *hepato* (fígado) e *espleno* (baço).

Identificando a vogal de ligação

A *vogal de ligação*, normalmente um *o*, une a raiz a um sufixo. Se um sufixo começa com uma vogal, a vogal de ligação *o* não é usada, porque criaria uma dupla vogal.

Pegue a raiz *neuro* (para "nervo", certo?) como exemplo. Vamos ligá-la ao sufixo *-ite,* que significa "inflamação". Usando a vogal de ligação *o* para uni-los, nós teremos *neuroite*, que não apenas é difícil de pronunciar mas também contém uma dupla vogal. Portanto, o *o* é abandonado e inflamação de um nervo se torna *neurite*.

Definindo o sufixo

Como você sabe, o sufixo indica um procedimento, doença, ou estado de saúde e é para onde você olha primeiro. Por exemplo, o sufixo *-ite* é comum. Significa "inflamação", então cada vez que você vê *-ite*, sabe que significa que algo está inflamado. Pegando uma palavra que conhecemos – amígdala – sabemos que *amigdalite* significa "inflamação das amígdalas". Gastr/o é a raiz para "estômago", então *gastrite* é a "inflamação do estômago".

O comumente usado prefixo *-ectomia* significa "remoção cirúrgica ou incisão de". Quando você coloca *-ectomia* com amígdala, tem *amigdalectomia*, remoção das amígdalas. *Gastrectomia*, portanto, seria o quê? Certo: remoção cirúrgica do estômago.

Sufixos como "adjetivos" ajudam a descrever a raiz. Por exemplo, os sufixos *-al, -ic, -ous e -eal* são todos sufixos que significam "relacionado a". O sufixo *-ologista* se refere a "aquele que estuda ou pratica uma especialidade médica". O sufixo *-ologia* é "o estudo de". O sufixo comum *-patia* significa "doença".

Pegue uma raiz facilmente identificável, *cardio* , significando "coração", e aplique diferentes sufixos. *Cardiologia* é o estudo das doenças do coração. *Cardiologista* é o médico que pratica cardiologia e *cardiopatia* significa alguma forma de doença do coração. *Neurologia*, então, é o estudo dos nervos ou do sistema nervoso e *neurologista* é o médico especializado em neurologia. Qualquer doença do sistema nervoso ou dos nervos é *neuropatia*.

Aprofundando-se nos Sufixos

Confira mais alguns exemplos de sufixos. Sufixos relacionados a procedimentos incluem *-centese*, referindo-se a uma punção cirúrgica para remover fluido para diagnóstico ou remover o excesso dele. Isso significa que *abdominocentese* é uma punção cirúrgica da cavidade abdominal.

O sufixo *-ectomia* significa "remoção cirúrgica de". Quando você vê *-ectomia* no final de qualquer termo, não importa quão extensa ou quão difícil ou confusa a primeira parte da palavra seja, significa remoção cirúrgica de algo. Um outro termo que todos conhecemos que termina com *-ectomia* é *apendicectomia*, remoção cirúrgica do apêndice.

Mas, infelizmente, não é sempre tão fácil. Dê uma olhada em uma palavra mais complicada e então quebre-a. Que tal a palavra *salpingo-ooforectomia*? O -*ectomia* que nós conhecemos indica a remoção cirúrgica de algo. Mas o quê? *Salpingo* é a raiz que se refere à trompa de Falópio; *ooforo* é a raiz para ovário. Portanto, *salpingo-ooforectomia* é a remoção cirúrgica de uma trompa de Falópio e um ovário. Remoção cirúrgica de um ovário apenas seria *ooforectomia*.

A perspicácia dentro de você já deve ter notado isso: há um hífen em *salpingo-ooforectomia*. Ele está lá principalmente para ajudar com a pronúncia e evitar a tripla vogal "o" na combinação das duas raízes. A palavra também pode ser representada como *ooforossalpingectomia*, que significa a mesma coisa.

Outro sufixo relacionado a procedimentos é -*grafia*, que significa o processo de gravar uma imagem ou um registro. Radiografia é o processo de gravar uma imagem por raio X. O sufixo -*gram* é usado para descrever o produto final, o registro ou imagem. Uma *arteriografia* é o processo de gravação da imagem das artérias. O *arteriograma* é o filme que é produzido pela arteriografia.

O sufixo -*ostomia* significa criação de uma abertura artificial via cirurgia. A *colostomia* é a criação de uma abertura entre o cólon e a superfície do corpo. A raiz *colo* significa cólon. O sufixo -*otomia* significa "corte cirúrgico", ou incisão cirúrgica. A fim de realizar uma *traqueostomia* (a criação de uma abertura artificial na traqueia via cirurgia), uma *traqueotomia* (a incisão cirúrgica na traqueia) deve ser realizada.

É importante saber a diferença entre "ostomia" e "otomia" — há apenas uma letra diferente, mas uma grande diferença no significado.

O sufixo -*plastia* significa "reparo cirúrgico". A regra de ouro para lembrar nesse caso é quando você ouve ou vê -*plastia* lembrar de cirurgia plástica, porque, na maioria dos casos, procedimentos cirúrgicos de -*plastia* são realizados por cirurgia plástica. Um termo associado a este sufixo é *mamoplastia*. A raiz *mamo* se refere a seio. Uma *mamoplastia* seria uma redução cirúrgica no tamanho do seio. Outro sufixo comumente usado com relação a procedimentos é -*scopia*. Este envolve o exame visual do interior de uma cavidade ou órgão do corpo usando um *endoscópio*. O *endoscópio* é o instrumento e *endoscopia* é o exame visual sendo feito com um endoscópio.

Na medicina atual, mais e mais procedimentos diagnósticos têm sido feitos usando o método endoscópico. Cirurgia endoscópica é menos invasiva. Pequenos portais são feitos na pele e o laparoscópio proporciona visualização para excisões feitas através de pequenos portais — em oposição a uma incisão de abertura completa feita na espessura total do músculo (na maioria dos casos) da parede abdominal.

Esterilizações femininas, histerectomias, remoção de vesícula e apendicectomias, apenas para nomear alguns procedimentos, são agora feitos por laparoscopia. Menos tempo é gasto no hospital e o período de recuperação é reduzido para o máximo de um mês. Por exemplo, a remoção de vesícula por uma incisão abdominal superior de rotina requer um período de recuperação de quatro a seis semanas; feita laparoscopicamente, com apenas os portais para cicatrizar, o tempo é reduzido para duas semanas.

Sufixos relacionados a estados de saúde são usados uma vez ou outra. Você já deve ter visto alguns, mas vamos dar uma olhada em outros. Temos *-algia*, que significa "dor e sofrimento". *Artralgia* refere-se à dor e sofrimento das articulações. *Mialgia* significa "dor ou sofrimento do músculo". O sufixo *-dinia* também significa "dor". A palavra *gastrodinia* (*gastro* é a raiz para "estômago") significa "dor no estômago".

Nós já sabemos que *-ite* significa "inflamação". Você pode ter *gastrite*, *amigdalite, laringite, tireoidite, neurite, celulite, dermatite, colite, enterite* e *artrite* (embora você certamente não queira). Você pode ter uma *-ite* em qualquer parte do seu corpo.

O sufixo *-malacia* significa "amolecimento anormal", na maior parte referindo-se a desordens ósseas, mas também *arteriomalacia* refere-se a um amolecimento anormal das paredes de uma artéria ou artérias.

O sufixo *-megalia* significa "grande" ou "aumento". Pode ser unido a várias partes ou órgãos do corpo. *Cardiomegalia* significa aumento do coração, *esplenomegalia*, aumento do baço. *Hepatomegalia* é o aumento do fígado. *Tireomegalia* seria o aumento da glândula tireoide. E *hepatoesplenomegalia* seria o aumento do fígado e do baço, uma raiz de duas vias.

O sufixo *-ose* significa "uma doença ou condição anormal", um sufixo geralmente associado a muitas raízes. *Gastrose* significa uma doença (qualquer doença) do estômago. *Escoliose* é uma curvatura da coluna. *Diverticulose* significa divertículos na parede intestinal. *Psicose* (*psique* é a raiz para "mente") cobre muitas variedade de desordens mentais.

Adicionando Significados Individuais

Exatamente como em um problema matemático, você pode adicionar partes a uma palavra e conseguir uma resposta coerente, um significado completo. Aqui está um exemplo para começar: desmembre a palavra *gastroenterologista* em raízes e sufixos:

gastroenterologista = gastro + entero + logista

Olhe para o sufixo primeiro: *-logista* diz que é uma pessoa, o médico. Agora volte ao início. *Gastro* é a raiz para estômago e *entero* é a raiz para intestinos. Desmembrado, então, gastroenterologista é um médico que

estuda e trata as doenças do estômago e intestinos, representando um serviço médico conhecido como *gastroenterologia*.

Com duas raízes, o significado de ambas devem ser pesquisadas para saber o verdadeiro significado do termo.

Vamos fazer uma viagem através do corpo para encontrar alguns termos não tão fáceis. Usando as regras da dissecação, você deve ser capaz de decifrar alguns quebra-cabeças.

- **Ana/tomia**: -tomia ("processo de corte") + ana ("separadamente") = estudo da estrutura do corpo (para estudar, deve-se cortar ou dissecar)

- **Auto/opsia**: -opsia ("ver") + auto ("próprio") = exame do corpo depois de morto

- **Bio/logia**: -logia ("estudo do") + bio ("vida") = estudo das coisas vivas

- **Cerebro/malacia**: -malacia ("amolecimento") + cerebro ("cérebro") = amolecimento do cérebro

- **Cerebro/vascul/ar**: -ar ("referente a") + cerebro ("cérebro") + vasculo ("vaso") = referente ao cérebro e aos vasos sanguíneos do mesmo

- **Coledoco/lito/tripsia**: -tripsia ("esmagamento") + coledoco ("duto biliar comum da vesícula") + lito ("pedra") = esmagamento das pedras no duto biliar comum da vesícula

- **Condro/malacia**: -malacia ("amolecimento") + condro ("cartilagem") = amolecimento da cartilagem

- **Condr/oma**: -oma ("massa ou tumor") + condro ("cartilagem") = tumor da cartilagem

- **Costo/condr/al**: -al ("referente a") + costo ("costela") + condro ("cartilagem") = referente às costelas e cartilagem

- **Crani/otomia**: -otomia ("corte em") + cranio ("crânio") = corte no crânio

- **Dermat/ite**: -ite ("inflamação") + dermato ("pele") = inflamação da pele

- **Dermato/plastia**: -plastia ("reconstrução cirúrgica") + dermato ("pele") = reconstrução cirúrgica da pele

- **Encefalo/patia**: -patia ("doença") + encefalo ("cérebro") = doença do cérebro

- **Glic/emia**: -emia ("condição do sangue") + glico ("açúcar") = açúcar no sangue

  Então, adicionando um prefixo a glicemia, temos:

  Hiper/glic/emia: -hiper ("excessivo") = excesso de açúcar no sangue

  Hipo/glic/emia: -hipo ("insuficiente") = insuficiente ou baixa quantidade de açúcar no sangue

✔ **Hemi/gastr/ectomia**: -ectomia ("remoção cirúrgica de") + hemi ("metade") + gastro ("estômago") = remoção cirúrgica de metade do estômago

✔ **Hemó/lise**: -lise ("quebra ou destruição") + hemo ("sangue") = quebra do sangue

✔ **Hemat/emese**: -emese ("vômito") + hemato ("sangue") = vômito de sangue

✔ **Hiper/colesterol/emia**: -emia ("condição do sangue") + hiper ("excessivo ou acima do normal") + colesterol = quantidade excessiva de colesterol no sangue

✔ **Hiper/idr/ose**: -ose ("condição anormal") + hiper ("excessivo ou acima do normal") + hidro ("suor") = secreção excessiva do suor ou suor excessivo

✔ **Histero/salpingo/grama**: -grama ("registro") + histero ("útero") + salpingo ("trompa de Falópio") = registro via raio X do útero e das trompas de Falópio

✔ **Intra/craniano**: -craniano ("relativo ao crânio") + intra ("dentro") = relativo ao interior do crânio

✔ **Labio/glosso/faring/eal**: -eal ("referente a") + labio (lábios) + glosso ("língua") + faringo ("faringe") = relativo aos lábios, língua e garganta

✔ **Laringo/traqueo/bronqu/ite**: -ite ("inflamação") + laringo ("laringe") + traqueo ("traqueia") + bronqu ("brônquios") = inflamação da laringe, traqueia e brônquios

✔ **Leio/mio/sarcoma**: -sarcoma ("tumor maligno") + leio ("liso") + mio ("músculo") = tumor maligno do músculo liso

✔ **Neur/ite**: -ite ("inflamação") + neuro ("nervo") = inflamação de um nervo

✔ **Para/nasal**: -nasal ("referente ao nariz") + para ("ao lado ou próximo") = ao lado ou próximo ao nariz

✔ **Peri/neur/ite**: -ite ("inflamação") + peri ("ao redor") + neuro ("nervo") = inflamação ao redor do nervo

✔ **Pós-mortem**: -mortem ("morte") + pós ("seguinte ou depois") = depois da morte

✔ **Presbi/opia**: -opia ("visão") + presbi ("velhice") = visão debilitada devido à idade

✔ **Presbia/cusia**: -cusia ("audição") + presbi ("velhice") = diminuição da audição devido à idade

✔ **Trombo/fleb/ite**: - ite ("inflamação") + trombo ("coágulo") + flebo ("veia") = inflamação de uma veia com a formação de um coágulo

Capítulo 10

Um Organograma para Viver: Organização do Corpo

A ntes de nós entrarmos no âmago da questão da fonte de todos esses magníficos termos médicos — que é o seu corpo — você pode querer primeiro conhecer uma grande imagem dele. Neste capítulo, revisamos a estrutura e organização do corpo. Do lado de fora, parece ser uma sólida estrutura. Dentro, regiões, órgãos e cavidades ajustam-se perfeitamente uns aos outros para fornecer aquela sólida estrutura.

Analisando o Cenário

Há vários modos de se olhar para o corpo humano. Você pode estudá-lo de diferentes ângulos, literal ou figurativamente. Vamos começar com o figurativo, como os diferentes tipos de ciência usam para analisá-lo. Então, mais tarde, você poderá seguir para alguns modos mais concretos de olhar para o seu belo corpo.

Os ramos da ciência que cobrem o estudo do corpo são os seguintes:

✔ **Anatomia** significa "cortar em pedaços". Esta é a ciência que estuda a estrutura do corpo e as relações entre suas partes. "Cortar em pedaços" é o método usado (*dissecação*) para estudar a estrutura do corpo humano.

- **Biologia** é o estudo de todas as formas de vida e dos seres vivos.

- **Embriologia** estuda a origem (*primórdios*) e o desenvolvimento de um organismo. Cobre desde a segunda até a oitava semana depois da concepção, que é chamado de *estágio embrionário*. Depois de oito semanas, o organismo em desenvolvimento é conhecido como *feto*.

- **Fisiologia** estuda a atividade e as funções normais do corpo.

- **Histologia** estuda o corpo microscopicamente — as estruturas minúsculas e sua composição, além das funções das células normais, tecido e órgãos.

- **Patologia** estuda as mudanças causadas por doenças na estrutura do corpo ou as mudanças relacionadas às doenças que alteram as funções do corpo.

Células

A *célula* é a menor e a mais básica unidade de vida. Células que realizam funções similares juntam-se a outras, ou a um grupo, para formar um *tecido*. Grupos de diferentes tipos de tecido se juntam para formar um *órgão*. Grupos de órgãos que trabalham juntos para realizar uma função complexa formam um *sistema*.

O corpo é mantido pelo metabolismo (*meta* significa "mudança", *bolo* se refere à "massa" e *ismo* é "um estado de saúde"). *Metabolismo* consiste no processo total de *anabolismo* (*ana* significa desenvolver) e *catabolismo* (*cata* significa quebrar). Quando o metabolismo para, um organismo morre.

Cada um de nós tem trilhões de células que variam em tamanho e formato de acordo com seu propósito e função. Células especializadas são responsáveis pelas funções de crescimento, secreções, excreções, nutrição e reprodução. As estimulações mecânica, química e nervosa ativam as células. Os formatos das células mais típicas são os seguintes:

- **Epitelial ou células da pele:** Podem ser quadradas e planas

- **Células de gordura:** Contêm grandes espaços vazios para o armazenamento de gordura

- **Células musculares:** Compridas e delgadas

- **Células nervosas:** Podem ser compridas e têm extensões que se assemelham a dedos, que transportam impulsos

Cada célula tem uma *membrana*, que forma a delimitação exterior; *citoplasma*, que compõe o corpo da célula, e um *núcleo*, o pequeno centro de controle da célula que contém os *cromossomos*. Há 46 cromossomos (23 pares) em uma célula humana. *Genes* são regiões dentro dos cromossomos. Cada cromossomo tem milhares de genes que determinam as características hereditárias. Cada gene é composto de *DNA* (*ácido desoxirribonucleico*, do inglês), a química que regula as atividades da célula. As células *reprodutivas* maduras (células sexuais) têm apenas 23 cromossomos e, na concepção, as células femininas e masculinas se juntam para contribuir com inumeráveis combinações possíveis. É por isso que não existem dois indivíduos iguais, exceto gêmeos idênticos.

Tecidos

Nos blocos de construção das estruturas do corpo, células de características similares e tarefas específicas se juntam para formar um tecido. O corpo é formado de quatro diferentes tipos de tecido:

- **Tecido conectivo ou conjuntivo** sustenta e reveste as estruturas corporais. É o tipo de tecido mais difundido por todo o corpo. Ele sustenta os órgãos no lugar e conecta as partes do corpo entre si. Os principais tipos de tecido conectivo incluem os *ossos*, que sustentam o corpo; as *cartilagens*, firmes, mas flexíveis; o *fibroso denso*, que compõe os tendões e ligamentos; o *frouxo*, que liga as estruturas contíguas, e o *adiposo*, que amortece e protege, armazena gordura e isola o corpo contra a perda de calor.

- **Tecido epitelial**: encontrado na pele e no revestimento dos vasos sanguíneos, forma a cobertura exterior das superfícies internas e externas do corpo (tais como pele e membrana mucosa) e o revestimento dos tratos digestivo, respiratório e urinário.

- **Tecido muscular** proporciona movimento. A principal função do tecido muscular é contrair-se.

- **Tecido nervoso** conduz impulsos de e para o cérebro e é composto de células nervosas chamadas neurônios. O tecido nervoso precisa de mais oxigênio e mais nutrientes do que qualquer outro tecido do corpo.

Órgãos e Sistemas

Quando dois ou mais tipos de tecido trabalham juntos para realizar uma função específica, você tem um órgão. Por exemplo, a pele é um órgão composto de tecido conectivo, nervoso e epitelial.

Embora os órgãos ajam como unidades, eles não funcionam sozinhos. Vários órgãos se juntam para formar um sistema e realizar uma função corporal. Cada sistema tem uma função especial.

Alguns dos maiores sistemas corporais são os seguintes:

- **O sistema cardiovascular** inclui o coração e os vasos sanguíneos e carrega o sangue através do corpo.

- **O sistema digestivo ou gastrointestinal** inclui a boca, o esôfago, o estômago e os intestinos grosso e delgado. Esse sistema digere e absorve a comida e excreta os resíduos.

- **O sistema endócrino** é formado por uma variedade de glândulas e fabrica e distribui os hormônios.

- **O sistema tegumentar** inclui o cabelo, a pele, as unhas, suor e as glândulas sebáceas.

- **O sistema linfático** trabalha com o cardiovascular para proteger o corpo contra organismos que causam doenças.

- **O sistema musculoesquelético**, composto de ossos, músculos, tendões e ligamentos, fornece a armação para o corpo, sustenta os órgãos e permite o movimento do corpo.

- **O sistema reprodutivo**, útero, ovários, testículos e próstata, é responsável pela reprodução.

- **O sistema respiratório** inclui a traqueia, pulmões e brônquios e ministra a troca de gases, absorve oxigênio e expele dióxido de carbono.

- **O sistema sensorial ou de sentidos especiais**, formado pelos olhos, ouvidos, nariz e boca, juntamente com o sistema nervoso composto pelo cérebro e medula espinhal, processa os estímulos e permite ao corpo agir e responder a eles.

- **O sistema urinário** produz e excreta a urina.

Cavidades do Corpo

O corpo não é uma estrutura tão sólida quanto parece do lado de fora. Ele tem cinco cavidades. Cada uma contém órgãos que são organizados (sem trocadilhos) de um modo limpo e arrumado.

As cinco cavidades corporais são as seguintes:

- **A cavidade abdominal** contém estômago, intestinos, fígado, baço, vesícula, pâncreas, ureteres e rins.

- **A cavidade craniana**, dentro do crânio, contém o cérebro.

- **A cavidade pélvica** contém bexiga, uretra, útero e vagina, na mulher, parte do intestino grosso e o reto.

✔ **A cavidade espinhal** consiste da coluna vertebral ligada à cavidade craniana.

✔ **A cavidade torácica** contém esôfago, traqueia, pulmões, coração e aorta. Essa cavidade pode ser dividida em duas áreas menores. A *cavidade pleural* circunda os pulmões (cada cavidade pleural é revestida por uma membrana chamada *pleura*. A *pleura visceral* está mais próxima aos pulmões, a *parietal* está mais próxima da parede externa, próxima às costelas). O *mediastino* é a área entre os pulmões, que contém o coração, aorta, traqueia, esôfago e timo.

As cavidades craniana e medular são cavidades *dorsais*, visto que estão localizadas na parte de trás do corpo. As cavidades torácica, abdominal e pélvica são *ventrais*, já que estão na frente do corpo, do lado da barriga, ou do ventre.

As cavidades torácica e abdominal estão separadas por uma partição muscular chamada diafragma. As cavidades abdominal e pélvica não estão separadas e, para confundi-lo realmente, juntas são frequentemente denominadas de cavidade *abdominopélvica*.

A Tabela 10–1 lista algumas raízes relacionadas à estrutura e organização do corpo.

Tabela 10–1		Raízes de Estruturas	
Raiz	*O Que Significa*	*Exemplo de Termo*	*O Que Significa*
Cit/o	Célula	Citologia	Estudo das células
Epiteli/o	Epitélio	Epitelioma	Tumor da pele
Fibr/o	Fibroso	Fibrose	Condição de um tecido fibroso
Hist/o	Tecido	Histologista	Médico que estuda os tecidos
Lip/o	Gordura	Lipoaspiração	Remoção das células de gordura por sucção
Mio	Músculo	Miosite	Inflamação de um músculo
Neur/o	Nervo	Neuropatia	Condição do nervo
Organ/o	Órgão	Organomegalia	Aumento de um órgão
Viscer/o	Órgão interno	Víscera	Órgão interno

A Tabela 10–2 lista alguns sufixos relacionados à estrutura e organização do corpo.

Tabela 10–2	Sufixos Estruturais		
Sufixo	*O Que Significa*	*Exemplo de Termo*	*O Que Significa*
-cite	Célula	Eritrócito	Glóbulos vermelhos
-gen	Agente que causa	Carcinogênico	Agente causador do câncer
-ologista	Quem estuda/ pratica	Citologista	Médico que estuda as células
-oma	Tumor ou inchaço	Mioma	Tumor no músculo
-ose	Condição anormal	Citose	Condição anormal das células
-patia	Doença	Neuropatia	Doença dos nervos
-plasma	Crescimento ou formação	Neoplasma	Novo crescimento
-sarcoma	Tumor maligno	Miossarcoma	Tumor maligno do músculo

Termos Direcionais e Planos Anatômicos

Um *plano anatômico* é uma placa ou campo plano imaginário. Imagine uma vista fatiada através do corpo e você estará no caminho. Planos anatômicos fornecem mais divisões do corpo, de novo para identificar uma localização ou área específica. Visualize dividir o corpo pela metade, de cima a baixo, então da direita para a esquerda e, finalmente, da frente para trás.

- ✔ **O plano frontal ou coronal** é um plano vertical dividindo o corpo em porções *anterior* (frente) e *posterior* (atrás).

- ✔ **O plano sagital mediano** é um plano horizontal que divide o corpo em duas metades ao longo da linha mediana.

> ✔ **O plano sagital** é um plano vertical que passa da frente para as costas, dividindo o corpo em lados direito e esquerdo.

> ✔ **O plano transverso** é um plano horizontal (secção transversal), paralelo ao chão e através da cintura, dividindo o corpo em metades superior e inferior.

Os planos anatômicos são usados em radiologia quando é necessária uma localização ou direção específica do corpo.

Quando pensar sobre todos esses termos, planos e regiões, pense no corpo como se ele estivesse de pé, um braço de cada lado, com as palmas viradas para frente e os pés lado a lado. Se um paciente estiver de pé ou deitado de face para cima, os termos direcionais são sempre aplicados da mesma maneira.

Termos direcionais são usados para apontar ou localizar especificamente uma área no corpo.

Quando se referir à parte da frente do corpo, são usados os termos *anterior* e *ventral*. Quando se referir à parte de trás do corpo, é *posterior* e *dorsal*. Com a cintura da posição anatômica como diretriz, acima da cintura é denominado *cefálica* ("cabeça" ou "para cima") ou *superior* ("acima"). Abaixo da linha de cintura é denominado *caudal* ("cauda" ou "para baixo") ou *inferior* ("abaixo"). Superior e inferior são também usados para descrever partes do corpo em relação uma a outra em geral.

Os lados do corpo são denominados como *lateral* e o meio como *medial*. O termo *distal* refere-se a "longe do ponto de origem" (pense em distância). *Proximal* refere-se a "próximo do ponto de origem" (pense em proximidade). Distal e proximal são dois termos direcionais que parecem trazer problemas. Veja o torso do corpo como o ponto de origem. Usando o braço como exemplo, a porção proximal do braço é onde ele se junta ao ombro. A porção distal, ou longe, seria a mão. Na perna, a coxa seria a porção proximal da perna, e o pé a porção distal.

Termos direcionais podem ser colocados juntos para fornecer formas combinadas. *Ipsilateral* refere-se a um lado, enquanto *médio-lateral* é um termo direcional que significa "relacionado ao meio e a um lado" (tal qual dor médio-lateral direita). É com frequência usado em exames médicos e procedimentos cirúrgicos. Aqui está um uso de médio-lateral: uma incisão abdominal médio-lateral direita seria uma incisão que começa no meio do abdômen e vai em direção ao lado direito. Um termo similar é *latero-medial*. Uma incisão latero-medial seria o mesmo que médio-lateral, mas começando do lado e indo em direção ao meio.

A Tabela 10–3 lista algumas raízes que se referem a termos direcionais.

Posicione-se

Alguns usos frequentes das posições anatômicas que descrevem posições do corpo são:

✔ **Posição anatômica** é quando o corpo está de pé, um braço de cada lado, com as palmas viradas para frente e os pés lado a lado e com o olhar para o horizonte (se um paciente estiver de pé ou deitado de face para cima, os termos direcionais são sempre aplicados da mesma maneira).

✔ **Ereto** é a posição de pé.

✔ **Genu-peitoral** é a posição ajoelhada com o peito descansando na mesa de exames.

✔ **Decúbito lateral** significa deitado do lado esquerdo com a coxa e o joelho direitos junto ao peito.

✔ **Decúbito ventral** significa deitado de rosto para baixo.

✔ **Decúbito dorsal** é deitado reto sobre as costas.

Tabela 10–3	Raízes Direcionais
Raiz	*O Que Significa*
Anter/o	Frente
Caud/o	Cauda ou descendente
Cefal/o	Cabeça ou ascendente
Dist/o	Longe (distante) do ponto de origem
Dors/o	Atrás
Infer/o	Abaixo
Later/o	Lado
Medi/o	Meio
Poster/o	Atrás ou detrás
Proxim/o	Próximo (proximidade) ao ponto de origem
Super/o	Acima
Ventr/o	Frente ou barriga

Regiões do Corpo

Todas essas partes não fazem nenhum sentido até que você as coloque no contexto da sua localização geral dentro do corpo. Seu corpo pode ser definido de várias maneiras diferentes, de grupos e regiões a cavidades e planos.

As *regiões* do corpo, como os termos direcionais e planos anatômicos que trataremos adiante, são usadas para identificar especificamente uma área do corpo. Para ilustrar tudo o que está envolvido em uma região, dê uma olhada mais de perto em duas regiões principais: a abdominal e a medular.

A *área abdominal* está dividida em mais duas regiões anatômicas para diagnosticar problemas abdominais com maior acuidade.

Começando com o diafragma, que é o músculo que separa a cavidade torácica da abdominal, descendo até o nível da pelve ou virilha, a área abdominal é dividida em nove regiões idênticas.

Visualize o abdômen dividido em nove quadrados: três ao longo do topo, três através do meio e três na parte inferior, como um tabuleiro de jogo da velha. A porção central é a porção *umbilical,* a região do umbigo. Diretamente acima, está a região *epigástrica,* ou a região do estômago. Diretamente abaixo da região umbilical está a região *hipogástrica.*

Em ambos os lados da região epigástrica estão as *regiões do hipocôndrio direito e esquerdo.* Para a direita e a esquerda da região umbilical estão as *regiões lombares direita e esquerda.* Para a direita e a esquerda da região hipogástrica estão as *regiões ilíacas direita e esquerda.*

As divisões anatômicas do abdômen são referenciadas em livros didáticos de anatomia para especificar onde são encontrados certos órgãos.

As regiões clínicas do abdômen são usadas para descrevê-lo quando um paciente está sendo examinado. Essas regiões dividem a área abdominal, como acima, em quatro quadrantes similares:

- **O quadrante superior direito** contém o lóbulo direito do fígado, vesícula e partes dos intestinos grosso e delgado.

- **O quadrante superior esquerdo** contém o lóbulo esquerdo do fígado, estômago, pâncreas, baço e partes dos intestinos grosso e delgado.

- **O quadrante inferior direito** contém partes dos intestinos grosso e delgado, apêndice, ureter direito, ovário direito e trompa de Falópio (nas mulheres).

✔ **O quadrante inferior esquerdo** contém partes dos intestinos grosso e delgado, ureter esquerdo, ovário esquerdo e trompa de Falópio (nas mulheres).

A Tabela 10–4 fornece uma rápida olhada em algumas das menores regiões do corpo, começando da cabeça e movendo-se para baixo.

Tabela 10–4	Pequenas mas Poderosas Regiões do Corpo
Região	*Onde Fica*
Auricular/o	Ao redor dos ouvidos
Axilar	Axilas
Bucal	Bochechas
Clavicular	Em cada lado do esterno
Esternal	Acima do esterno
Infraorbital	Abaixo dos olhos
Infraescapular	De cada lado do tórax até a última costela
Interescapular	Nas costas, entre as omoplatas
Lombar	Abaixo da área infraescapular
Mamária	Área dos seios
Mentual	Região do queixo
Orbital	Ao redor dos olhos
Púbica	Acima da região *hipogástrica* (acima da púbis)
Sacral	Área acima do sacro
Submentual	Abaixo do queixo
Supraclavicular	Acima das clavículas

Outras divisões do corpo são as regiões da coluna vertebral, também conhecida como costas. Note a diferença entre coluna vertebral (a *vértebra*) e a medula espinhal (os nervos correndo através da coluna). A *coluna vertebral* é feita de tecido ósseo e a *medula espinhal* é composta de tecido nervoso.

A coluna vertebral é dividida em cinco regiões. Comece no alto e vá descendo:

✔ **A região cervical (abreviação C)** está localizada na região do pescoço. Há sete vértebras cervicais, de C1 a C7.

✔ **A região torácica ou dorsal (abreviação T ou D)** está localizada na região do tórax. Há 12 vértebras torácicas ou dorsais, de T1 a T12, ou de D1 a D12. Cada osso neste segmento está ligado a uma costela.

✔ **A região lombar (abreviação L)** está localizada na área do quadril entre as costelas e o osso do quadril. Há cinco vértebras lombares, de L1 a L5.

✔ **A região sacral (abreviação S)** tem cinco ossos, de S1 a S5, que estão unidos para formar um osso, o *sacro*.

✔ **A região coccígea** inclui o cóccix, um pequeno osso composto de quatro peças unidas.

É importante lembrar que todos esses termos têm apenas propósitos direcionais. Eles fornecem um mapa do corpo. Em um exame médico, planos direcionais, regiões do abdômen e divisões da coluna vertebral são usados com frequência pelo médico.

Capítulo 11

Todos os Sistemas: Quando Eles se Combinam

*T*rabalho em equipe é a chave para os sistemas do seu corpo. Quando todos fazem seu próprio trabalho, têm mais chance de trabalharem juntos em harmonia. Nem todo sistema único trabalha com qualquer outro sistema, mas muitos trabalham juntos para mantê-lo funcionando em seu desempenho máximo.

Sistemas Anatômicos Trabalhando Juntos

Comece com anatomia. *Anatomia* é o estudo das partes do corpo, desde o que você pode ver do lado de fora, como a pele cobrindo os músculos e ossos, até o cérebro dentro do crânio, ou a variedade de órgãos dispostos ordenadamente dentro do tronco ou torso, como uma mala bem arrumada. Juntamente com a fisiologia (que discutiremos mais tarde), um pouquinho de estudo sobre blocos de construção básicos irão ajudá-lo a identificar e criar toneladas de termos médicos.

Um bom começo para aprender sobre anatomia e fisiologia é observar o corpo como um todo. As Partes III e IV deste livro cobrem esses sistemas em detalhe, mas para atiçar seu apetite vamos fazer uma rápida visualização dos sistemas do corpo.

O sistema musculoesquelético

O *sistema musculoesquelético* é formado por 26 ossos e mais de seiscentos músculos. Os ossos do esqueleto têm toneladas de funções. Eles fornecem sustento à armação do corpo e protegem órgãos internos vitais, cérebro e coluna vertebral. Os ossos armazenam minerais necessários ao crescimento e a medula óssea vermelha produz células sanguíneas. Mais importante, os ossos tornam o movimento possível, fornecendo a estrutura de ligação aos músculos.

Ossos estão ligados a outros ossos por *ligamentos*, enquanto *tendões* conectam os ossos aos músculos. Uma *articulação* é onde dois ossos se encontram.

Os músculos se ligam ao osso não apenas tornando o movimento possível, mas mantendo os ossos do esqueleto juntos. Os músculos permitem flexibilidade ao corpo e ajudam a manter a temperatura corporal. Mas pense sobre algumas outras funções dos músculos. Há todo tipo de músculos sobre os quais provavelmente você não pensa a respeito. O músculo cardíaco mantém seu coração batendo, mas ele é *involuntário*. Isso significa que você não tem que pensar sobre manter seu coração batendo. A contração muscular ao longo do corpo mantém o fluxo sanguíneo. O sistema digestivo é revestido por um músculo liso que mantém a comida em movimento. E não se esqueça que são músculos que mantêm a bexiga e o cólon contraídos — até que você voluntariamente relaxe esses músculos quando quiser.

O sistema tegumentar

Sistema *tegumentar* é uma maneira muito chique de se referir à pele, cabelo, unhas e glândulas. A pele é na realidade o maior órgão do corpo (sim, é um órgão!). Ela cobre aproximadamente 1,86 m² e representa 15% do peso do seu corpo. A pele (obviamente) fornece uma cobertura externa para o corpo. Como uma membrana protetora, previne perda de água, sal e calor.

A pele fornece uma barreira protetora contra bactérias, patógenos e toxinas que querem invadir o corpo. Mais ainda, é repleta de glândulas que fazem trabalhos muito menores, mas igualmente importantes. Glândulas *sebáceas* secretam óleo para lubrificar, enquanto as *sudoríparas* secretam suor, agindo como um sistema de refrigeração. Os nervos também estão envolvidos e carregam impulsos que agem como receptores para a dor, temperatura e toque. Os vasos sanguíneos na pele ajudam a regular a temperatura do corpo.

O sistema sensorial

Os olhos e os ouvidos, como a pele, são órgãos dos sentidos. Eles agem como a percepção externa ou o sistema de alarme do corpo, deixando entrar luz e som. Os impulsos dos olhos são enviados para o *lobo occipital* no cérebro para processamento, e os impulsos dos ouvidos vão para o *lobo temporal* do cérebro. Nesses lobos, os impulsos nervosos são traduzidos em sensações sonoras e imagens que experimentamos como visão e audição.

A idade cobra o seu preço nos olhos e ouvidos. *Presbiopia* é vista debilitada devido à idade. *Presbiacusia* é a perda de audição que ocorre na velhice.

Sistemas Fisiológicos Trabalhando Juntos

Fisiologia é o estudo da função ou operação diária das partes do corpo. Isso inclui as funções de tudo, desde as menores células, vistas apenas com um microscópio, até grandes órgãos como o coração. Você deve pensar que cada parte do corpo tem uma função para desempenhar e trabalha independentemente e sozinha para completá-la, mas, de fato, a maioria delas são jogadores em equipe que trabalham juntos para realizar uma tarefa. Uma caminhada rápida, por exemplo, não apenas requer o uso dos músculos da perna, mas também uma boa capacidade pulmonar para manter o passo. Você sabe que o coração bombeia sangue através do corpo via artérias e veias, que são parte do sistema cardiovascular. Sem os pulmões realizando sua função para reoxigenar o sangue à medida que passa através deles, a troca de gases (função do sistema respiratório) não aconteceria, e as células e órgãos poderiam morrer.

Patologia (algumas vezes *patofisiologia*) é o estudo dos efeitos da doença nas partes do corpo e de como ela pode interferir na habilidade de funcionamento de um órgão ou sistema.

Os sistemas cardiovascular e linfático

O *sistema cardiovascular* (algumas vezes chamado de *sistema circulatório*) tem muitas funções. O sangue carrega oxigênio, nutrientes, hormônios e fluido linfático para as células e transporta resíduos, dióxido de carbono e ureia para serem excretados. O coração é a estação de bombeamento do corpo que bombeia sangue recém-oxigenado através de uma vasta rede de vasos. O coração é dividido em quatro câmaras: duas superiores (o *átrio direito* e o *átrio esquerdo*) e duas inferiores, os *ventrículos direito e esquerdo*.

O sistema cardiovascular não pode sobreviver sem o auxílio do sistema muscular — o *miocárdio* é o músculo cardíaco — que, por sua vez, é mantido funcionando pela seção *autônoma* do sistema nervoso.

Não se esqueça de que o *sistema linfático* joga em equipe com o sistema cardiovascular. Esse sistema trabalha junto com o sangue para combater as doenças. Ele cuida do sistema imunológico e produz a linfa, um fluido lançado no corpo através dos vasos linfáticos, que estão ligados aos vasos sanguíneos para carregar a linfa para todo o corpo. Esse sistema produz linfócitos, as células de combate a doenças que circulam pelo corpo através do sangue. *Nódulos linfáticos* localizam-se por todo o corpo e agem como centros de filtragem. Os nódulos podem prender e filtrar substâncias tóxicas e malignas. Células especiais podem diferir substâncias estranhas assim como produzir anticorpos para lutar contra infecção.

O baço, amígdalas e timo são órgãos acessórios desse sistema, todos desempenhando papéis especiais. O *baço* armazena glóbulos vermelhos, que podem ser lançadas no sangue quando necessário. A *glândula timo* produz linfócitos, os combatentes de doenças. As amígdalas também são feitas do tecido linfático e agem como um sistema de filtro para bactérias.

Uma viagem fantástica

O sangue recém-oxigenado é bombeado do ventrículo esquerdo através da *aorta* (a maior artéria) para artérias que vão diminuindo de tamanho até chegar a *arteríolas* e *capilares*, as menores ramificações do sistema circulatório, onde acontece a troca de gases. O oxigênio é absorvido nas células dos tecidos, enquanto o dióxido de carbono é expelido por elas. O sangue pobre em oxigênio é carregado via vênulas (pequenas veias) através das veias para as *veias cavas superior e inferior*, as maiores veias do corpo, de volta ao coração, onde é recebido pelo átrio direito.

Mas esse sangue tem de ser oxigenado antes de recomeçar a viagem, então o átrio direito envia o sangue velho para o ventrículo direito, onde é desviado pelos pulmões para ser carregado com oxigênio. O sangue viaja mais uma vez através de uma vasta rede de vasos, agora através dos alvéolos (os sacos de ar do pulmão), onde os pulmões realizam a função de reoxigenação do sangue, aprontando-o para a próxima viagem ao redor do corpo. Através do processo de *inspiração* e *expiração* nos pulmões, o oxigênio fresco entra na corrente sanguínea e o dióxido de carbono não necessário é eliminado. Este sangue recém-oxigenado volta ao coração e é recebido pelo átrio esquerdo, seguindo para o ventrículo esquerdo, onde é bombeado através da aorta para começar a viagem toda novamente. Imagine isso acontecendo a cada batida do coração, 100 mil vezes por dia, resultando em 6.813 litros de sangue em circulação diariamente.

O sistema respiratório

O *sistema respiratório* fornece mecanismos que permitem que você respire. Você não pode viver sem e, como com os outros sistemas, o funcionamento impróprio pode levá-lo à morte! Isso realmente estragaria seu dia.

O sistema respiratório trabalha em conjunto com o cardiovascular para proporcionar a troca de oxigênio e dióxido de carbono entre o ar nos pulmões e o sangue. Inalando e exalando, o movimento do ar entra e sai dos pulmões (*ventilação*) permitindo que o corpo mantenha o oxigênio exigido para células e tecidos sobreviverem. Os pulmões facilitam a troca de oxigênio e dióxido de carbono entre o sangue e as células. Esse sistema também metaboliza o oxigênio na produção de dióxido de carbono nas células. O ar, que é aproximadamente 21% oxigênio, entra pelo nariz (algumas vezes pela boca, como os que respiram pela boca quando dormem) — onde é umedecido e aquecido — para através da *faringe* (garganta), que consiste da *nasofaringe*, *orofaringe* e *hipofaringe*.

Ventilação (movimento de entrada e saída de ar dos pulmões) é um processo que é, de novo, tratado automaticamente pelo sistema nervoso. Você não tem que pensar conscientemente sobre a respiração. Quando inspira (*inspiração*), todas as passagens são abertas para permitir que o ar entre. O *diafragma*, um grande músculo que separa a cavidade torácica da abdominal, empurra para baixo e as costelas movem-se para cima para dar aos pulmões muito espaço para se expandirem. A pressão do ar dentro dos pulmões diminui e o ar entra. Quando você expira (*expiração*), o diafragma se move para cima, a caixa torácica desce, a pressão pulmonar aumenta e o ar é expelido.

Os pulmões estão contidos na *cavidade torácica*, que se divide entre as cavidades pleural e mediastino. A *cavidade pleural* circunda os pulmões e o *mediastino*, entre os pulmões, abriga o coração, traqueia e esôfago. O pulmão direito consiste de três *lóbulos* e o esquerdo, de dois. As cavidades são *pleural* e *mediastino* mas, quando refere-se à área em geral, você deve dizer *cavidade mediastinal*, embora a área seja chamada de *mediastino*.

O sistema gastrointestinal

O *sistema gastrointestinal* (também chamado de *sistema digestivo* ou *trato alimentar*) tem três funções: digerir a comida, absorver nutrientes e transportar os resíduos a serem eliminados. Exceto pelo processo de engolir a comida e evacuar, o que acontece nesse ínterim é feito praticamente sozinho.

Você tem conexões

A *hipofaringe* é uma passagem comum tanto para a comida, quanto para o ar viajarem para seu destino final. O ar tomado pelo nariz e que vai para a laringe produz a voz. A *traqueia* conecta a laringe aos brônquios direito e esquerdo, exatamente acima dos pulmões. O brônquio se divide em pequenos ramos chamados *bronquíolos*, que levam a pequenos cachos que assemelham-se a uvas. Esses cachos parecidos com uvas são chamados *alvéolos*, dos quais existem aproximadamente 300 milhões nos pulmões saudáveis, cercados por *capilares*. O oxigênio se move dos alvéolos para os capilares pulmonares que os rodeiam, para ser trocado via corrente sanguínea por todo o corpo. O dióxido de carbono se move dos capilares para os alvéolos para ser expelido pelos pulmões.

Nós mastigamos a comida, que então engolimos, e ela vai para o esôfago e então para o estômago. Lá é digerida parcialmente antes de seguir para o *intestino delgado* para mais digestão e absorção. O alimento residual move-se para o *intestino grosso*, onde é condenado a ser eliminado como resíduo sólido. Exceto pela faringe (garganta) e esôfago, todos os órgãos gastrointestinais estão na cavidade abdominal, geralmente chamada de *vísceras* ou *barriga*.

Os órgãos acessórios desse sistema — dentes, glândulas salivares, fígado, vesícula e pâncreas — todos fazem sua parte especial para somar ao processo de digestão, absorção e eliminação. O pâncreas (também parte do sistema endócrino) secreta as *enzimas* necessárias à digestão. O fígado (a maior glândula do corpo) secreta a *bile* necessária à digestão. Ela metaboliza proteínas, gorduras e carboidratos. O fígado também age como um sistema de filtragem que neutraliza as toxinas. A vesícula armazena bile, que também ajuda no processo digestivo.

O fígado junta-se a um grupo de órgãos de funções mistas (trabalhando como órgãos e como glândulas), que inclui estômago, intestinos, rins, ovários e testículos. Além de suas funções sistêmicas regulares, eles também produzem hormônios.

A comida digerida e os nutrientes são absorvidos pela corrente sanguínea através das paredes do intestino delgado, para que o sangue e o sistema cardiovascular auxiliem novamente um outro sistema. Durante todo o tempo, o sistema muscular fornece a *peristalse*, contrações do músculo semelhantes a ondas por todo esse longo trato de passagens, que impulsiona a comida para frente e para fora.

Esse sistema é muito propício a inflamação por conta da invasão de material externo (comida). A intoxicação alimentar é um exemplo perfeito, mas não vamos nos esquecer da *gastroenterite* (inflamação do estômago e intestinos), vômito e, a favorita de todos, a *diarreia*.

O sistema endócrino

O *sistema endócrino* mantém o equilíbrio químico do corpo. Ele trabalha em conjunto com o sistema nervoso para regular os sistemas. Isso é feito enviando mensageiros chamados *hormônios* através do corpo via corrente sanguínea. O sistema nervoso controla a liberação de hormônios pelo sistema endócrino, e os hormônios controlam a função metabólica do corpo. A *glândula pituitária*, conhecida como a "glândula mestre", está localizada no cérebro. Ela trabalha junto com o *hipotálamo* para ajudar a homeostase e as funções do corpo como crescimento, equilíbrio de sal e água, reprodução e metabolismo.

Homeostase é um processo automático que mantém a estabilidade e o equilíbrio do ambiente interno do corpo para que ele permaneça saudável.

As glândulas que formam esse sistema incluem a tireoide, paratireoides, adrenais e pineal. Todas essas glândulas produzem hormônios. O *pâncreas* (também uma parte do sistema digestivo) também produz hormônios. O pâncreas junta-se a um grupo de órgãos de funções mistas, incluindo o estômago, intestinos, rins, ovários e testículos. Além de suas funções sistêmicas regulares, eles também produzem hormônios.

A *glândula tireoide* secreta dois hormônios que são necessários para o corpo manter a taxa normal de metabolismo. As *glândulas paratireoides* secretam um hormônio que transferem o armazenamento de cálcio dos ossos para o sangue (para manter níveis adequados de cálcio na corrente sanguínea).

As *glândulas adrenais* são constituídas pelo córtex e medula. O *córtex* secreta esteroides e corticoides minerais, que são essenciais à vida porque regulam os níveis de sais minerais, ou *eletrólitos*. Na verdade, todos os hormônios adrenais secretados pelo córtex são esteroides. Esses incluem mineralocorticoides, que regulam o potássio, sódio e cloreto (eletrólitos), e glucocorticoides (que inclui cortisol), que ajuda no metabolismo de carboidratos, gordura e proteínas (tecidos liberam glucose para aumentar os níveis de açúcar no sangue quando necessário).

A *medula adrenal* secreta catecolaminas apenas, tais como epinefrina (adrenalina) e norepinefrina (noradrenalina), que ajudam o corpo nas situações estressantes.

O pâncreas tem células especializadas chamadas *ilhotas de Langerhans*. Elas produzem insulina e *glucagon*, que estimulam a *gliconeogênese,* ou produção de açúcar, no fígado. A *insulina* é necessária no sangue para que o açúcar possa passar do sangue para as células. A *glândula pineal* secreta melatonina, que afeta o cérebro, ajuda a regular os padrões de sono e influencia a taxa de maturação gonadal.

Os três pequenos sistemas

O *sistema nervoso central* inclui o cérebro e a medula espinhal. O *sistema nervoso periférico* consiste dos *nervos craniano e espinhal*, ou todos os nervos que se ramificam a partir do cérebro e da medula. Os impulsos são enviados para o cérebro e a partir do cérebro, via uma vasta rede de nervos. O sistema periférico é formado por nervos que operam automaticamente, enviando impulsos do sistema nervoso central para as glândulas, coração e vasos sanguíneos, bem como os músculos involuntários nos sistemas digestivo e urinário. Esse sistema autônomo também contém nervos complacentes que estimulam o corpo quando sob estresse ou em uma crise, para aumentar a pressão do sangue e a frequência cardíaca.

As glândulas endócrinas todas fazem parte dessa grande orquestra para manter a música do corpo harmoniosa. O hipotálamo e a pituitária são os líderes da orquestra desse complexo sistema, que precisa funcionar adequadamente para manter a boa saúde.

O sistema nervoso

O *sistema nervoso* é um dos mais complicados do corpo. Mais de dez bilhões de células nervosas funcionam constantemente para organizar e coordenar as atividades do corpo. Esse sistema controla funções voluntárias, bem como involuntárias. Nós falamos, movemos músculos, ouvimos, saboreamos, vemos e pensamos. Temos memória, um banco de palavras, associação e discernimento. Essas tarefas imensas representam apenas um pequeno número de funções controladas pelo sistema nervoso.

O cérebro controla a *homeostase*, uma lista automática de verificação que seu corpo perpassa para manter todos os sistemas funcionando normalmente. Quando o corpo é estressado devido à infecção, dor ou falta de oxigênio suficiente, as células não estão no seu melhor e não funcionam tão bem quanto deveriam. Assim, o cérebro monitora a pressão sanguínea, a temperatura do corpo e o açúcar no sangue. O *hipotálamo*, localizado no cérebro, mantém a homeostase ao iniciar a liberação de hormônios quando necessário.

A maioria das grandes regiões do seu corpo hospeda algum tipo de abelha operária do sistema nervoso, da cabeça aos dedos dos pés.

- A maior parte da cabeça é o *cérebro*. Os lobos do cérebro controlam funções como fala, reconhecimento de objetos, concentração, visão, solução de problemas, audição, aprendizado e quase todas as funções da consciência.

✔ O *cerebelo*, ou "cérebro posterior", auxilia na coordenação voluntária dos movimentos e ajuda a manter o equilíbrio corporal. O hipotálamo controla a temperatura do corpo, sono e apetite.

✔ A *medula oblonga* regula os centros que controlam respiração, frequência cardíaca e sistema respiratório.

✔ A *medula espinhal* passa através do *canal vertebral* a partir da *medula*, descendo até as vértebras lombares. A medula espinhal conduz os impulsos nervosos a partir do e para o cérebro.

Você pode ver por que o sistema nervoso é tão complexo. É o centro de controle do corpo, e a medula espinhal, com sua rede de nervos, é o sistema de comunicação.

Os sistemas urinário e reprodutor

Pensa que está esgotando os sistemas? Sem chance! Em seguida, considere seu sistema urinário, cuja responsabilidade é remover o resíduo líquido do corpo. A *urina* é o resíduo líquido filtrado pelo sangue, coletado nos *túbulos* dos rins e repassado para a *pelve renal*, a porção de coleta central de cada um dos dois rins, abaixo de cada ureter (temos dois), para a *bexiga urinária*, que é, claro, o tanque de armazenamento. Quando ocorre a micção, a urina é liberada da bexiga, viaja pela uretra e sai do corpo.

Grande parte desse sistema também cuida de si automaticamente. Ele trabalha em conjunto com a corrente sanguínea para começar o processo de filtragem com o sistema nervoso autônomo, para que nós não tenhamos que *pensar* sobre produzir urina, apenas temos que liberá-la quando a bexiga está cheia. O sistema muscular envolve o *esfíncter*, que nós controlamos para abrir e liberar a urina do corpo.

Os rins desempenham um importante papel no processo de homeostase — para manter tudo sincronizado e em ordem. Os rins ajudam a manter o equilíbrio adequado de sal e água contidos no sangue, bem como manter o equilíbrio adequado de ácido-base. Os rins trabalham juntos com o fígado e glândulas adrenais para manter o equilíbrio de sódio e potássio no sangue, que afeta o seu volume e, por sua vez, afeta a pressão sanguínea. Mais uma vez, este é um exemplo de múltiplos sistemas trabalhando juntos para realizar uma importante tarefa.

No homem, a *próstata* envolve a uretra. Esta passa através da próstata, uma vez que é a ligação com o sistema reprodutivo masculino. Durante a micção, a urina passa através da uretra masculina.

Durante a ejaculação, o *fluido seminal* passa através da uretra, já que ela serve aos dois propósitos no homem. A *próstata* secreta sumos que ajudam a formar o fluido seminal.

Os sistemas reprodutivos têm um propósito: secretar hormônios (produzidos através do sistema endócrino) para ter a habilidade de reprodução. Para realizar isso, o homem deve fertilizar a mulher, ambos pessoalmente ou via um dos muitos procedimentos clínicos modernos de fertilização.

O sistema reprodutivo feminino consiste de *ovários* (as *gônadas*), que produzem os hormônios *estrogênio* e *progesterona*. A *trompa de Falópio* é a passagem que um *óvulo* maduro (ovo) percorre do ovário ao útero. O útero é um órgão muscular muito expansível que fornece um lugar seguro para a gravidez progredir até a maturidade (40 semanas). A *vagina* é o canal do parto, a via usada pela criança no parto e também a via usada pelo esperma para realizar a gravidez. Na realidade, a fertilização de um espermatozoide e um óvulo acontece na trompa de Falópio e então viaja ao útero para se desenvolver. A cada mês, o útero se prepara para uma possível gravidez. Quando a concepção não ocorre, o revestimento do útero é expelido como *menstruação*. Então o processo mensal inteiro começa tudo de novo.

Os seios são considerados parte do sistema reprodutivo, já que eles são as glândulas que começam a produzir leite após o parto.

No homem, os *testículos* são as gônadas. É nos testículos, que estão alojados no *escroto*, que o hormônio testosterona é produzido, bem como os *espermatozoides*, que são armazenados no *epidídimo*. Na hora da ejaculação, os espermatozoides, junto com o fluido seminal, reunidos ao longo do percurso, viajam através de um sistema de dutos que incluem os *vasos deferentes*, *vesículas seminais*, próstata e uretra, via o pênis, para sair do corpo. Durante a relação sexual, tudo isso é depositado na vagina.

Temos certeza de que você concorda que, quando tudo é dito e feito, o corpo humano é uma máquina incrível!

Parte III
Em Termos de Anatomia

"O Frank aqui ensinava fisiologia no colégio, então se você preza pelo seu arco zigomático ou pelas suas margens alveolares, você vai começar a falar."

Nesta parte . . .

Nesta parte, você vai se esforçar com sua anatomia e aprender mais termos do que achava possível. O Capítulo 12 vai familiarizá-lo com o sistema esquelético, enquanto o Capítulo 13 vai enchê-lo de informação sobre o sistema muscular. O Capítulo 14 vai escavar todos os seus adicionais, como cabelo, pele e unhas. E o Capítulo 15 vai levá-lo a uma viagem dos sentidos e dos termos apropriados.

Capítulo 12

Desossando o Sistema Esquelético

onsidere o sistema esquelético como a infraestrutura do seu corpo. Esse sistema, junto às articulações, trabalha ao lado dos músculos para dar ao seu corpo a sustentação de que precisa para funcionar. O esqueleto ósseo, composto de 206 ossos, fornece uma estrutura articulada para o corpo, dando-o forma. Essa estrutura protege os órgãos vitais de danos externos e fornece pontos de fixação para os músculos, ligamentos e tendões que tornam o movimento possível.

Ossos estão conectados a outros ossos pelos ligamentos. Músculos estão conectados aos ossos pelos tendões, que se localizam em cada extremidade de um músculo, já que estes precisam estar ligados a dois ossos para tornar o movimento possível. Uma articulação, então, é qualquer lugar do corpo onde dois ou mais ossos se encontram.

Como Funciona o Sistema Esquelético

Embora ossos, músculos, articulações e tendões trabalhem todos juntos, cada um tem um trabalho especial. Os ossos fornecem uma estrutura, mas os ligamentos e tendões fornecem as ligações para os músculos se contraírem e relaxarem.

Os ossos armazenam sais minerais e o núcleo interno de um osso é composto da medula óssea vermelha *hematopoética* (formação de células sanguíneas). Outras áreas do osso são usadas como áreas de armazenamento para minerais necessários ao crescimento, tais como cálcio e fósforo.

A medula óssea vermelha tem a cor avermelhada por causa dos glóbulos vermelhos do sangue que lá se formam. Em adultos, ela pode ser trocada por uma medula amarela, que armazena gordura. Ossos são órgãos completos, constituídos principalmente de tecido conectivo chamado tecido ósseo mais um rico suprimento de vasos e nervos sanguíneos.

A fratura de Colles foi descrita primeiramente pelo Dr. Andrew Colles, um cirurgião irlandês, em 1814. É uma fratura da extremidade distal do rádio (*distal* significa a porção de uma parte do corpo mais distante do ponto de origem). Mas você não tem que ser irlandês para ter uma. Neste caso, o ponto de origem é o ombro, olhando o membro separadamente, e não o corpo como um todo.

Ossos e osteologia

Agora é hora de ir fundo na osteologia. Não, não é um novo passo de dança. *Osteologia* é o estudo dos ossos. Reparou a raiz *osteo*? Você deve conhecê-la como parte da palavra *osteoporose* — uma condição típica nas mulheres envolvendo perda de densidade óssea. Assim, *osteo* é o foco deste capítulo. O primeiro passo rumo ao mundo da osteologia é olhar para a composição real dos nossos ossos.

Ossos são classificados pelo seu formato — longo, curto, plano, irregular e sesamoide.

- **Ossos longos**, encontrados nos braços (o *úmero* é a parte de cima do braço) e pernas (o *fêmur* é a sua coxa) são fortes, amplos nas extremidades onde se juntam a outros ossos e têm uma grande superfície para fixação muscular.

- **Ossos curtos** são encontrados nos pulsos e tornozelos e têm formato pequeno e irregular.

- **Ossos planos** são encontrados cobrindo partes suaves do corpo. A escápula, costelas e ossos pélvicos são exemplo de ossos planos.

- Vértebras são exemplos de ossos **irregulares**.

- **Ossos sesamoides** são ossos pequenos e arredondados encontrados perto das articulações. A rótula é um exemplo de osso sesamoide.

Há mais nos ossos do que a substância dura e branca que você vê quando olha para um. Para começar, o eixo da região média de um osso longo é chamado de *diáfise*. Cada extremidade de um osso longo é chamada de *epífise*. Ambos são ligados pela *fise*, também chamada de placa de crescimento. O *periósteo* do osso é uma membrana forte e fibrosa que cobre a superfície, exceto nas extremidades. Outros ossos, que não os longos, são completamente cobertos pelo periósteo.

Fraturas são geralmente classificadas por um sistema chamado de *sistema Salter-Harris*, que identifica se uma fratura envolve a epífase, fise, diáfise ou uma combinação das três.

Abaixo do periósteo há um nível de *osteoblastos*, que depositam componentes de cálcio e fósforo no tecido ósseo. A *cartilagem articular* cobre as extremidades dos ossos longos. Essa camada de cartilagem amortece os ossos quando encontram com outros ossos, ou nas articulações. O *osso compacto* é feito de tecido denso, que fica sob o periósteo em todos os ossos. Dentro do osso compacto, está um sistema de pequenos canais que contêm vasos sanguíneos que trazem oxigênio e nutrientes para o osso e removem resíduos, tais como dióxido de carbono.

Osso esponjoso, algumas vezes chamado de *osso trabecular*, é mais poroso e menos denso do que um compacto. Os espaços nos ossos esponjosos contêm medula óssea vermelha, que é ricamente suprida com sangue e consiste de células sanguíneas maduras e imaturas em vários estágios de desenvolvimento. As costelas, os ossos pélvicos, o esterno e as vértebras, bem como as epífases dos ossos longos, contêm medula óssea vermelha dentro do tecido esponjoso. A figura 12–1 ilustra o esqueleto.

Esqueleto axial

Pense na palavra *eixo* quando você pensar sobre esqueleto axial. Os ossos que compõem essa parte particular do esqueleto tendem a cercar importantes órgãos ou girar em um movimento axial. O esqueleto axial inclui os pesos pesados nesta seção.

Crânio

Os ossos do crânio protegem o cérebro. Eles incluem o *osso frontal*, que forma a testa e os soquetes ósseos, que contêm os olhos. O *osso parietal* forma o teto e as laterais superiores do crânio. Dois ossos *temporais* formam as laterais inferiores e a base. O *processo mastoide* é uma pequena parte redonda de um osso temporal atrás do ouvido.

O *osso occipital* forma as costas e a base do crânio e junta os ossos parietal e temporal, formando uma *sutura* (uma linha de união) dos ossos cranianos. O osso occipital tem uma abertura chamada de *forame magno*, através da qual a medula espinhal passa. O *osso esfenoide* estende-se atrás dos olhos e forma parte da base do crânio. Ele junta os ossos frontal, occipital e etmoide, e serve como âncora para manter todos esses ossos juntos. O *osso etmoide* é um osso fino e delicado, que sustenta a cavidade nasal e forma parte das órbitas dos olhos.

Tome cuidado quando mexer com o crânio de um recém-nascido, já que os ossos cranianos dele não estão ainda completamente unidos. Há lacunas de tecido *não ossificado* (tecido que ainda está no estágio de membrana fibrosa) no crânio, chamado de moleira ou *fontanela*. As linhas onde os ossos do crânio se juntam são chamadas de *suturas cranianas*. A pulsação dos vasos sanguíneos pode ser sentida debaixo da pele nessas áreas.

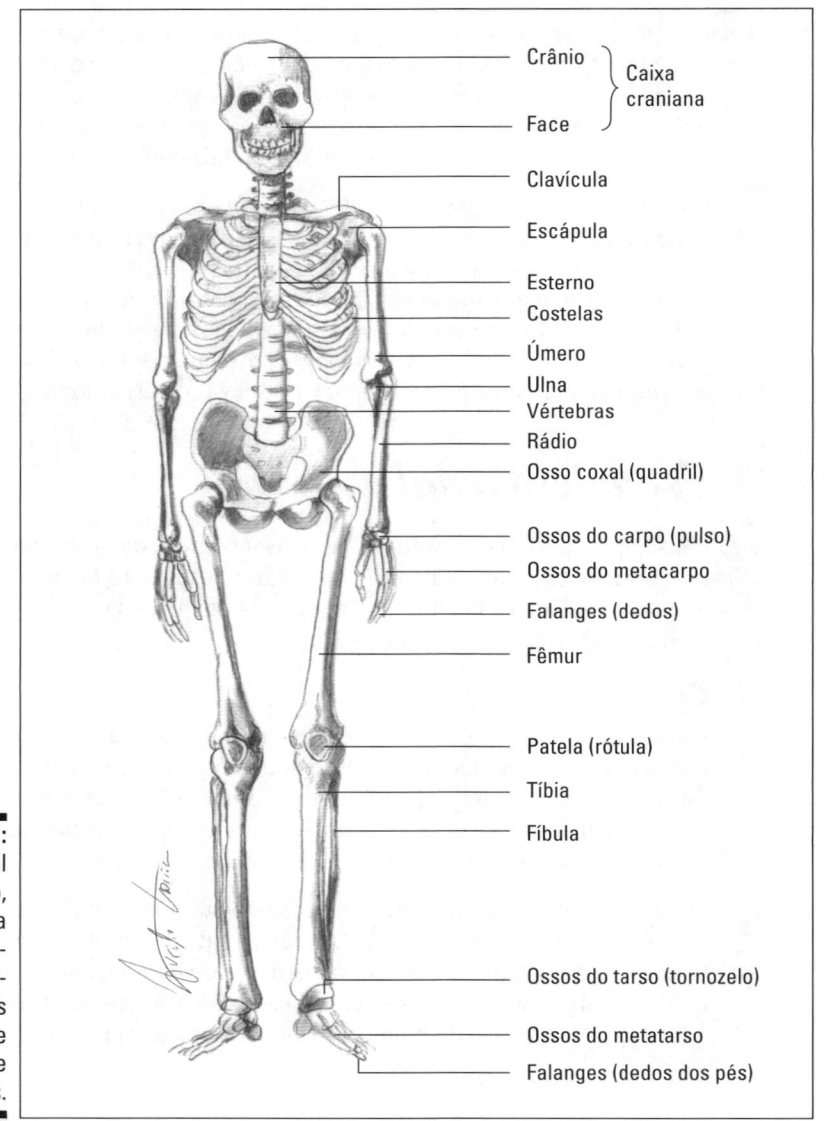

Figura 12-1: Visão frontal do esqueleto, mostrando a caixa torácica, clavículas, membros superiores e inferiores e pélvis.

Crânio
Caixa craniana
Face
Clavícula
Escápula
Esterno
Costelas
Úmero
Ulna
Vértebras
Rádio
Osso coxal (quadril)
Ossos do carpo (pulso)
Ossos do metacarpo
Falanges (dedos)
Fêmur
Patela (rótula)
Tíbia
Fíbula
Ossos do tarso (tornozelo)
Ossos do metatarso
Falanges (dedos dos pés)

Ossos faciais

Todos os ossos faciais, exceto um, estão conectados. Apenas a *mandíbula*, ou osso maxilar inferior, é capaz de se mover, o que é necessário para mastigação e fala. Outros ossos faciais incluem os ossos *nasais* e os ossos *maxilares*. Dois grandes ossos compõem o maxilar superior. Tanto a mandíbula quanto o maxilar contêm soquetes chamados *alvéolos*, nos quais os dentes estão embutidos. A mandíbula junta o crânio ao osso temporal formando a articulação *temporomandibular*, de nome extenso. O *zigoma*, ou *ossos zigomáticos*, formam a bochecha.

Coluna vertebral

A *coluna vertebral ou espinhal* é composta de 26 segmentos de ossos chamados *vértebras*, que estão arrumadas em cinco *divisões*: cervical, torácica, lombar, sacral e coccígea (cóccix).

As primeiras sete vértebras são chamadas de *vértebras cervicais* (C1–C7). Estas vértebras não se juntam com as costelas. A primeira vértebra cervical, C1 (também conhecida como *atlas*), articula-se com o osso occipital do crânio atrás do pescoço. Ela sustenta a cabeça e permite que se mexa para frente e para trás. A segunda vértebra cervical, C2 (o *eixo*), age como um ponto central sobre o qual o atlas rotaciona, permitindo à cabeça virar de um lado a outro, alongar-se e flexionar-se.

A segunda divisão consiste de 12 *vértebras torácicas* (T1–T12). Essas vértebras juntam-se aos 12 pares de costelas. A terceira divisão consiste de cinco *vértebras lombares* (L1–L5). Elas são as maiores e as mais fortes dos ossos das costas. O *sacro* é um osso triangular levemente curvado, composto de cinco segmentos separados, ou ossos sacrais, que fundem-se gradualmente. O *cóccix* é também um osso fundido, formado de quatro pequenos ossos *coccígeos*.

A palavra em grego *diskos* significa "placa plana". Um exemplo é o disco lombar. E cóccix vem da palavra grega para "cuco", já que se assemelha ao bico de um cuco.

Uma vértebra é composta de uma porção em forma de disco chamada de *corpo vertebral*, que é a porção sólida anterior (mais perto da parte frontal, mais longe da parte de trás). Uma *lâmina* é uma parte da porção posterior (costas) de uma vértebra. *Processos espinhosos, processos torácicos e processos transversos* são pequenas projeções em formato de asas que se lançam de cada vértebra. O *forame* é a abertura no meio de cada vértebra através da qual passa a medula espinhal.

Entre o corpo de uma vértebra e os corpos das vértebras situadas abaixo, estão os *discos vertebrais,* que ajudam a dar flexibilidade e amortecimento à coluna vertebral.

Tórax

O tórax (não confundir com Lorax, o personagem criado pelo Dr. Seuss[1]) começa com a *clavícula*, conectando o esterno a cada ombro. A *escápula*, anteriormente denominada omoplata, consiste de dois ossos triangulares planos, um de cada lado de trás do tórax. A escápula estende-se para se juntar à clavícula no *acrômio*.

O *esterno* é o osso plano que se estende para baixo da linha mediana do peito. A parte mais alta do esterno junta-se aos lados da clavícula e costelas, enquanto que a outra porção mais estreita é ligada ao diafragma. A porção mais baixa do esterno é o *processo xifoide*, o pequeno osso móvel preso ao final da extremidade do esterno. É ele que você sentiria ao colocar suas mãos em um peito para realizar uma massagem de ressuscitação cardiopulmonar. Os 12 pares de costelas são vizinhos próximos do esterno. Os primeiros sete pares juntam o esterno anterior (no peito) por anexos da *cartilagem costal*. As costelas de 1 a 7 são chamadas costelas verdadeiras. As costelas de 8–12 são chamadas costelas falsas. Estas juntam-se à coluna vertebral nas costas, mas juntam-se à sétima costela anterior sem se fixarem ao esterno. Costelas 11 e 12 são chamadas flutuantes porque são completamente livres em sua extremidade anterior.

Pelve

A *cintura pélvica*, ou osso do quadril, é um osso grande que sustenta o tronco e junta-se ao fêmur (osso da coxa) e *sacro*. O osso pélvico adulto é composto de três pares de ossos fundidos: o *ílio*, o *ísquio* e o *púbis*.

O ílio é a porção maior e mais alta. A ligação entre os ossos ílios e o sacro é tão firme que eles com frequência são classificados como um osso, o *sacro ilíaco*. As *cristas ilíacas* são encontradas em ambas as porções anterior e posterior da pélvis. Elas são preenchidas com medula óssea vermelha e servem como uma ligação para os músculos da parede abdominal.

O ísquio é a porção posterior da pelve. O ísquio e os músculos ligados a ele são sobre os quais sentamos.

O púbis é a porção anterior que contém duas partes unidas por um disco. Essa área de fusão é chamada de *sínfise púbica*. A região dentro do osso formada pela cintura pélvica é chamada de *cavidade pélvica*. O reto, cólon sigmoide, bexiga e órgãos reprodutivos femininos estão contidos nesta cavidade.

---

[1] N.T.: Escritor e cartunista norte-americano.

Esqueleto apendicular

Pense na palavra *apêndice* quando seus pensamentos se voltarem para o esqueleto apendicular. Seus alongadores, apanhadores e sapateadores estão todos cobertos nesta seção. Apêndices caem em duas grandes categorias de ossos.

Extremidades superiores

Braços e mãos são parte dessa categoria. Os ossos do braço e da mão incluem o *úmero*, o osso superior do braço. A grande cabeça do úmero é redonda e junta a escápula e a clavícula. A *ulna* e o *rádio* são os ossos do antebraço. A proeminência óssea da ulna no cotovelo é chamada de *olécrano*. *Carpos* são os ossos do pulso. Finalmente, há duas fileiras de quatro ossos. Os *metacarpos* são cinco ossos que irradiam para os dedos. *Falanges* são os ossos do dedo.

Cada dedo tem três falanges: proximal, medial e distal. A *proximal* é a falange mais próxima do ponto de origem, enquanto que a distal é a mais longe. Assim, a proximal seria a primeira depois da junta, a medial seria a do meio e a distal, a da ponta do dedo. O polegar tem apenas duas falanges: medial e distal, na ponta do polegar.

Diáfise vem do grego *diaphusis*, que significa "estado de crescimento entre". Diáfise é o eixo dos ossos longos que crescem conforme as crianças crescem.

Perna e pé

O fêmur é o osso da coxa. Na sua extremidade superior, uma cabeça arredondada encaixa-se em um soquete no osso do quadril chamado *acetábulo*. A *patela*, ou rótula, é um pequeno osso plano que repousa em frente à articulação entre o fêmur e um dos ossos da perna chamado *tíbia*. A tíbia é o maior dos dois ossos inferiores da perna. A *fíbula* é o menor dos dois ossos.

Os *tarsos*, ou ossos dos tornozelos, são pequenos ossos muito parecidos com os ossos carpais do pulso, mas maiores. O *calcâneo*, o maior desses ossos, é também chamado de osso do calcanhar. *Metatarsos* compõem o antepé ou ossos que conduzem às falanges dos dedos do pé. Há duas falanges no dedão do pé e três em cada um dos outros quatro. Assim como nos dedos da mão, todos os ossos nos dedos do pé são falanges, do proximal ao distal. No dedão, eles são chamados proximal e distal, diferindo ligeiramente do polegar.

O fêmur é o maior osso do corpo.

Articulações

Agora pense sobre a "cola" que prende todos esses ossos juntos. Tudo bem, articulações não são realmente feitas de cola, mas elas com certeza fazem um bom trabalho em manter tudo conectado. Vamos articular esse conceito um pouco melhor. Articulações, também chamadas de *juntas*, são a união de dois ou mais ossos. Algumas não são móveis, tais como as *articulações de sutura* entre os ossos cranianos. Algumas articulações movem-se apenas parcialmente, tais como aquelas entre as vértebras.

Mas a maioria das articulações permitem movimento. As que se movem livremente são chamadas *articulações sinoviais*. Um exemplo é o tipo bola e soquete — a articulação do quadril, por exemplo, na qual a cabeça do fêmur encaixa-se no acetábulo. Uma outra articulação sinovial é a tipo articulada, como vista no cotovelo, joelho e tornozelos.

Os ossos de uma articulação sinovial são separados por uma *cápsula*, composta de uma cartilagem fibrosa. Ligamentos do tecido conjuntivo mantêm os ossos juntos ao redor da cápsula para fortalecê-la. As superfícies ósseas de uma articulação são cobertas por uma superfície suave chamada *cartilagem articular*. A *membrana sinovial* é a camada interna da cápsula, abaixo da superfície.

A *cavidade sinovial* é preenchida por um fluido lubrificante produzido pelas membranas sinoviais. Esse fluido contém água e nutrientes que ajudam a lubrificar as articulações de modo que a fricção na cartilagem articular seja mínima.

Bursas são sacos fechados de fluido sinovial forrados com membrana sinovial. Elas ficam nos espaços entre os tendões, ligamentos e ossos e lubrificam as áreas onde a fricção normalmente aconteceria próximo à cápsula da articulação. As *olecranianas* da junta do cotovelo e as *patelares* do joelho são exemplos de bursas.

Raízes dos Termos do Sistema Esquelético

Agora que você conhece as partes específicas do sistema esquelético um pouco melhor, é hora de colocar seu conhecimento em prática quebrando as palavras em significados e aplicações úteis. As raízes, como sempre, são conhecimento essencial na terminologia médica porque, uma vez que você as domine (aqueles bons e velhos termos em grego e latim), pode desmembrar qualquer palavra relacionado ao esqueleto e descobrir seu significado.

A Tabela 12–1 lista importantes raízes e formas combinadas do sistema esquelético.

Tabela 12–1	Desenterrando Suas Raízes Esqueléticas
Raiz	*O Que Significa*
Cif/o	Corcunda (curvatura posterior da coluna torácica)
Lamin/o	Lâmina (parte do arco vertebral)
Lord/o	Curva (lordose, curvatura anterior na coluna lombar)
Lumb/o	Parte inferior das costas, região lombar
Miel/o	Medula óssea
Oste/o	Osso
Ort/o	Em linha reta
Scoli/o	Torto, dobrado (escoliose, curvatura lateral da coluna)
Spondil/o	Vértebra (referindo-se às condições da estrutura)
Vertebr/o	Vértebra (referindo-se à descrição da estrutura)

A Tabela 12–2 lista as formas combinadas usadas com ossos.

Tabela 12–2	Formas Combinadas Relacionadas a Osso	
Forma Combinada	*Exemplo*	*O Que Significa*
Acetabul/o	Acetábulo	Articulação do quadril
Calcane/o	Calcâneo	Calcanhar
Carp/o	Carpo	Ossos do pulso
Clavic/o, clavicul/o	Clavícula	Clavícula
Cost/o	Costal	Costelas
Crani/o	Crânio	Crânio
Falang/o	Falanges	Ossos dos dedos da mão e do pé
Femor/o	Fêmur	Osso da coxa
Fibul/o	Fíbula	Osso da perna
Ili/o	Ílio	Osso pélvico
Isqui/o	Ísquio	Osso pélvico
Lomb/o	Coluna	Região lombar
Maleol/o	Maléolo	Proeminência óssea no tornozelo
Mandibul/o	Mandíbula	Maxilar inferior
Maxil/o	Maxilar	Maxilar superior
Metacarp/o	Metacarpo	Ossos da mão
Metatars/o	Metatarso	Ossos do pé
Olecran/o	Olécrano	Proeminência óssea no cotovelo

(continua)

Tabela 12–2 (continuação)

Forma Combinada	Exemplo	O Que Significa
Pateli/o	Patela	Rótula ou patela
Pub/o	Púbis	Porção do osso pélvico
Radio/o	Rádio	Osso do antebraço
Sacr/o	Sacro	Área sacral da coluna
Scapul/o	Escápula	Escápula
Stern/o	Esterno	Esterno
Tars/o	Tarso Tarso	Ossos do tornozelo
Tibi/o	Tíbia	Osso da perna
Uln/o	Ulna	Osso do antebraço
Umer/o	Úmero	Osso do braço

A Tabela 12–3 lista as formas combinadas usadas com as articulações.

Tabela 12–3 Formas Combinadas Relacionadas a Articulações

Forma Combinada	O Que Significa
Artr/o	Articulação
Articul/o	Articulação
Burs/o	Bursa
Condr/o	Cartilagem
Disc/o	Disco intervertebral
Fibros/o	Fibroso
Menisc/o	Menisco
Sinovi/o	Sinóvia
Ten/o, tend/o, tendin/o	Tendão

Mais Termos Anatômicos

Embora a composição do sistema esquelético seja bastante simples, ainda há muitos termos úteis que você precisa saber a fim de falar sobre ossos. Tente algumas das palavras da Tabela 12–4.

Tabela 12–4 Vocabulário Esquelético Mais Comum

Palavra	O Que Significa
Anquilose, ancilose	Rigidez de uma articulação
Artralgia	Dor na articulação

Forma Combinada	O Que Significa
Articulação	Junta
Bradicinesia	Movimento lento
Bursa	Saco de fluido em torno de uma articulação
Cálcio	Um dos constituintes minerais do osso
Cifose	Curvatura normal da coluna torácica (hipercifose: anormal).
Condromalácia	Amolecimento da cartilagem
Côndilo	Saliência articular de um osso
Diáfise	Eixo ou porção média de um osso longo
Discinesia	Movimento difícil
Distrofia	Desenvolvimento anormal
Epífise	Extremidade de um osso longo
Escoliose	Curvatura lateral anormal da coluna
Fissura	Fenda estreita entre um osso decorrente de lesão
Fontanela	Moleira, fechamento incompleto da sutura do crânio das crianças
Fossa	Depressão ou cavidade em um osso
Hematopoiese	Desenvolvimento de células sanguíneas na medula óssea
Hipercinesia	Movimento excessivo ou hiperatividade
Intercostal	Entre as costelas
Intracraniano	Dentro do crânio
Ligamento	Tecido conectivo que liga ossos a outros ossos
Medula óssea amarela	Tecido gorduroso encontrado na diáfise de ossos longos
Medula óssea vermelha	Achada no osso esponjoso, o local da hematopoiese
Ortopedia	Ramo da medicina que lida com o estudo e tratamento das doenças e anormalidades do sistema esquelético
Ortopedista	Médico especializado em ortopedia
Ortopédica	Fabricação e montagem de aparelhos de orto-pedia tais como sustentação de arco, usados para apoiar, alinhar ou corrigir deformidades

(continua)

Tabela 12–4 (continuação)

Palavra	O Que Significa
Ossificação	Processo de formação do osso
Osso compacto	Tecido ósseo denso e duro
Osso trabecular	Tecido ósseo poroso e esponjoso
Osteoblasto	Uma célula óssea que ajuda a formar o tecido ósseo
Osteoclasto	Uma célula óssea que absorve e remove tecido ósseo não desejado
Osteopata	Médico especializado em osteopatia
Osteopatia	Ramo da medicina que usa as formas comuns de diagnóstico e tratamento com ênfase no papel da relação entre os órgãos do corpo e o sistema esquelético, e realiza manipulações para diminuir a dor e ajudar no funcionamento do corpo
Osteossarcoma	Tumor maligno do osso
Podólogo	Especialista em diagnosticar e tratar doenças do pé, tais como calos e unhas encravadas; alguns também realizam cirurgias no pé
Processo mastoide	Projeção arredondada no osso temporal atrás do ouvido
Prótese	Substituição artificial ou reposição de uma parte que falta no corpo, tais como perna, olho, articulação ou válvula cardíaca artificiais
Quiropodista	Especialista em diagnosticar e tratar desordens do pé
Quiroprática	Sistema de terapia que consiste na manipulação da coluna vertebral
Quiroprático	Especialista em quiroprática
Subcostal	Abaixo das costelas
Tecido ósseo	Tecido do qual é formado o osso
Tendinite	Inflamação de um tendão

Palavra	O Que Significa
Tendão	Tecido conectivo que une músculos aos ossos
Tenodinia	Dor no tendão
Tenossinovite	Inflamação do tendão e membrana sinovial
Trabéculas	Feixes de sustentação das fibras ósseas em ossos esponjosos
Trocanter	Protuberância na parte superior do fêmur
Tubérculo	Pequena protuberância redonda em um osso
Tuberosidade	Protuberância em um osso

Problemas Esqueléticos Comuns

Rupturas, distensões e joanetes não são divertidas. Muitas das doenças mais comuns associadas ao sistema esquelético envolvem a aplicação de gesso ou outros dispositivos corretivos. A boa e velha *fratura* (ruptura repentina de um osso) está no topo da lista dos problemas esqueléticos. Seja resultado de acidente de carro ou apenas falta de jeito (ora, como você não viu o meio-fio saltar na sua frente?!), qualquer osso em seu corpo é uma ruptura em potencial esperando para acontecer.

Você provavelmente está familiarizado com muitos dos problemas ósseos comuns porque já deve ter experimentado algum deles.

- **Joanete** é uma proeminência anormal com inchaço bursal na articulação metatarsofalangeana próxima à base do seu dedão do pé.

- **Bursite** é uma inflamação da bursa. Cotovelo de tenista é um exemplo de bursite da bursa olecraniana.

- **Luxação** é um deslocamento de um osso da articulação. Luxações podem ser reduzidas ou restabelecidas à sua condição normal e a articulação pode ser imobilizada com uma tipoia ou faixas para cura dos ligamentos e tendões rompidos.

- **Distensões**, a favorita de todos, é um trauma ou ferimento em uma articulação com dor, inchaço e prejuízo aos ligamentos.

Quebre gentilmente, doutor

Não pense que toda fratura é uma simples ruptura. Você ficaria surpreso sobre quão complicada uma fratura pode ser. Aqui estão algumas amostras do menu de fraturas:

- **Fratura fechada:** O osso é quebrado sem nenhuma ferida aberta na pele.

- **Fratura cominutiva:** O osso é lascado, esmagado ou completamente separado.

- **Fratura compressiva:** O osso é comprimido e ocorre nas vértebras.

- **Fratura em greenstick** (galho verde): O osso é parcialmente dobrado e parcialmente quebrado, como quando um galho verde quebra. Frequentemente ocorre em crianças.

- **Fratura impactada:** O osso é quebrado com uma extremidade penetrada na outra.

- **Fratura aberta (composta):** O osso é quebrado com uma ferida exposta na pele.

O tratamento de fraturas inclui a *redução*, restabelecimento da fratura à sua posição normal. Há dois tipos de redução:

- **Redução fechada:** envolve uma redução manipulada sem incisão.

- **Redução aberta:** caracteriza uma incisão no local da fratura para restaurar a posição normal.

Uma vez que o osso fraturado é restabelecido, um molde de gesso ou de fibra de vidro, que é um molde sólido da parte do corpo, é aplicado na área afetada enquanto ocorre a recuperação.

Possivelmente a mais dolorosa é a *protrusão* de um disco intervertebral, uma extensão anormal da almofada intervertebral no canal neural. É comumente conhecida como hérnia de disco.

Os ossos também podem experimentar alterações relativas a deformidade e aumento. O pé torto é uma deformidade congênita dos ossos do pé. Os ossos são torcidos para fora do formato ou posição. *Exostoses* são aumentos ósseos (tumores benignos) na superfície de um osso.

Não vamos nos esquecer da nossa velha amiga, a *artrite*, que é a inflamação de uma articulação. Falando em velhice, esse estado não é limitado aos mais velhos. A artrite não escolhe idade e tem várias alterações:

- **Espondilite anquilosante** é uma artrite crônica com enrijecimento das articulações, particularmente a coluna. Esse estado reage à terapia com corticosteroides e anti-inflamatórios.

- **Artrite gotosa (gota)** é uma inflamação das articulações causada pelo excesso de ácido úrico no corpo. Um defeito hereditário no metabolismo causa excesso de ácido úrico acumulado no sangue, articulações e tecidos moles próximos às articulações. A gota costuma ocorrer no dedão do pé.

- ✔ **Osteoartrite** é uma inflamação crônica dos ossos e articulações devido a mudanças degenerativas na cartilagem. Isso ocorre principalmente no quadril e pernas. Terapia medicamentosa reduz a inflamação e a dor, e fisioterapia solta as articulações com deficiência.

- ✔ **Artrite reumatoide** é uma doença crônica em que as articulações tornam-se inflamadas e dolorosas. Na artrite reumatoide, as pequenas juntas das mãos e dos pés são normalmente afetadas primeiro, e as articulações maiores, depois.

Achando o Culpado: Doenças Esqueléticas e Sua Patologia

Algumas condições que afetam o sistema esquelético são mais complicadas e consideradas doenças *patológicas*, que são doenças que ocorrem por causa de mudanças estruturais ou funcionais causadas por uma doença. Algumas podem soar familiares para você, incluindo *osteoporose*, uma diminuição da densidade óssea causada pela perda de cálcio. Osteoporose pode ocorrer como parte do processo de envelhecimento ou devido à terapia com corticosteroides.

Duas outras doenças com raiz *osteo-* são *osteomielite* e *osteossarcoma.* A primeira é uma inflamação do osso e da medula óssea devido à infecção. Bactérias entram no corpo através de uma ferida, se espalham a partir de uma infecção próxima ao osso, ou tem origem em uma infeção de pele ou da garganta. A infecção acontece nos ossos longos do braço e da perna, o que pode levar a um abscesso e, se o osso morre, pode ser desenvolvido um sequestro ósseo (um segmento de osso morto). *Osteossarcoma* é um tumor maligno do osso. Similarmente, o *tumor de Ewing* é um tumor metastático altamente maligno (sarcoma de Ewing) envolvendo o eixo de um osso longo. Ocorre em crianças e adolescentes.

A maioria das lesões associadas ao osteossarcoma ocorre exatamente acima ou abaixo do joelho.

Inflamação não é apenas para músculos e tecidos moles. Ossos também podem inflamar. *Raquitismo* é a inflamação da coluna vertebral, caracterizada pela *osteomalácia* ou amolecimento do osso. É uma doença da infância quando os ossos que estão se formando falham em receber o cálcio e fósforo de que precisam. Assim, os ossos tornam-se moles e facilmente dobráveis.

Raquitismo e osteossarcoma são mais comuns na infância.

Testando, Testando: Radiologia e Testes de Diagnóstico do Esqueleto

Raios X de ossos e articulações são procedimentos comuns para identificar fraturas ou tumores, monitorar a recuperação de uma fratura e identificar estruturas anormais. Os principais métodos para a demência esquelética são os seguintes:

- **Artrocentese**: Punção cirúrgica de uma articulação para aspirar fluido para propósitos diagnósticos

- **Artrograma**: Filme de raio X de uma articulação

- **Artroscopia**: Exame visual do interior de uma articulação usando um artroscópio

- **Cintilografia óssea** (teste de medicina nuclear): Detecta a presença de doença metastática do osso e monitora doenças degenerativas

- **Densitometria óssea (densidade do osso)**: Determina a densidade do osso, realizada para diagnosticar osteoporose

- **Fluoroscopia**: Exame usando um fluoroscópio, aparelho usado para examinar estruturas corporais profundas por meio de raio X

- **Imagens por Ressonância Magnética (IRM)**: Avalia todos os tecidos moles e é especialmente útil para avaliar ligamentos, tendões, músculos, estenose espinhal e alterações degenerativas do disco. Ótima para qualquer coisa que não é mostrada no raio X

- **Tomografia Computadorizada (TC)**: Fornece uma definição precisa da estrutura do osso e pode demonstrar inclusive mudanças leves

- **Tomografia Computadorizada por Emissão do Fóton Único** (SPECT, em inglês): Método nuclear muito sensível para detectar anormalidades ósseas

Chamando o Dr. Terminologia: Cirurgias e Procedimentos Esqueléticos

Ambos ossos e articulações podem ser restaurados com cirurgia. Articulações podem ser cirurgicamente fixadas com *artrodese* ou restauradas cirurgicamente com *artroplastia*. Há três tipos de artroplastias:

- ✔ **Artroplastia total do quadril** é realizada para doenças degenerativas da articulação ou artrite. A cirurgia envolve substituição da cabeça do fêmur da articulação do quadril por uma prótese (artificial) de cabeça femoral metálica e um *acetábulo* substituto plastificado (uma espécie de cálice onde a cabeça femoral é fixada).

- ✔ **Artroplastia total de substituição do joelho** é realizada para substituir superfícies desgastadas da articulação do joelho. Diferentes próteses são usadas neste procedimento.

- ✔ **Artroplastia do metatarso** é realizada para tratar deformidades associadas à artrite reumatoide ou *joanete* (uma deformidade do dedão do pé), e para tratar articulações dolorosas e instáveis.

Lembre-se da raiz *artro* quando discutir articulações. Artrite é a inflamação de uma junta, e a maioria dos procedimentos cirúrgicos para articulações usam a mesma raiz *artro*.

A única exceção para a regra de artro é *sinovectomia*, que é a incisão da membrana sinovial de uma articulação.

A cabeça e a coluna têm várias opções cirúrgicas. A *craniotomia*, uma incisão no crânio, permite acesso ao cérebro para cirurgia. A *discectomia* é uma incisão em um disco intervertebral. Por outro lado, uma *discectomia percutânea* é um procedimento que usa fluoroscopia para guiar a inserção de uma Nucleotome no disco espinhal, a fim de remover o núcleo grosso e pegajoso do disco. Nucleotome é uma marca registrada para instrumentos e protocolos usados para realizar uma discectomia percutânea lombar automatizada. Isso permite ao disco amolecer e contrair, aliviando a dor nas costas e na perna. A incisão de uma lâmina alivia os sintomas de um disco rompido e a *espondilossindese* é a fusão das vértebras (fusão espinhal). Uma *lâmina* é uma parte da porção posterior (costas) de uma vértebra.

Não se esqueça da fixação do esqueleto apendicular (lembra daqueles bons e velhos apêndices?). Consertar um osso do braço ou da perma é mais do que envolvê-lo em gesso. Considere essas opções cirúrgicas:

- ✔ **Meniscectomia**: Incisão de um menisco por causa de uma cartilagem rompida no joelho

- ✔ **Osteoclasia**: Quebra cirúrgica de um osso para corrigir uma deformidade

- ✔ **Osteoplastia**: Reparo cirúrgico de um osso

- ✔ **Osteotomia**: Incisão em um osso

- ✔ **Patelectomia**: Incisão da patela

- ✔ **Tenorrafia**: Sutura de um tendão

- ✔ **Tenotomia**: Incisão de um tendão

Capítulo 13

Alongando-se: O Sistema Muscular

*P*ense sobre isso da próxima vez que for malhar: seu corpo é o orgulhoso proprietário de mais de seiscentos músculos! Felizmente, você não tem que suar em um aparelho de musculação diferente para trabalhar cada um deles. A beleza do sistema muscular é que ele é, de fato, um sistema no qual diferentes grupos de músculos principais trabalham juntos ao mesmo tempo.

Então relaxe e não se estresse muito sobre aquele aparelho remador. Você está usando seus músculos bem agora, ao ler este livro.

Como Funciona o Sistema Muscular

O sistema *musculoesquelético* é composto de músculos e articulações. Os músculos — todos os seiscentos deles e mais — são responsáveis pelo movimento. O esqueleto fornece pontos de ligação e apoio para os músculos, mas é a capacidade do tecido muscular se estender e contrair que faz o movimento acontecer. Então, para cada subida da máquina elíptica, você pode agradecer ao tecido muscular por tornar isso possível.

Os músculos compõem a principal parte das porções carnudas do corpo e representam metade do peso do corpo. Eles variam em proporção ao tamanho do corpo, e o formato do corpo é determinado pelos músculos que cobrem os ossos.

Tendões: Os melhores amigos

Você tem amigos, e os músculos também. Por um momento, pense no sistema muscular como uma festa onde as pessoas estão procurando encontrar alguém. Você é um músculo e está procurando por um osso. O tendão é o seu "melhor amigo" (aquele que faz as apresentações para o sexo oposto). Um tendão ajuda os músculos a fazerem contato com os ossos. Há tendões em cada extremidade dos músculos esqueléticos, porque um músculo precisa estar ligado a dois ossos para tornar o movimento possível. Cada músculo tem um *ponto de origem* e um *ponto de inserção*. Músculos são ligados a um osso estável no ponto de origem e a um osso de movimento no ponto de inserção, e isso permite o movimento quando um músculo contrai e relaxa. E todos eles viveram felizes para sempre.

Expansão e contração musculares não acontecem apenas em seu bíceps. Acontecem em todo o corpo. Os músculos apoiam e mantêm a postura, além de produzirem o calor do corpo. Eles ajudam a dar forma a muitos órgãos internos e regulam o trabalho que esses órgãos fazem por trás (tais como coração, útero, pulmões e intestinos), até mesmo quando o corpo não está se movendo. Os músculos das artérias, intestinos, coração e estômago, por exemplo, estão sempre trabalhando, mesmo que não estejamos pensando neles. Entretanto, o trabalho silencioso que os músculos fazem dentro do corpo é completamente diferente do trabalho muscular mais óbvio feito por seus braços e suas pernas, por exemplo.

O movimento interno envolve contração e relaxamento de músculos involuntários, aqueles que não podem ser controlados conscientemente. Por exemplo, os batimentos cardíacos são realizados pelos músculos cardíacos. A respiração e a digestão são facilitadas pelos chamados músculos *viscerais* (involuntários), enquanto o movimento externo é realizado pela contração e relaxamento de músculos que estão ligados aos ossos. Os músculos que proporcionam esse movimento externo são conhecidos como músculos voluntários, já que eles executam movimentos sob comando.

Todos os movimentos corporais, seja levantando um braço ou o batimento do coração, envolvem contração e relaxamento de músculos voluntários e involuntários.

Classificação dos músculos

O sistema de classificação está vivo e muito bem, ao menos no que diz respeito aos músculos. Há três tipos de músculos: esquelético, visceral e cardíaco.

- **Cardíaco** (estriado involuntário): Apresenta fibras ramificadas e forma a maior parte da parede do coração. Sua contração produz o batimento cardíaco.

- **Esquelético** (*estriado* voluntário, significando listrado): Estão ligados ao esqueleto. São chamados voluntários, naturalmente, porque são controlados pela sua vontade. Esse tipo de músculo pode ser facilmente visto flexionando o antebraço, o que torna o músculo bíceps duro e compacto.

- **Visceral** (liso involuntário): É encontrado no estômago, intestinos e vasos sanguíneos, e não podem ser controlados.

Ao contrário de outros músculos, o músculo cardíaco (coração) mantém o batimento até mesmo quando removido do corpo, como em um transplante de coração. E mesmo que pare de bater, pode ser reavivado com uma carga elétrica externa. Não é assim com os outros músculos.

Tipos de músculos

Como se fosse fácil... Mas há também *tipos* de músculos. À primeira vista, os tipos de músculos são os mesmos que sua classificação. Mas preste bem atenção e verá que são sutilmente diferentes. Há três *tipos* de músculos no corpo.

Músculo estriado

Músculos estriados são também chamados de esqueléticos ou voluntários. Estes são os músculos que movimentam todos os ossos, assim como a face e os olhos. O corpo é capaz de controlar conscientemente a atividade de músculos estriados.

Músculo liso

O segundo tipo é o *músculo liso*, também conhecido como visceral, involuntário ou não estriado. O corpo não tem controle consciente sobre os músculos lisos, que movimentam os órgãos internos, tais como no trato digestivo. Os músculos lisos são também encontrados em vasos sanguíneos e dutos secretores a partir das glândulas.

As fibras musculares esqueléticas são organizadas em feixes, mas os músculos lisos formam lâminas de fibras que envolvem tubos e vasos.

Músculos cardíacos

O terceiro tipo é o *músculo cardíaco*. Ele é estriado na aparência, mas é como o liso em suas ações. O movimento do músculo cardíaco não pode ser controlado conscientemente. Ele tem fibras de ramificação formando a maior parte da parede do coração e controlando as contrações produzidas pelo batimento cardíaco.

Conte-me mais: Descrevendo os músculos

Com certeza você poderia usar os bons e velhos adjetivos da língua portuguesa para descrever os músculos e suas características, mas por que não ter um pouco de diversão? Teste esses adjetivos descritivos para tamanho:

✔ **Glacilis**: Delgado

✔ **Latissimus**: Largo

✔ **Longus**: Extenso

✔ **Orbicularis**: Circundante

✔ **Rectus**: Reto

✔ **Serratus**: Serrilhado

✔ **Transversus**: Transversalmente

✔ **Vastus**: Grande

Músculos e tendões

Agora que você conhece as classes e tipos de músculos, vamos dar uma olhada com mais atenção em como eles trabalham. Você já sabe que os músculos esqueléticos, ou estriados, são os que movem os ossos do corpo. Agora prepare-se para se inteirar do que torna isso possível.

Quando um músculo se *contrai*, um dos ossos ligados permanece fixo, como resultado de outros músculos que o seguram no lugar. O ponto de ligação do músculo com o osso fixo é chamado de *origem* ou início daquele músculo. Quando o músculo se contrai, um outro osso ao qual ele está ligado se move. A junção do músculo com o osso que se move é chamada a *inserção* do músculo. Próximo ao ponto de inserção, o músculo estreita-se e é conectado ao osso por um tendão. Um tipo de tendão que ajuda a ligar o osso aos músculos é chamado de *aponeurose*.

Apanhado geral dos músculos superficiais

Algumas vezes, ser *superficial* não é uma má coisa. Pegue, por exemplo, seus músculos superficiais, assim nomeados porque eles são os mais prováveis de serem vistos a olho nu. Esses burros de carga do sistema muscular ajudam-no de forma única. Embora todos tenham nomes que soam complicados, ele ajudam o corpo a realizar as funções diárias, como pegar objetos e sorrir.

A Figura 13–1 ilustra os quatro principais grupos musculares:

✔ **Músculos do braço**: Consistem dos músculos da parte superior do braço, *bíceps braquial* e *tríceps braquial*. No antebraço (parte inferior do braço) estão os músculos *flexor* e *extensor* das mãos e dedos.

✔ **Músculos da cabeça e da face**: Incluem os músculos *frontal*, *temporal*, *orbicular* do olho, *orbicular* da boca, *occipital*, *mentual*, *bucinador*, *zigomático maior* e *menor* e *masseter*.

✔ **Músculos do ombro e pescoço**: Incluem os músculos *esternocleidomastoideo*, *peitoral maior*, *grande dorsal* e *trapézio*, levando ao músculo *deltoide*, no ombro.

✔ **Principais músculos do peito**: Consistem do *diafragma*, *peitoral maior*, *reto abdominal* e *oblíquo externo*. Também associada a esta região está a *linha alba* (que significa "linha branca"), uma faixa vertical de tecido muscular conectivo que começa no apêndice *xifoide* (esterno) e termina na *sínfise púbica* (onde os ossos do quadril se encontram).

✔ **Principais músculos das costas**: Incluem a sétima vértebra cervical, infraespinhal, supraespinhal, grande dorsal e o grande músculo romboide.

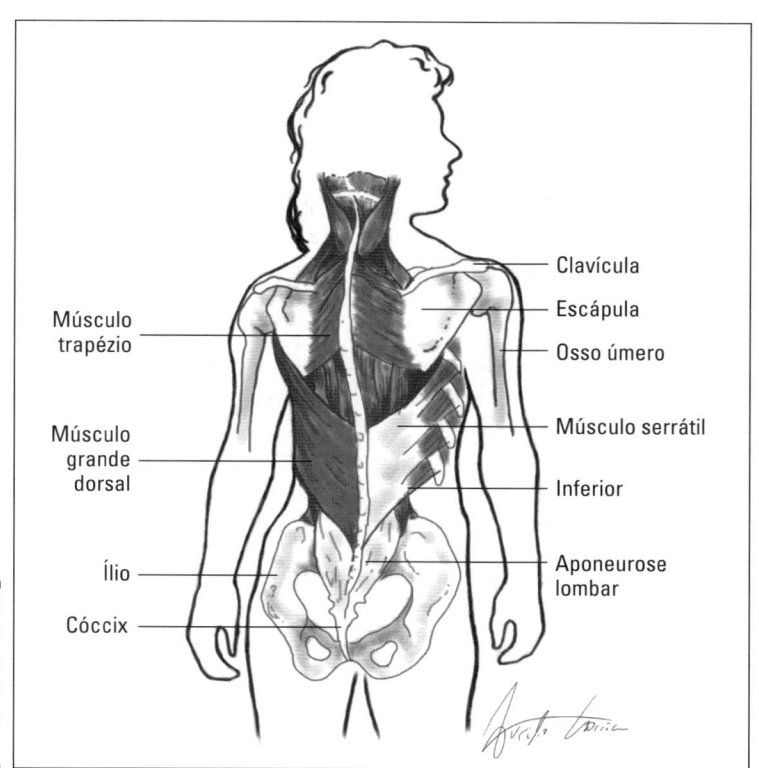

Figura 13-1: Visão posterior do pescoço e músculos do ombro.

Músculo trapézio

Músculo grande dorsal

Ílio

Cóccix

Clavícula

Escápula

Osso úmero

Músculo serrátil

Inferior

Aponeurose lombar

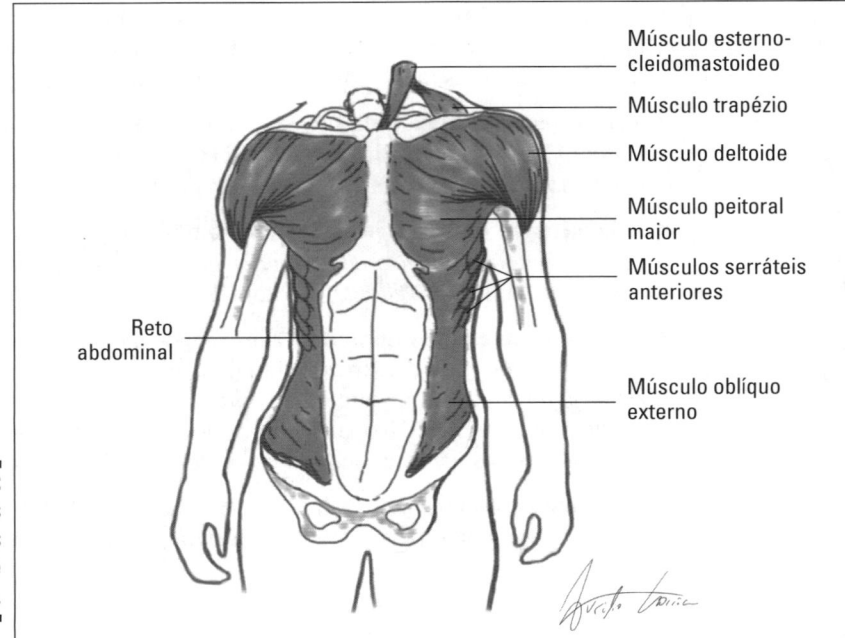

Figura 13-2: Músculos anteriores do peito e abdômen.

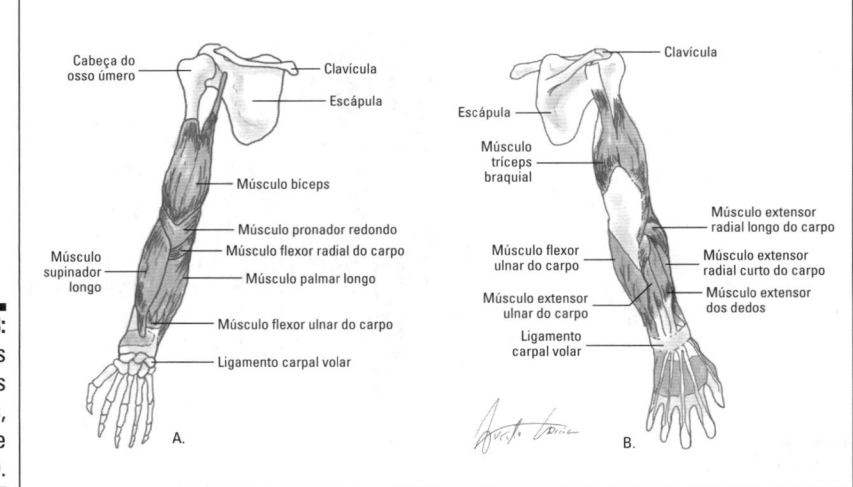

Figura 13-3: Os músculos dos membros superiores, anterior (A) e posterior (B).

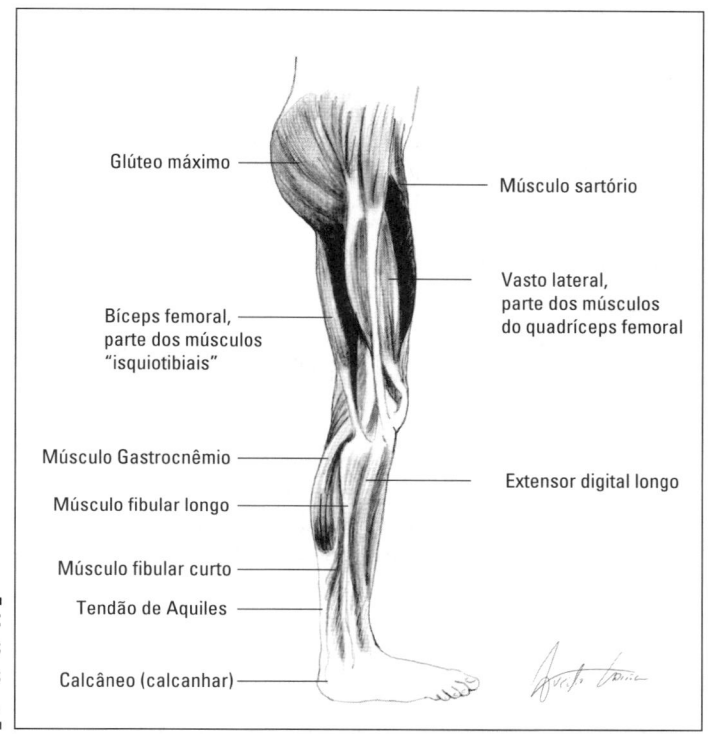

Glúteo máximo

Músculo sartório

Vasto lateral, parte dos músculos do quadríceps femoral

Bíceps femoral, parte dos músculos "isquiotibiais"

Músculo Gastrocnêmio

Músculo fibular longo

Extensor digital longo

Músculo fibular curto

Tendão de Aquiles

Calcâneo (calcanhar)

Figura 13-4: Os músculos dos membros inferiores.

O músculo da sétima vértebra cervical é um músculo, enquanto a sétima vértebra é um osso. Muitos músculos, tendões e ligamentos têm o mesmo nome, mas não a mesma função. Nesse caso, o músculo da sétima cervical é um ponto de ligamento que ajuda na movimentação da cabeça e pescoço.

- **Músculos da pelve e da coxa anterior**: Incluem o *tensor da fáscia lata*, *adutores* da coxa, *vasto lateral* e *vasto medial*, *reto femoral*, que combinado ao *vasto intermédio forma o quadríceps.*

- **Músculos da perna**: Do joelho até o tornozelo, incluem o *gastrocnêmio*, que compõe uma grande porção dos músculos da panturrilha, *tibial anterior, sóleo, fibular longo* e *fibular curto*. A propósito, as coisas nem sempre são o que parecem: o *tendão de Aquiles* é tecnicamente classificado como um músculo.

- **Na parte posterior, as nádegas** são compostas do *glúteo máximo* e *glúteo médio.* Na coxa, o *adutor magno, vasto lateral, grácil*, enquanto o *bíceps femoral, semitendinoso* e *semimembranoso* combinados incluem os isquiotibiais.

Então, a moral da nossa história muscular é o trabalho em equipe. Os ossos não podem mover-se sozinhos sem estarem ligados aos músculos. Os músculos não podem mover-se sozinhos sem estarem ligados a ossos fixos, que permitem auxiliar aquele movimento. Nem os ossos nem os músculos poderiam funcionar sem as ligações fornecidas pelos tendões e ligamentos. O movimento corporal, então, torna-se possível pelos ossos e músculos esqueléticos trabalhando juntos, além dos músculos visceral e cardíaco, que funcionam para manter o ritmo muscular dos órgãos vitais. São todos parte de uma grande e feliz família de músculos.

Raízes e Sufixos do Sistema Muscular

Vamos colocar nosso conhecimento recente em prática quebrando as raízes das palavras em significados e aplicações úteis. As raízes são conhecimento de terminologia médica essencial porque, assim que você dominar essas raízes (as boas e velhas Gregas e Latinas), poderá quebrar qualquer palavra relacionada a músculos e descobrir seu significado.

Não confunda *mio* (músculo) com *mielo* (medula óssea).

Raízes, formas combinadas e sufixos associados ao sistema muscular incluem os mostrados nas Tabelas 13–1 e 13–2.

Tabela 13–1	Quebrando Suas Raízes Musculares
Raiz	*O Que Significa*
Dut/o	Passar, puxar
Fasci/o	Fáscia (faixa de tecido circundando o músculo)
Flex/o	Dobrar, curvar
Leiomi/o	Músculo visceral liso
Mi/o	Músculo
Miocardi/o	Músculo cardíaco
Mios/o	Músculo
Pronati/o	Voltado para baixo ou para trás
Rabdomi/o	Músculo esquelético ou estriado
Sarc/o	Tecido mole, carnudo ou conectivo
Supinat/o	Voltado para cima ou para frente
Tens/o	Estender

Extra oficialmente

Jargões extra oficiais, mas não incomuns, incluem *incidentaloma*, que se refere a um tumor encontrado de forma não esperada, ou incidental. Há também o termo *fascinoma*, algo intrigante e digno de nota: "Hei, confira isto, é realmente um fascinoma".

Tabela 13–2	Sufixos Musculares
Sufixo	*O Que Significa*
-algia	Dor no tecido fibroso
-dese	Fixação cirúrgica
-ectomia	Remoção cirúrgica ou incisão
-gram	Gravação
-grafia	O processo de gravação
-ite	Inflamação
-ologia	Estudo de
-oma	Tumor ou massa
-otomia	Corte
-patia	Doença
-rafia	Reparação de sutura

Item de Ação: O Movimento de Seus Músculos

Seus músculos fazem uma grande quantidade de trabalho a cada hora de cada dia. Embora você possa estar lendo este livro apoiado em travesseiros enquanto mastiga algum petisco, seus músculos estão trabalhando — estão movendo seus olhos através das palavras para que você possa ler e compreender, os músculos lisos estão trabalhando em seus órgãos e os superficiais estão ajudando a manter seu corpo na vertical. Acontece que, para cada ação muscular, para sua sorte, há uma palavra para descrevê-la. Aqui estão algumas poucas palavras de ação muscular para lembrar:

- **Abdução**: Movimento de afastamento do centro do corpo (tal como separar os dedos)

- **Adução**: Movimento de aproximação ao meio do corpo (dedos mantidos juntos)

- **Eversão**: Virando para fora

- **Extensão**: Movimento no qual um dos membros é colocado em posição reta

- **Flexão**: Movimento no qual um dos membros é dobrado

- **Inversão**: Voltando-se para dentro

- **Pronação**: Movimento que vira a palma da mão para baixo

- **Rotação**: Virando-se no seu próprio eixo

- **Supinação**: Movimento que vira a palma da mão para cima

Para se lembrar da diferença entre -*ectomia* e -*otomia*, lembre-se de que -*ectomia*, com *e*, é para excisão (saída), enquanto -*otomia*, com *o*, é para orifício (abertura).

Problemas Musculares Comuns

- **Bursite**: Inflamação da bursa, que alinha a articulação e proporciona o movimento articular suave

- **Cotovelo de tenista**: O tendão que conecta o músculo do braço ao cotovelo inflama-se devido ao uso repetitivo do braço

  O termo médico real para isso é *epicondilite lateral ou medial* (*lateral* refere-se ao inchaço do lado de fora do cotovelo e *medial*, ao inchaço do lado de dentro).

- **Fibromialgia**: Dor nos tecidos fibrosos dos músculos, tendões ou ligamentos

- **Mioparalisia**: Paralisia de um músculo

- **Tendinite**: Inflamação de um tendão

- **Tenossinovite**: Inflamação do tendão e do revestimento ao seu redor, geralmente em um dedo ou pulso

Achando o Culpado: Doenças Musculares e Sua Patologia

Algumas das doenças mais sérias afetam o sistema muscular. Desde as doenças que afetam o movimento facial à atrofia de corpo inteiro da doença de Lou Gehrig, são todas doenças desafiadoras:

- **Contratura de Dupuytren:** Doença que afeta a fáscia palmar da mão, causando a contração do dedo anular e do dedo mínimo em direção à palma

- **Distrofia muscular:** Doença hereditária caracterizada pela fraqueza progressiva e degeneração das fibras musculares sem envolvimento do sistema nervoso

- **Doença do manguito rotador:** Inflamação dos tendões, e se eles se fundem você tem um grande problema, uma condição chamada *ombro congelado* ou *capsulite adesiva*

- **Esclerose lateral amiotrófica (ELA):** Distúrbio de movimento ou atrofia muscular com degeneração de nervos na medula espinhal e região inferior do cérebro, também conhecida como doença de Lou Gehrig

- **Leiomioma:** Tumor benigno do músculo liso

- **Leiomiossarcoma:** Tumor maligno do músculo liso

- **Miastenia grave:** Falta de força muscular com paralisia, caracterizada pela fraqueza dos músculos da face e mandíbula, com dificuldade de engolir

- **Miossarcoma:** Tumor maligno do tecido muscular

- **Polimialgia reumática:** Dor muscular, comum em ombro ou pelve, sem artrite ou sinais de aflição muscular

- **Torcicolo:** Miosite aguda dos músculos cervicais

Testando, Testando: Radiologia e Testes de Diagnóstico Musculares

Embora a lista de problemas e doenças musculares seja bastante longa, há alguns testes de diagnóstico simples que os médicos podem realizar para diagnosticar incômodos mais comuns.

✔ **Eletromiograma (EMG):** Gravação de uma atividade elétrica de um músculo. Esse procedimento é usado para diagnosticar a síndrome do túnel do carpo. *Eletromiografia* é uma gravação elétrica da atividade de um músculo.

✔ **RM (ressonância magnética):** A grande referência para fazer imagens de tecido mole, tais como fáscia, tendões, ligamentos e músculos.

✔ **Raio X:** Imagem dos ossos.

Chamando o Dr. Terminologia: Cirurgias e Procedimentos Musculares

Agora que seus músculos foram cutucados, alfinetados, testados e diagnosticados, é hora de consertar o que está quebrado. A maioria desses procedimentos são cirúrgicos por natureza.

Muitas cirurgias são realizadas de forma artroscópica, através da inserção de um instrumento ótico dentro ou próximo a um espaço articular, com um traiçoeiro endoscópio solitário, o alívio endoscópico *uniportal Palmar* da *síndrome do túnel do carpo*. É também chamada de *técnica Mirza*, um método endoscópico para alívio do túnel do carpo, previamente realizado por uma abertura cirúrgica.

Os atores cirúrgicos são:

✔ **Fasciectomia**: Excisão da fáscia (faixa fibrosa ou membrana de tecido que circunda o músculo)

✔ **Mioplastia**: Reparo cirúrgico de um músculo

✔ **Miorrafia**: Sutura de um músculo

✔ **Tenodese**: Fixação cirúrgica de um tendão

✔ **Tenomioplastia**: Reparo cirúrgico de um tendão e um músculo

✔ **Tenorrafia**: Sutura de um tendão

✔ **Tenotomia**: Incisão de um tendão

Está Tudo Relacionado: Mais Termos Musculares

Embora a composição do sistema muscular seja bastante simples, há ainda alguns tipos de termos úteis que você precisa conhecer a fim de comunicar-se a respeito de seus músculos. Tente algumas das palavras da Tabela 13–3:

Tabela 13–3	Vocabulário Muscular Comum
Palavra	*O Que Significa*
Articulação	Junta
Atrofia	Sem desenvolvimento, definhamento de um músculo
Bradicinesia	Movimento lento do corpo
Cinesiologia	Estudo do movimento humano
Diatermia	Calor aplicado a tecidos profundos
Discinesia	Dificuldade de movimento corporal
Distrofia	Desenvolvimento anormal
Fáscia	Faixa de tecido que circunda o músculo
Fascite	Inflamação da fáscia
Hipercinesia	Movimento excessivo do corpo ou hiperatividade
Ligamento	Prende um osso a outro
Miastenia	Fraqueza muscular
Mialgia	Dor muscular
Mioclonia	Relaxamento e contração musculares em rápida sucessão
Miologia	Estudo dos músculos
Miopatia	Qualquer doença muscular
Tendão	Tecido conectivo que liga os músculos aos ossos
Tenodinia	Dor no tendão
Tenossinovite	Inflamação do tendão e da membrana sinovial

Capítulo 14

À Flor da Pele: Pele, Glândulas, Unhas e Cabelo

Sua pele (o maior órgão do corpo), glândulas, unhas e cabelo — também conhecidos como o *sistema tegumentar* — servem como a "face pública" do seu corpo. Considere-o como o seu time de marketing, que mostra ao mundo pela sua condição quão saudável está o resto do seu corpo. Uma pele saudável, junto com os órgãos acessórios — glândulas, cabelo e unhas — são as marcas de uma saúde interior, então cuide deles adequadamente.

Camadas de Pele

Como uma cebola, sua pele tem várias camadas e há muitas mais do que você consegue ver a olho nu. A pele é um sistema de tecido especializado, contendo glândulas, que secretam fluidos, nervos, que carregam impulsos e vasos sanguíneos, que auxiliam na regulação da temperatura corporal.

Tegumentar significa "revestimento". Esse sistema é o revestimento do corpo, composto em sua maioria de pele, mas com a ajuda dos órgãos acessórios.

A pele tem quase tantas tarefas quanto camadas. Ela age como uma camada protetora, que é uma barreira contra micro-organismos, protegendo os órgãos de danos. A pele ajuda a manter e regular a temperatura corporal e age como um receptor para as sensações (calor, frio, tato e dor). Ajuda o corpo a se livrar dos resíduos e também protege tecidos mais profundos contra a excessiva perda de água, sais e calor. As secreções da pele são um pouco ácidas por natureza e contribuem com a sua capacidade de combater a invasão bacteriana.

A pele tem a grande responsabilidade de mantê-lo fresco e os vários tecidos diferentes da pele ajudam a manter a temperatura corporal. As fibras nervosas coordenam essa termorregulação ao transportarem para a pele mensagens dos centros de calor no cérebro, que são sensíveis às mudanças de temperatura corporal. Os impulsos nervosos fazem com que os vasos sanguíneos dilatem-se para trazer o sangue à superfície, onde o calor pode dissipar-se e fazer as glândulas sudoríparas produzirem a secreção aquosa que evapora, agindo, assim, como seu sistema de refrigeração.

A pele é o ator mais importante do sistema tegumentar e é composta de três camadas. A camada externa é a epiderme, uma fina camada de membrana celular. A segunda camada é a derme, um denso tecido conectivo fibroso. A terceira camada é o tecido subcutâneo, que contém gordura e liga a pele ao músculo subjacente.

A estrutura da pele varia ao longo do corpo. É elástica e firme, com diferentes espessuras. É grossa nas palmas das mãos e solas dos pés, mas fina nas pálpebras. A pele é inicialmente firme e elástica, mas com a idade torna-se enrugada, seca e flácida, especialmente ao redor dos olhos, boca e pescoço. A que cobre as palmas das mãos e solas dos pés é diferente da que cobre o resto do corpo. A pele nos dedos das mãos e dos pés tem um padrão de ranhuras que nunca mudam e são únicas para cada indivíduo e, como você sabe a partir dos seriados criminais, fornecem a base para o uso de impressões digitais como meio de identificação positiva.

Epiderme

A *epiderme* é a camada externa da pele, totalmente celular. É composta pelo *epitélio*, que cobre ambas as superfícies interna e externa do corpo. A epiderme não tem vasos sanguíneos, vasos linfáticos, tecido conectivo, cartilagem ou gordura. Ela depende da camada mais profunda da derme, ou cório, e sua rede de capilares para nutrição. O oxigênio e os nutrientes dos capilares da derme passam através de tecido intersticial (ou tecidual), fornecendo nutrientes para os níveis mais profundos da epiderme.

A camada mais profunda da epiderme é chamada de *camada basal*. As células da camada basal estão sempre crescendo e multiplicando-se. Como as células da camada basal dividem-se, elas são empurradas para cima e para longe da irrigação sanguínea da derme, por um fluxo constante de células mais jovens. Essas células encolhem, perdem seus núcleos, morrem e ficam cheias de uma proteína dura chamada queratina. São chamadas, então, de *células córneas*, refletindo sua composição de queratina. Dentro de um período de 3 a 4 semanas após viver como uma célula basal na camada mais profunda da epiderme, a célula córnea queratinizada é descartada da superfície da pele. A epiderme, então, é constantemente renovada.

Células morrem à mesma taxa que nascem. A camada basal da epiderme contém células chamadas melanócitos. Os *melanócitos* contêm um pigmento negro chamado melanina. A quantidade de melanina indica as diferenças de cor da pele. Peles mais escuras possuem mais melanócitos ativos, não um maior número de melanócitos. A melanina na epiderme é vital para a proteção contra a nociva radiação ultravioleta, que pode manifestar-se como câncer de pele.

Os indivíduos que por causa de uma falha na sua composição química são incapazes de criar melanina são chamados de *albinos*, que significa branco. Sua pele e cabelo são brancos e seus olhos, vermelhos (por causa da falta de pigmento, seus minúsculos vasos sanguíneos são visíveis na íris).

Derme

A *derme*, a segunda camada, abaixo da epiderme, é também chamada de *cório*. A derme difere da epiderme por ser um tecido vivo composto de sangue, vasos linfáticos e fibras nervosas, bem como órgãos acessórios da pele. Esses acessórios incluem os folículos pilosos, glândulas sudoríparas e glândulas sebáceas.

Para auxiliar esse sistema de nervos, vasos e glândulas, a derme contém células e fibras de tecido conectivo. A derme é composta de diferentes tipos de células de tecido conectivo: fibroblastos, histiócitos e mastócitos. Células de *fibroblastos* agem para restaurar um dano à pele. Os *histiócitos* protegem o corpo de materiais estranhos que o circundam. Os *mastócitos* contêm histamina, uma substância liberada nas alergias que causa coceira.

As fibras na derme são compostas de *colágeno*, que significa "cola". É um material de proteína fibrosa encontrada no osso, cartilagem, tendão e ligamentos, bem como a pele. É resistente, mas também flexível. Na criança, o colágeno é frouxo e delicado, mas torna-se mais duro à medida que o corpo envelhece. As fibras de colágeno auxiliam e protegem o sangue e as redes nervosas que passam através da derme.

Os fios de pelo na derme têm feixes de músculo involuntário chamado *eretor do pelo*, ligado aos folículos pilosos. Quando você está com medo ou com frio, esses músculos se contraem, os pelos levantam e "arrepios" aparecem na pele.

Camada subcutânea

A camada subcutânea da pele é composta de tecido conectivo, especializado na formação de gordura. Os *adipócitos*, abundantes na camada subcutânea, produzem e armazenam grandes quantidades de gordura. As áreas do corpo variam na medida em que a deposição de gordura é afetada. Essa camada de pele é importante na proteção dos tecidos profundos do corpo e também age como isolante térmico. A camada subcutânea conecta a derme aos músculos e órgãos abaixo dela e seu tecido adiposo isola as estruturas internas de temperaturas extremas.

Glândulas Sebáceas e Sudoríparas

A pele tem dois tipos de glândulas que, como órgãos acessórios, produzem secreções importantes. Essas glândulas sob a superfície da pele são chamadas de glândulas sebáceas (óleo) e sudoríparas (suor).

As glândulas *sebáceas* produzem uma secreção oleosa chamada *sebo*, enquanto que as *sudoríparas* produzem uma secreção aquosa chamada *suor*. Sebo e suor são carregados para as bordas exteriores da pele por dutos e excretados através de aberturas na pele chamadas *poros*. O sebo ajuda a lubrificar a pele. Glândulas sebáceas são intimamente associadas aos folículos pilosos e seus dutos abrem-se para esses folículos, através dos quais o sebo é lançado.

Cheirando mal: As glândulas sudoríparas

O suor tem uma péssima reputação por cheirar mal quando, de fato, não é culpa dele. O cheiro do seu corpo é causado por bactérias. O suor, ou transpiração, é quase água pura, e os materiais dissolvidos, como o sal, são menos de 1% da composição total. O suor é, na verdade, sem cor e sem odor. O cheiro produzido quando o suor acumula é devido à ação das bactérias nele.

Determinadas glândulas sudoríparas, ativas somente da puberdade em diante e maiores dos que as glândulas sudoríparas comuns, estão concentradas próximas aos órgãos reprodutivos e nas axilas. Essas glândulas secretam um suor sem odor que contém substâncias facilmente quebradas pelas bactérias da pele. Os produtos degradados são os responsáveis pelo característico "odor do corpo humano". Então, da próxima vez que alguém lhe falar que o seu suor cheira mal, você pode dizer: "Eu tenho que discordar. Minhas bactérias é que são as culpadas".

As *glândulas ceruminosas* são classificadas como glândulas sudoríparas modificadas e são encontradas no canal do ouvido. Elas produzem uma substância cerosa amarela chamada *cerume* (cera de ouvido).

Glândulas sebáceas são influenciadas por hormônios sexuais. Isso faz com que elas sejam hiperativas na puberdade e hipoativas na velhice, o que explica o excesso de produção de óleo da pele na puberdade e seu gradual ressecamento à medida que envelhecemos.

Glândulas *sudoríparas* (suor) são minúsculas glândulas espiraladas encontradas em quase toda a superfície do corpo. Você tem aproximadamente dois milhões delas no seu corpo. Há muito mais nas palmas das mãos e aproximadamente três mil por metro quadrado na sola do seu pé. As minúsculas aberturas na superfície são chamadas *poros*. O suor ajuda a esfriar o corpo à medida que evapora da superfície da pele. As fibras nervosas sob a pele detectam dor, temperatura, pressão e o tato. O ajuste do corpo ao ambiente depende das mensagens sensoriais transmitidas para o cérebro e medula espinhal pelas terminações nervosas sensíveis da pele.

Diaforese vem do Grego *dia*, que significa "através", e *phoreo*, que significa "carregar". Traduzindo, significa "o transporte através da transpiração".

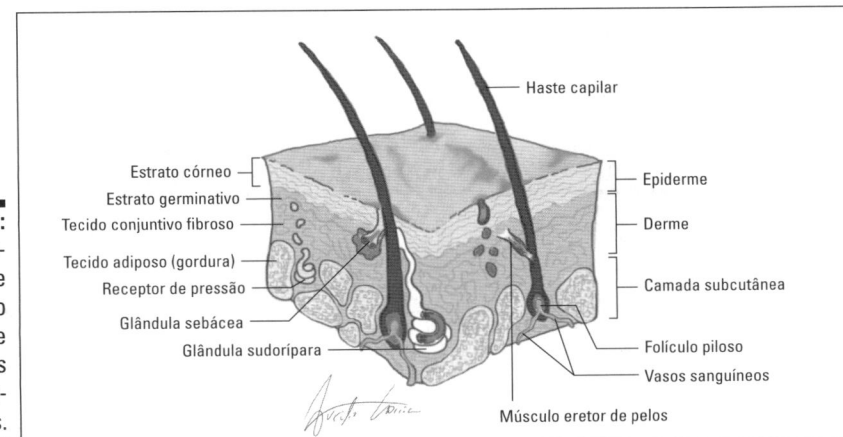

Figura 14-1: Secção transversal da pele mostrando camadas e estruturas especializadas.

Labels na figura: Haste capilar; Estrato córneo; Estrato germinativo; Tecido conjuntivo fibroso; Tecido adiposo (gordura); Receptor de pressão; Glândula sebácea; Glândula sudorípara; Epiderme; Derme; Camada subcutânea; Folículo piloso; Vasos sanguíneos; Músculo eretor de pelos.

Cabelo e Unhas

Uma *fibra capilar* é composta de uma rede de células córneas preenchidas com uma proteína dura chamada *queratina*. O crescimento do cabelo é similar ao crescimento da camada epidérmica da pele. Células profundas na raiz movem-se para os *folículos*, ou hastes, que sustentam a fibra capilar. *Melanócitos* localizados na raiz dos folículos pilosos fornecem o pigmento melanina para a fibra. A cor do cabelo depende da quantidade de melanina presente, assim como acontece com a cor da pele. Como a produção do hormônio diminui à medida que envelhecemos, o cabelo perde cor e torna-se transparente (que vemos como grisalho).

As *unhas* são placas de queratina dura que cobrem a superfície *dorsal* (topo) do último osso de cada dedo do pé e da mão. São compostas de células córneas que são cimentadas juntas e podem se alongar indefinidamente até que sejam cortadas ou quebrem. Uma unha cresce em espessura e comprimento pela divisão das células da raiz nervosa, na base da placa ungueal. Ela cresce aproximadamente um milímetro por semana, o que significa que cresce completamente de 3 a 5 meses. As unhas dos dedos dos pés crescem mais devagar do que as dos dedos das mãos, mas se você perdeu uma unha do pé devido a um incidente desagradável, ela acabará retornando.

Raízes dos Termos do Sistema Tegumentar

Agora que você já conhece as partes específicas do sistema tegumentar um pouco melhor, é hora de colocar sua perícia em prática rastreando o significado das raízes das palavras e conferindo suas aplicações. As raízes são conhecimento essencial de terminologia médica porque, uma vez que você as domine (as boas e velhas raízes Gregas e Latinas, é o que são), poderá quebrar qualquer palavra relacionada a cabelo/pele/unha/glândula e descobrir seu significado. A Tabela 14–1 lista as raízes tegumentares.

Tabela 14–1	Quebrando Suas Raízes Tegumentares
Raiz	*O Que Significa*
Aden/o	Glândula
Adip/o	Gordura
Albin/o	Branco
Aut/o	Próprio
Bi/o	Vida
Blefar/o	Pálpebra
Carcin/o	Carcinoma (câncer)
Cutane/o	Pele
Cri/o	Frio
Cian/o	Azul
Derm/o, Dermat/o	Pele
Diafor/o	Sudorese profunda
Eritem/o	Vermelho
Hidr/o	Suor
Histi/o	Tecido

Raiz	O Que Significa
Leuc/o	Branco
Lip/o	Gordura
Melan/o	Preto
Mic/o	Fungo
Necr/o	Morte (célula ou corpo)
Onic/o	Unha
Papil/o	Relativo a mamilo
Pil/o	Cabelo
Pi/o	Pus
Querat/o	Duro, córneo
Ritid/o	Ruga
Sclera/o	Endurecimento
Seb/o	Sebo
Sqaam/o	Escama
Steat/o	Gordura, sebo
Tric/o	Cabelo
Xer/o	Seco
Xant/o	Amarelo

Herpes vem da palavra grega *herpo* e significa "rastejar junto". É a descrição do progresso e tipo da lesão de pele.

A Tabela 14–2 lista os prefixos e sufixos relacionados ao seu cabelo, unhas, pele e glândulas.

Tabela 14–2	Prefixos e Sufixos Tegumentares Comuns
Prefixo	**O Que Significa**
Epi-	Sobre, por cima, em cima de
Para-	Junto a, além, em torno de
Per-	Através
Sub-	Abaixo, inferior
Sufixo	**O Que Significa**
-itis	Inflamação
-malacia	Amolecimento
-opsia	Vista, exame

(continua)

Tabela 14–2 (continuação)	
Sufixo	*O Que Significa*
-orreia	Fluxo, descarga excessiva
-fagia	Alimentação, engolir
-plastia	Reparo cirúrgico

Problemas Tegumentares Comuns

De todas as condições que afligem o sistema tegumentar, as que afetam a pele tendem a ser mais óbvias e incômodas. Desde aquelas estranhas e descoloridas sardas no seu braço à acne comum, a lista de lesões desagradáveis e normalmente embaraçosas é longa. Dê uma olhada:

- **Bolha:** Grandes vesículas ou bexigas
- **Comedão:** Cravo causado por acúmulo de sebo e queratina nos poros da pele
- **Cisto:** Pequeno saco ou bolsa contendo fluido ou fluido semisólido
- **Coceira:** Suave área elevada que é vermelha e coça
- **Fissura:** Ranhura ou ferimento com aspecto quebradiço
- **Mácula:** Lesão descolorida que fica à vista na pele (sardas, marcas de tatuagem e verrugas)
- **Pápula:** Elevação sólida na pele
- **Pólipo:** Pequenas extensões de pele
- **Pústula:** Área de pus em discreto relevo na pele
- **Úlcera:** Ferida aberta ou erosão da pele
- **Vesícula:** Acúmulo de líquido claro (bolha)
- **Vergão:** Área lisa e elevada com vermelhidão e coceira (como *urticária*)

Lesões não estão sozinhas, no entanto. Há uma série de problemas que afetam o sistema tegumentar inteiro. A maioria delas, entretanto, ainda afetam a pele mais do que outras partes do sistema:

- **Alopecia:** Perda de cabelo. Resulta, normalmente, do envelhecimento ou pode ser induzida por medicamento ou doença
- **Cicatriz:** Marca deixada por uma ferida curada

- **Equimose:** Contusão macular arroxeada, hemorragia na pele
- **Petéquia:** Pequena hemorragia localizada
- **Prurido:** Coceira associada com formas de dermatite
- **Púrpura:** Equimoses fundidas com petéquias
- **Queloide:** Cicatriz espessa, crescida anormalmente
- **Urticária:** Erupção da pele com inchaço localizado e coceira
- **Vitiligo:** Perda de pigmento em uma área da pele ou um fragmento esbranquiçado

Outra condição importante é a *queimadura*: ferimento dos tecidos causado por calor, chama, eletricidade, produtos químicos ou contato com radiação. Uma *queimadura de primeiro grau* é superficial, sem bolhas e com dano superficial da epiderme. Uma *queimadura de segundo grau*, ou *queimadura de espessura parcial*, levanta bolhas e causa dano à epiderme e à derme. Uma *queimadura de terceiro grau* é de espessura total, danificando a epiderme, derme e camadas subcutâneas.

Achando o Culpado: Doenças Tegumentares e Sua Patologia

Mais uma vez, a pele é o ator principal quando se fala de doenças. Com certeza o cabelo, unhas e glândulas não serão deixados de lado nesse grupo heterogêneo de problemas patológicos e doenças. Entre as patologias mais populares estão:

- **Acne:** Erupção pustulosa inflamatória da pele (acne vulgar é a variedade mais comum)
- **Úlcera de decúbito:** Escara
- **Eczema:** Doença inflamatória da pele com lesão papular avermelhada; uma reação alérgica comum em crianças
- **Gangrena:** Morte do tecido associada à perda de fornecimento de sangue
- **Impetigo:** Doença bacteriana inflamatória da pele com apresentação de vesículas, pústulas e lesões crostosas, causada por bactérias
- **Psoríase:** Doença de pele crônica (em curso) com escamas cinza-prateadas cobrindo manchas vermelhas
- **Esclerodermia:** Doença que afeta todo o tecido conectivo e causa espessamento anormal do tecido, normalmente nos dedos, mãos ou face

- **Micose:** Infecção da pele causada por fungo
- Há também doenças virais que resultam em erupções da pele a partir da infecção. Essas incluem:
- **Rubéola:** Sarampo alemão
- **Varicela:** Catapora

Algumas vezes, a pele experimenta *neoplasias*, também conhecidas como "novo crescimento". São, com frequência, benignas e podem incluir as seguintes:

- **Hemangioma:** Conjunto de vasos sanguíneos que promovem um crescimento da pele anormal mas benigno, geralmente saliente; algumas marcas de nascença são hemangiomas
- **Nevo:** Verruga, sinal na pele
- **Queratose:** Área engrossada da epiderme (verruga, calo)
- **Queratose seborreica:** Placas grossas, achatadas e na cor bege ou marrom que aparecem com a idade, normalmente nas mãos e face; algumas vezes chamada de verrugas senis
- **Verruga:** Nevo

Infelizmente, as notícias vindas do dermatologista podem, com frequência, serem sérias o suficiente para garantir testes adicionais e envolver o "Grande C" — câncer. O *carcinoma basocelular*, por exemplo, é um tumor maligno da camada de célula basal da epiderme. É o tipo mais comum de câncer de pele e cresce devagar, normalmente ocorrendo na metade superior da face, próximo ao nariz. Ele não se espalha. O *carcinoma de células escamosas* é um tumor maligno das células *epiteliais escamosas* da epiderme. Esse tumor pode surgir de queratoses actínicas ou relacionadas ao sol e podem metastizar para nódulos linfáticos. O *melanoma maligno* é um tumor cancerígeno composto de melanócitos. Tumores costumam metastizar ou espalhar-se para o fígado, pulmão e cérebro. Finalmente, *micose fungoide* é uma rara doença crônica de pele causada pela infiltração de *linfócitos* malignos. É caracterizada por grandes áreas elevadas e avermelhadas que se espalham e viram úlceras; células malignas podem envolver nódulos linfáticos.

Testando, Testando: Radiologia e Testes de Diagnóstico Tegumentares

Há duas principais formas pelas quais os dermatologistas e seus colegas diagnosticam problemas com o sistema tegumentar a partir de uma amostra de tecido do corpo. Esses dois tipos de testes envolvem a combinação imbatível de bactéria e fungo. Análise bacteriana e teste de fungos são exames laboratoriais nos quais os médicos pegam as culturas ou raspagens e então as examina no laboratório.

- **Análise bacteriana** é realizada pegando uma amostra de um material ou exsudato (fluido que se acumula no espaço ou passa entre os tecidos) purulento ou cheio de pus. A amostra é enviada para exame a fim de determinar o tipo de bactéria presente.

- **Teste de fungos** acontece quando a raspagem de lesões da pele é colocada em um meio de crescimento por várias semanas e então examinada, buscando evidência de crescimento fúngico.

Chamando o Dr. Terminologia: Cirurgias e Procedimentos Tegumentares

Muitas dos problemas tegumentares do dia a dia mais comuns podem ser resolvidos ou aperfeiçoados por meio de procedimentos no próprio consultório ou em um ambulatório. Esses procedimentos não são necessariamente agradáveis, mas certamente cumprem o seu papel. São os seguintes:

- **Biópsia por punção** é usada para obter tecido nos casos em que a excisão completa não é necessária ou possível. Envolve o uso de instrumento cirúrgico, que remove um núcleo de tecido por meio da rotação da sua extremidade afiada.

- **Biópsia da pele** é a remoção de tecido vivo para exame microscópico. Lesões da pele que podem estar em vias de sofrer uma mudança maligna são removidas e enviada para exame patológico.

- **Desbridamento** é a remoção de sujeira, material estranho ou tecido danificado de um ferimento para evitar infecção e promover a cicatrização.

- **Escleroterapia** é usado no tratamento de varizes. É injetada na veia uma *solução esclerosante* que irrita o tecido, causando inchaço e fechando a veia.

- **Incisão e drenagem** envolvem abrir uma lesão, tal como um abscesso, para remover ou drenar o conteúdo.

- **Teste intradérmico** é realizado pela injeção de uma substância reativa entre as camadas da pele para observar a reação. Esse teste é usado para detectar sensibilidade a agentes infecciosos, tais como *tuberculose* (o teste de Mantous) ou teste PPD (derivado de proteína purificada), ou o teste para difteria (o teste Schick). Reações fortes indicam infecção em progresso ou exposição prévia.

- **Teste de raspagem da pele** envolve realizar várias raspagens na pele e injetar uma quantidade mínima de material de teste nas raspagens; se não ocorrer reação, o teste é considerado negativo.

- **Teste de remendo** é realizado pela aplicação de um pedaço de gaze ou papel na pele, no qual foi colocado uma substância que causa alergia. Se a área se tornar vermelha e inchada, o resultado é positivo.

Somos pessoas vaidosas, sem dúvida. A cirurgia plástica tornou-se comum ultimamente. Mas considere que esse tipo de procedimento cirúrgico pode ser mais do que simplesmente parecer e sentir-se mais jovem. Cirurgia plástica é um campo vital que ajuda as pessoas a recuperarem todo tipo de lesões sérias. Por exemplo, a cirurgia plástica ajuda a pessoa com o rosto cheio de cicatrizes por conta de um acidente de automóvel, a mulher pesarosa pela perda de um seio para o câncer ou a criança nascida com uma deformidade facial. Alguns dos procedimentos cirúrgicos mais comuns neste campo são os seguintes:

- **Blefaroplastia** é a redução cirúrgica das pálpebras superiores e inferiores.

- **Crioterapia** envolve destruição do tecido pelo congelamento com nitrogênio líquido.

- **Dermatoplastia** é a reconstrução cirúrgica da pele. Tipicamente, a substituição cirúrgica da pele ferida ou doente.

- **Dermoabrasão** significa raspar a camada superior da pele usando lixa ou escovas de aço para remover tatuagens ou pele desfigurada.

- **Eletrólise** é a destruição do tecido usando eletricidade, é usada para remover pelos indesejados do corpo.

- **Lipoaspiração** é a remoção cirúrgica de gordura do tecido subcutâneo por meio de sucção.

- **Terapia a laser** envolve remoção de lesões da pele, tais como *papilomas* e *hemangiomas*, usando um feixe intenso de luz. Pode ser usada também para remover tatuagens ou verrugas ao redor das unhas ou na sola dos pés.

- **Ritidoplastia** significa remoção de rugas pela remoção do excesso de pele facial. Também conhecida como lifting facial.

Está Tudo Relacionado: Mais Termos Tegumentares

O sistema tegumentar envolve componentes muito diferentes que não são aparentemente similares, desde pele e cabelo a unhas e glândulas. Como tal, há toneladas de palavras no vocabulário para este sistema. A Tabela 14–3 traz uma amostra.

Tabela 14–3	Vocabulário Tegumentar Comum
Palavra	*O Que Significa*
Abrasão	Raspagem da camada superficial da pele danificada
Adenoma	Tumor glandular
Albinismo	Falta de pigmento na pele, cabelo e olhos
Albino	Pessoa com deficiência de pigmento ou melanina na pele
Adiposo	Relativo a gordura
Anidrose	Falta de suor
Colágeno	Proteína estrutural encontrada na pele e nos tecidos conectivos
Cutícula	Faixa de epiderme que se estende da parede da unha para sua superfície
Dermatite	Inflamação da pele
Dermatologia	Estudo da pele e suas doenças
Dermatologista	Médico especializado na pele e suas doenças
Diaforese	Excesso de suor
Epitélio	Camada da pele que forma as superfícies externa e interna do corpo
Eritema	Descoloração avermelhada da pele
Hiperidrose	Secreção excessiva do suor
Hiperqueratose	Crescimento excessivo da camada externa da pele
Hipodérmico	Sob a pele
Histiotoma	Tumor adiposo de glândulas sebáceas
Lipócito	Célula de gordura
Lipoma	Tecido ou massa contendo gordura
Lúnula	Área branca em forma de meia-lua na base da unha
Melanina	Pigmento preto formado por melanócitos
Onicomicose	Infecção fúngica da pele
Queratina	Material proteico duro encontrado na epiderme, cabelo e unhas
Seborreia	Aumento da secreção de sebo das glândulas

Capítulo 15

Depende da Sua Percepção: Os Sistemas Sensoriais

Neste Capítulo

▶ Veja como funciona o sistema sensorial

▶ Esmiúce as raízes, prefixos e sufixos próprios deste sistema

▶ Use a terminologia do sistema sensorial para discutir problemas e doenças comuns

▶ Perceba os termos certos para usar no diagnóstico de problemas

*V*ocê pode agradecer aos seus sistemas sensoriais por toda a diversão que tem na vida. Enquanto os outros sistemas, também muito importantes, lidam com o trabalho de bastidores, que o mantêm funcionando, os sentidos deixam o seu corpo um pouco mais divertido. O que você vê, ouve, cheira, toca e experimenta faz da vida a experiência agradável que ela é. Então, da próxima vez que sentir o cheiro de um churrasco realmente fantástico ou assistir a uma deslumbrante queima de fogos, seja grato aos seus sentidos.

O Olho

Para os humanos, o olho é o mais importante órgão dos sentidos — o Grande Kahuna[1] dos sentidos. A visão fornece a maioria das informações, para o que vemos, é claro, mas inclui também o que podemos ler. O olho está localizado na *órbita* (a cavidade de proteção óssea do crânio). Ele deixa a luz entrar, focaliza-a e a transforma em impulsos nervosos, depois envia esses impulsos para o cérebro.

---

[1] N.E.: Kahunas eram antigos xamãs havaianos guardiões do segredo. Grande Kahuna (Big Kahuna, em inglês) é também o nome da lanchonete fictícia que aparece no filme "Pulp Fiction", de Quentin Tarantino.

Funciona assim: raios de luz entram no olho por uma abertura ajustável, o centro negro chamado *pupila*, que regula a quantidade de luz que é permitida entrar. Atrás da pupila está o cristalino, a *lente* que foca a luz. Essa lente não é rígida e pode ajustar sua forma, a fim de se adaptar a objetos próximos e distantes.

A luz é focada pelo cristalino e direcionada para a parte de trás do olho, onde atinge a *retina*. A retina transforma a imagem focada em impulsos nervosos, que viajam pelo nervo óptico até o lóbulo occipital do cérebro para processamento.

A Figura 15–1 dá uma espiada dentro do olho.

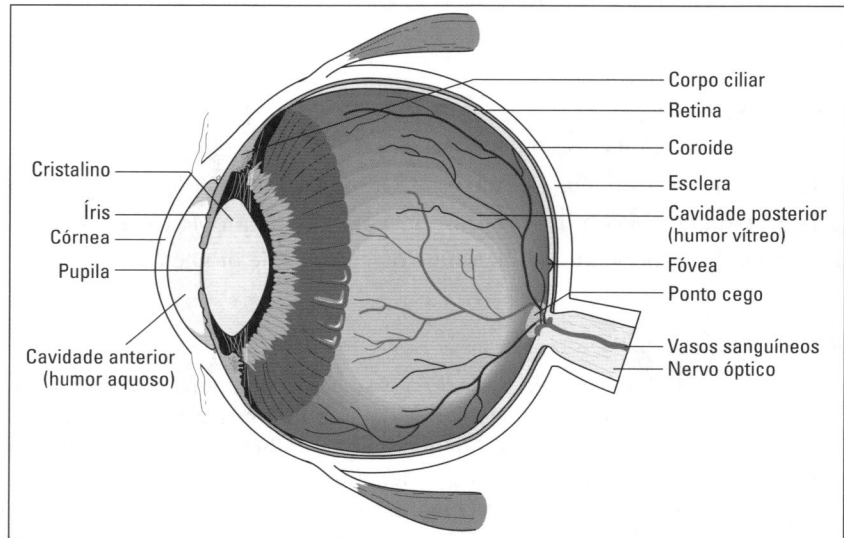

Figura 15-1: Estruturas internas do olho.

O olho consiste do *olho interior* (globo ocular) e do *olho exterior* (estruturas faciais e músculos que o cercam).

O olho de forma breve

Aqui estão algumas abreviações comuns para o olho. Você pode ouvi-las em conversas ou vê-las em prontuários médicos.

✔ **OD**: Olho direito (oculus dexter)

✔ **OE**: Olho esquerdo (oculus sinister)

✔ **OU**: Em ambos os olhos (oculus uterque)

✔ **PIRRLA**: Pupilas isocóricas, redondas e reativas à luz e acomodação

✔ **AV**: Acuidade visual

✔ **CV**: Campo visual

Verifique suas lentes

O cristalino não é considerado parte de uma das camadas do olho. Como a luz passa através, ele é curvo. Essa flexão da luz é chamada de *refração*. A luz refratada deve ser focalizada na retina para uma imagem clara. A fim de focalizar a luz, essa lente muda de forma. Os músculos ciliares mudam seu formato para permitir uma visão clara dos objetos próximos e distantes. Essa mudança do cristalino é chamada de *acomodação*. Quando uma pessoa chega aos 40 anos, ela perde um pouco de sua elasticidade, cau-sando dificuldade em focar a luz dos objetos próximos. Os óculos de leitura fornecem a refração que o cristalino não pode mais rea-lizar. Ela também perde sua qualidade trans-parente com a idade, tornando-se espesso e denso, algumas vezes opaco e turvo, inter-ferindo na refração dos raios de luz. Isso resulta em uma condição comum, a cata-rata. A catarata, que já foi uma das principais causas da perda de visão, é hoje removida cirurgicamente de forma rotineira.

Olho interior

O olho interior é composto de três camadas.

A camada externa contém a córnea e a esclera. A *córnea* é a porção anterior transparente do olho. Ela permite que a luz entre e ajuda a focalizá-la na parte de trás do olho. A *esclera* é o branco do olho, fornecendo uma camada de proteção para o globo ocular.

A camada média, a *úvea*, consiste dos coroides, corpo ciliar e íris. Os *coroides*, o revestimento interno da esclera, contêm vasos sanguíneos que nutrem o olho. O *corpo ciliar* consiste de músculos ciliares e processo ciliar. Os músculos ajustam o formato do cristalino para focar e o processo produz uma substância aquosa, *o humor aquoso,* que banha a região anterior do olho. A *íris* é a porção circular colorida do olho. A abertura da íris, a pupila, regula a quantidade de luz que entra. Sob luz intensa, as fibras musculares da íris contraem a pupila. Esses músculos relaxam em uma luz mais fraca, e a pupila recupera seu tamanho normal. Os músculos radiais da íris aumentam a pupila além do tamanho normal quando a pessoa está estressada ou excitada, o que é chamado de *dilatação*.

A camada interna é a retina, que tem camadas de tecido nervoso chamadas *cones* e *hastes.* Cada um de seus olhos tem aproximadamente seis milhões de cones e 120 milhões de hastes na retina. Os cones são mais sensíveis à luz do que as hastes. A cor e a nitidez de visão dependem das células cone. As hastes funcionam melhor na luz fraca e são úteis na visão noturna. Uma pequena área da retina não tem cones nem hastes e não produz uma imagem visual. Chamado de *disco óptico* ou *ponto cego*, é o ponto de entrada para os principais vasos sanguíneos do olho e por onde o nervo óptico percorre a partir do cérebro em direção ao olho.

Na frente e atrás do cristalino estão duas cavidades. A *cavidade anterior (frente)* contém humor aquoso produzido pelos processos ciliares. Esse líquido aquoso flui livremente da câmara posterior, através da pupila, para a câmara anterior. A inabilidade de drenar o humor aquoso causa aumento da *pressão intraocular*. Essa condição, conhecida como *glaucoma*, pode resultar em cegueira devido ao dano causado à retina e ao nervo óptico, pela pressão extra. Produção e drenagem iguais mantêm o equilíbrio da pressão intraocular. A *cavidade posterior (atrás)* do olho é preenchida por um material claro, gelatinoso, chamado *humor vítreo*. Isso preserva o formato esférico do globo ocular, mantendo a retina firme contra o coroide. Ambos os humores aquoso e vítreo funcionam para refratar mais raios de luz.

Olho exterior

O olho exterior consiste da cavidade orbital, músculos oculares, pálpebras, membrana conjuntiva e aparelho lacrimal. A *cavidade orbital* é a depressão óssea onde encaixa-se o globo ocular. Os *músculos oculares* estão fixados à esclera e movem o olho. As *pálpebras* protegem o olho de luz, poeira e trauma. A *membrana conjuntiva* reveste as pálpebras e a parte anterior do olho exposta à luz, provendo proteção e lubrificação.

O *aparelho lacrimal* produz, libera e drena lágrimas dos olhos, fornecendo limpeza e lubrificação. As *glândulas lacrimais* produzem as lágrimas, que são continuamente liberadas nos olhos pelos *dutos lacrimais*. Pequenas aberturas chamadas *pontos lacrimais* drenam as lágrimas para canais no nariz. Essa é a razão por que seu nariz escorre quando você chora. As lágrimas limpam e lubrificam o olho, assim como combatem micro-organismos infecciosos.

Catarata vem do Grego *kato*, que significa "para baixo", e *raktos*, que significa "precipício". Combinados, podem ser interpretados como cachoeira. Através de uma catarata, a visão é como uma cachoeira ou visão enevoada. *Glaucoma* — do Grego *glaukos* — significa "cinza-azulado" e *oma* significa "uma doença". No glaucoma, uma cor cinza substitui a pupila negra.

O Ouvido

O ouvido tem duas funções: ouvir e ajudar a fornecer o equilíbrio do corpo. Nós podemos ouvir porque as ondas sonoras vibram através do ouvido, onde são transformadas em impulsos nervosos, que são carregados para o cérebro. As sensações de som são ouvidas dentro das fibras nervosas do córtex cerebral.

A Figura 15–2 mostra as diferentes partes do ouvido.

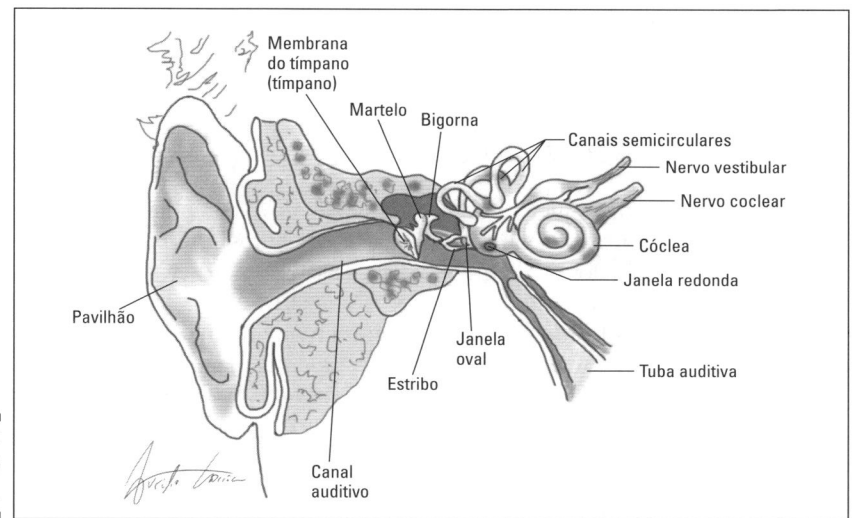

Figura 15-2:
Anatomia do ouvido.

O ouvido é dividido em três regiões distintas: ouvido externo, médio e interno. Os ouvidos externos e médio cuidam da condução das ondas sonoras através do ouvido. O interno contém as estruturas que carregam as ondas para o cérebro.

A versão reduzida dos seus ouvidos

Algumas das abreviações mais comuns relacionadas ao ouvido incluem

✔ **AU:** Nos dois ouvidos (aures unitas)

✔ **OD:** Ouvido direito

✔ **OE:** Ouvido esquerdo

✔ **ENT:** Ouvido, nariz e garganta (em inglês)

✔ **MT:** Membrana do tímpano

✔ **OM:** Otite média

✔ **OMA:** Otite média aguda

Ouvido externo

As ondas sonoras são encorajadas em direção ao canal auditivo pela *aurícula*, ou *pavilhão auricular*, o ouvido externo visível, a cartilagem arqueada e dura que forma a curva do ouvido externo, pelo *tragus*, a pequena aba dura de cartilagem que se destaca na frente do canal auditivo, e pelo lóbulo da orelha.

A partir do pavilhão auricular, o conduto auditivo externo é revestido com numerosas glândulas que secretam uma substância cerosa amarelada chamada *cerume*. O cerume (cera do ouvido) lubrifica e protege o ouvido. As ondas sonoras viajam através do canal auditivo e atingem a membrana do *tímpano*, localizado entre o ouvido externo e o médio.

Ouvido médio

À medida que o tímpano vibra, ele move três pequenos ossos, ou *ossículos*, que formam o ouvido médio. Os ossículos conduzem as ondas sonoras através do ouvido médio. Esses ossos, na ordem em que vibram, são o *martelo*, a *bigorna* e o *estribo*. Ao se mover, o estribo toca uma membrana chamada *janela oval*, que separa o ouvido médio do ouvido interno. Uma outra parte do ouvido médio é a *tuba auditiva* ou *trompa de Eustáquio*, um canal que liga o ouvido médio à faringe. A trompa de Eustáquio equaliza a pressão do ar em ambos os lados do tímpano.

Ouvido interno

O ouvido interno é também chamado de *labirinto* devido à sua estrutura circular em forma de labirinto. A parte do labirinto que sai da janela oval é uma estrutura óssea em forma de caracol chamada *cóclea*. A cóclea contém líquidos auditivos através dos quais as vibrações viajam. Na cóclea, fica um receptor auditivo sensível chamado *órgão de Corti*. Minúsculas células ciliadas no órgão de Corti recebem vibrações dos líquidos auditivos e transmitem as ondas sonoras para as fibras nervosas auditivas, que terminam no centro auditivo do córtex cerebral. É lá que esses impulsos são interpretados e "ouvidos".

A *membrana do tímpano* vem do grego *tympanon*, que significa "tambor", porque se assemelha a um tambor (por isso tímpano). Estribo, do Latim *stapes* para "estribo, gancho", foi nomeado, sem nenhuma surpresa, por assemelhar-se a um estribo.

Desmistificando a surdez

Surdez é a diminuição ou perda total da audição e se divide em dois tipos.

A *perda auditiva condutiva* é causada pela obstrução do caminho percorrido pelas ondas sonoras do ouvido externo para o interno. Exemplos podem ser o acúmulo da cera do ouvido (cerume) ou um corpo estranho alojado no conduto auditivo externo. A surdez condutiva pode ser tratada pela remoção da obstrução.

A *surdez neurossensorial* resulta de dano no nervo auditivo ou cóclea, evitando que os estímulos nervosos cheguem ao cérebro a partir do ouvido interno. Isso pode ocorrer com a idade, mas também pode ser causado por barulhos de máquina, música, tremores, infecção ou ferimento. Aparelhos auditivos podem ajudar no tratamento da surdez neurossensorial. Contudo, se o aparelho não tiver sucesso, implantes cocleares podem ser necessários para ter a audição restaurada.

O ouvido é também um órgão de equilíbrio. Os três órgãos dentro do ouvido interno responsáveis por isso são os *canais semicirculares*, o *sáculo* e o *utrículo*. Esses órgãos contêm um fluido chamado *endolinfa*, bem como células ciliadas sensíveis. O fluido e as células ciliares flutuam com o movimento da cabeça e transmitem impulsos em fibras nervosas que vão para o cérebro. Mensagens são, então, enviadas para os músculos ao longo do corpo para que o equilíbrio seja mantido.

O Nariz

Nosso sentido do olfato, embora não tão importante para os humanos quanto para os animais, tem basicamente o mesmo propósito. O olfato de um animal é aguçado, já que ele avisa sobre o perigo e age como um guia para achar comida. Nós não somos tão diferentes, um tanto mais em grau do que em tipo — podemos sentir a fumaça antes de vermos o fogo e todos sabemos cheirar uma boa comida.

O *epitélio olfativo* do nariz é o órgão do cheiro. Receptores olfativos (*olfato* refere-se a cheiro) na raiz (área entre os olhos) do nariz são estimulados pelo odor e mensagens químicas são transmitidas para o *bulbo olfatório* e enviadas para o centro olfativo do cérebro. Nós podemos cheirar seis odores básicos: frutado, floral, picante, queimado, podre e resina. O sentido do olfato age para complementar o sentido do paladar, por causa disso é que um nariz entupido devido a um resfriado interfere no cheiro e a comida perde seu sabor.

(Já que este capítulo é sobre os sentidos especiais, estamos lidando com o sentido do olfato. O muco, pelos e septo — a parte que separa a narina — não têm nada a ver com olfato. Mas se você quiser saber mais sobre eles, cheque o Capítulo 17.)

Você tem 60 milhões de células de epitélio olfativo em seu nariz. Parabéns!

A Boca

Os órgãos do paladar são as *papilas gustativas* encontradas na língua e nas membranas mucosas que revestem o palato mole da boca.

Podemos distinguir apenas quatro gostos primários: doce, azedo, salgado e amargo e a variedade de sabores que experimentamos são misturas dos quatro, assim como as cores que vemos são misturas das três cores primárias. Para a comida iniciar a sensação de sabor, deve ser dissolvida pela saliva, isso porque as papilas gustativas estão na área úmida. Muito do que pensamos ser a sensação de gosto, na verdade é cheiro, sendo que o sabor depende do odor. Nossos sentidos do paladar e olfato trabalham juntos dessa maneira.

Você tem dez mil *papilas gustativas* na superfície da sua língua.

O Receptor de Tato

A pele (que é o maior órgão do corpo) é nosso único *receptor de tato*. A sensação de tato, normalmente definida como uma *pressão leve*, varia nas diferentes partes do corpo. As áreas sensíveis são aquelas que fornecem mais informação sobre nós mesmos e o ambiente externo. Lábios e dedos têm a maioria dos receptores em uma área concentrada, por isso os usamos mais para tocar e identificar objetos do que, digamos, nossos cotovelos.

A *derme* da pele tem terminações nervosas que agem como receptores. Elas sentem calor e frio, dor, pressão e toque. O sistema nervoso carrega mensagens para o cérebro quando ocorre mudança de temperatura, ferimento ou pressão. Para mais informação sobre a sua pele, veja o Capítulo 14.

Raízes dos Termos do Sistema Sensorial

Prepare-se. Os sistemas sensoriais usam muitas raízes, prefixos e sufixos e por uma boa razão. Considere que esse conjunto de sistemas inclui algumas partes do corpo delicadas e sofisticadas: olhos, ouvidos, nariz, boca e pele. Não é de se admirar que precisamos de muitas formas combinadas e raízes para descrever completamente as maravilhas dos sentidos.

Vamos começar devagar, com paladar, olfato e tato na Tabela 15–1. Então você poderá ir adiante para olhos e ouvidos, que são levemente mais complicados.

Tabela 15–1 Formas de Paladar, Olfato e Tato	
Palavra ou Parte da Palavra	*O Que Significa*
A- ou an-	Sem ou falta de
Dis-	Difícil ou desconfortável
Geusia	Paladar
Hiper-	Excesso, mais do que o normal
Hipo-	Menos do que o normal
-ite	Inflamação
Osmia	Cheiro

Está vendo? Não foi tão difícil! Agora que você já molhou seus pés (ou nariz, também pode ser), pode dirigir-se para o olho, que tem aproximadamente zilhões (tudo bem, pode ser um exagero) de raízes e formas combinadas. Verifique isso na Tabela 15–2.

Tabela 15–2 Raízes Visuais	
Raiz	*O Que Significa*
Aque/o	Água
Blefar/o	Pálpebra
Conjuntiv/o	Conjuntiva (membrana que reveste as pálpebras)
Core/o, cor/o	Pupila
Corne/o	Córnea
Dacri/o	Lágrima, duto lacrimal
Dipl/o	Duplo
Emetr/o	Na devida medida
Fac/o	Cristalino
Fot/o	Luz
Glauc/o	Cinza
Ir/o, irid/o	Íris (porção colorida do olho)
Is/o	Igual
Lacrim/o	Lágrima, duto lacrimal
Mi/o	Menor, menos

(continua)

Tabela 15–2 (continuação)

Raiz	O Que Significa
Ocul/o	Olho
Oftalm/o	Olho (oftalmologista, especialista em desordens do olho)
Opt/o	Olho, visão
Presbi/o	Velhice
Pupill/o	Pupila
Querat/o	Córnea
Retin/o	Retina
Scler/o	Esclera (branco do olho)
Uve/o	Íris, corpo ciliar e coroides
Vitre/o	Vítreo
Xer/o	Seco

Um prefixo e alguns sufixos associados com a visão incluem os da Tabela 15–3.

Tabela 15–3   Prefixos e Sufixos Visuais

Prefixo ou Sufixo	O Que Significa
Bi- ou bin-	Dois
-calase	Relaxamento
-ician	Aquele que
-metrista	Especialista na medição de
-opia	Visão (condição)
-oria	Relativo a
-oscopia	Exame visual de cavidade interna usando um aparelho
-plastia	Reparo cirúrgico ou reconstrução
-tropia	Transformar

O labirinto do seu ouvido é um lugar complicado com voltas, curvas e muitas peças de trabalho. Como tal, os profissionais têm muitas palavras para usar quando descrevem o que acontece lá. Felizmente, porém, a lista de raízes e sufixos (não há prefixos aqui) é bastante compacta. Preste atenção nas Tabelas 15–4 e 15–5.

Tabela 15–4	Ouça Suas Raízes
Raiz	*O Que Significa*
Acus/o	Audição
Audi/o	Audição
Aur/o, Aur/i	Ouvido
Bar/o	Pressão, peso
Cerumin/o	Cerume (cera do ouvido)
Mastoid/o	Processo mastoide (processo do osso temporal atrás do ouvido)
Miring/o	Tímpano, membrana do tímpano
Ot/o	Ouvido
Staped/o	Estribo (terceiro ossículo do ouvido médio)
Timpan/o	Tímpano, ouvido médio

Estranhamente, como mencionamos, não há nenhum prefixo relacionado a ouvido para discutirmos. Há, entretanto, vários sufixos para mantê-lo ocupado na Tabela 15–5.

Tabela 15–5	Sufixos Auditivos
Sufixo	*O Que Significa*
-cuse	Audição
-gram	Gravação, registro
-ite	Inflamação
-metria	Processo de medição
-otomia	Processo de corte em
-fonia	Som
-rreia	Descarga ou fluxo
-scópio	Instrumento usado para exame visual

Está Tudo Relacionado: Mais Termos Anatômicos

Santas listas e barras laterais, Batman! Como pode ver, este capítulo é repleto de palavras que você precisa conhecer sobre os sentidos. O que se pode dizer? Há muito terreno a percorrer com isso mas, muito importante, são as partes do corpo. Há uma lista inteira de palavras extras apenas sobre o olho (Tabela 15–6). Pegue suas fichas e suas canetas e prepare-se para agitar.

Tabela 15–6	Palavras à Vista, Literalmente
Palavra	*O Que Significa*
Acomodação	Ajuste do cristalino para focar a retina
Astigmatismo	Curvatura defeituosa da superfície refrativa do olho
Binocular	Relativo aos dois ou ambos os olhos
Blefarite	Inflamação da pálpebra
Ceratite	Inflamação da córnea
Ceratômetro	Instrumento usado para medir a curvatura da córnea, usado na adaptação de lentes de contato
Corneal	Relativo à córnea
Conjuntivite	Inflamação da conjuntiva
Diplopia	Visão dupla
Hipermetropia	Visão longa
Miopia	Vista curta
Nictalopia	Baixa visão à noite ou em luz fraca
Oftalmalgia	Dor no olho
Oftálmico	Relativo ao olho
Oftalmologista	Médico especializado em oftalmologia
Oftalmologia	Estudo das doenças e tratamento do olho
Oftalmoscópio	Instrumento usado para exame visual do interior do olho
Oculista	O mesmo que oftalmologista
Optômetro	Instrumento usado para medir o poder e o alcance da visão
Optometrista	Profissional de saúde que prescreve lentes corretivas
Optometria	Medição da acuidade visual e prescrição de lentes corretivas
Presbiopia	Problema de visão devido ao envelhecimento
Queratite	Inflamação da córnea
Queratômetro	Instrumento utilizado para medir a curvatura da córnea, usado para a aferição de lentes de contato.

Espero que sua cabeça não esteja girando com a sobrecarga de vocabulário neste ponto. Se estiver, tome fôlego antes de continuar na próxima grande lista de palavras, que é uma grande salada de termos auriculares (Tabela 15–7).

Tabela 15–7	Um Vocabulário em Alto e Bom Som
Palavra	*O Que Significa*
Acúmetro	Instrumento usado para medir a audição
Audiologia	Estudo da audição
Audiologista	Especialista em audiologia
Auricular	Relativo ao ouvido
Fonoaudiólogo	Especialista em audiologia
Otite média purulenta	Inflamação do ouvido médio, resultando na formação de pus
Otite média serosa	Inflamação do ouvido interno, resultando na formação de fluido aquoso
Otologista	Médico que estuda e trata doenças do ouvido
Otorrinolaringologia	Estudo e tratamento das doenças e desordens do ouvido, nariz e garganta
Otorrinolaringologista	Médico especializado em otorrinolaringologia
Otorreia	Descarga do ouvido
Otoscópio	Instrumento utilizado para exame visual do ouvido
Timpanômetro	Instrumento para medir a função do ouvido médio
Timpanometria	Medição do movimento da membrana do tímpano

Problemas Sensoriais Comuns

Embora possa parecer óbvio, merece ser dito. A maioria dos problemas associados a olfato e paladar envolvem a inabilidade do corpo de realizar aquelas tarefas sensoriais. Está tendo problema em cheirar as flores da primavera? Não pode sentir o gosto de sua pimenta de nível cinco de picância? Há chances de que seja devido a uma dessas condições:

✔ **Ageusia:** Falta ou diminuição do paladar

✔ **Anosmia:** Ausência de olfato

✔ **Disgeusia:** Paladar anormal ou deturpado

✔ **Disosmia:** Diminuição de olfato

✔ **Hipergeusia:** Paladar excessivo ou aguçado

✔ **Osmia:** O processo do cheiro

Como de costume, o olho é infinitamente mais complicado do que, digamos, sua língua. Daí reside a razão de haver muito mais doenças possíveis associadas à sua visão. Embora comuns, todos esses problemas são sérios e não devem ser menosprezados. Alguns deles:

- **Calázio:** Massa pequena e dura na pálpebra devido ao aumento da glândula sebácea
- **Descolamento de retina:** A retina, ou parte dela, separa-se da camada coroide
- **Esotropia:** Tipo de estrabismo (um olho volta-se para dentro, estrábico)
- **Estrabismo:** Desvio anormal do olho, também chamado de vesguice
- **Exotropia:** Tipo de estrabismo (um olho volta-se para fora)
- **Glaucoma:** Aumento da pressão intraocular
- **Hemianopia (hemianopsia):** Perda de uma metade do campo visual (o espaço de visão do olho)
- **Hordéolo (terçol):** Infecção da glândula sebácea da pálpebra
- **Nistagmo:** Movimentos rápidos e involuntários do globo ocular

Indo para outro órgão complicado dos sentidos, o ouvido, você pode ver que poucos desses problemas resultam em alguma perda de audição. Alguns são inevitáveis mas, ainda bem, alguns deles podem ser evitados exercendo boa higiene e permanecendo longe de shows de rock (ou ao menos usando tampões para os ouvidos).

- **Macrotia:** Aumento anormal do pavilhão (ouvidos excessivamente grandes)
- **Microtia:** Pavilhão anormalmente pequeno (ouvidos excessivamente pequenos)
- **Miringite:** Inflamação da membrana do tímpano
- **Otalgia:** Dor de ouvido
- **Otite externa:** Inflamação do ouvido externo, também conhecida como ouvido de nadador
- **Otite média:** Infecção do ouvido médio
- **Otite média serosa:** Inflamação do ouvido interno sem infecção
- **Otite média supurada:** Infecção bacteriana do ouvido médio
- **Timpanite:** Inflamação do ouvido médio (otite média)

- **Vertigem:** Sensação de movimento irregular ou giratório do corpo ou de objetos externos, devido a distúrbio grave dos órgãos do equilíbrio no labirinto

- **Zumbido:** Som de apito nos ouvidos; a causa é desconhecida, mas pode ser associado a otite crônica, miringite ou labirintite

Achando o Culpado: Doenças Sensoriais e Sua Patologia

Mais uma vez, olhos e ouvidos dominam. Essas duas áreas são tão suscetíveis a doenças patológicas quanto qualquer outro local do corpo. Alguns dos pontos altos incluem:

- **Catarata:** Turvação do cristalino, causando diminuição da visão

- **Colesteatoma:** Acúmulo de células da pele em um saco no ouvido médio

- **Degeneração macular:** Deterioração da *mácula lútea* da retina

- **Doença ou síndrome de Ménière:** Vertigem, perda da audição, náusea e zumbido, levando a surdez progressiva causada por disparo rápido e violento das fibras dos nervos auditivos

- **Neuroma acústico:** Tumor benigno no nervo acústico no cérebro, causando zumbido, vertigem e diminuição da audição

- **Otosclerose:** Endurecimento do tecido ósseo do labirinto causando perda de audição e surdez progressiva

- **Presbiacusia:** Perda da audição que ocorre com o envelhecimento

- **Retinite pigmentosa:** Esclerose e atrofia progressiva da retina, doença hereditária associada à diminuição da visão e cegueira noturna (nictalopia)

- **Retinopatia diabética:** Efeitos na retina da diabetes melito

Testando, Testando: Radiologia e Teste de Diagnóstico Sensoriais

Seu médico vai querer realizar uma bateria de exames se você tiver problemas com algum dos seus sentidos, particularmente com os olhos e ouvidos. Não há dúvidas de que seu corpo e seu cérebro obtêm um grande percentual da informação recebida desses dois órgãos dos sentidos, e que se você perdesse a capacidade de ambos seu mundo inteiro mudaria. Estes são testes para serem levados a sério:

- **Acuidade visual:** Teste de clareza da visão; lendo um gráfico ocular de Snedden com letras pretas em tamanho decrescente, estando o gráfico a uma distância de seis metros. Uma visão 6/6 indica que as letras podem ser claramente vistas àquela distância. Uma visão 6/15 indica que o olho é capaz de ver a seis metros o que seria capaz de ser visto a 15 metros.

- **Audiograma:** Teste gráfico resultado da audiometria

- **Audiometria:** Um audiômetro transmite estímulos acústicos de frequências específicas para determinar a audição para cada frequência, usando um instrumento para medir a acuidade da audição

- **Diatermia:** uso de corrente elétrica de alta frequência para coagular vasos sanguíneos dentro do olho

- **Fotocoagulação a laser:** Usada para tratar a retinopatia diabética e a degeneração macular senil

- **Gonioscopia:** Envolve o exame do ângulo da câmara anterior do olho para diagnosticar glaucoma

- **Lâmpada de fenda:** Estudo microscópico da córnea, conjuntiva, íris, cristalino e humor vítreo

- **Oftalmoscopia:** Exame visual do interior do olho

- **Otoscopia:** Exame visual do ouvido com um otoscópio

- **Teste de campo visual:** Este teste mede a área dentro da qual os objetos podem ser vistos quando o olho está fixo e olhando para frente

- **Teste de Proetz:** Teste para acuidade do olfato

- **Teste diapasão (teste de Weber):** Uma fonte de vibração (diapasão) é colocada na testa para observar a percepção do som na direita, esquerda ou linha média

- **Tonometria:** Medição da tensão ou pressão dentro do olho

Chamando o Dr. Terminologia: Cirurgias e Procedimentos Sensoriais

Ainda bem que há alguma coisa que pode ser feita sobre muitos daqueles problemas e doenças comuns do olho. Procedimentos cirúrgicos oculares têm sido melhorados dramaticamente ao longo do tempo e com frequência têm se tornado menos invasivos. De qualquer forma, você pode querer chamar um táxi depois de tudo.

- ✔ **Blefaroplastia:** Reparo cirúrgico da pálpebra

- ✔ **Ceratoplastia:** Este procedimento, também chamado de *transplante de córnea*, envolve a substituição de uma seção da córnea opaca por uma córnea transparente normal, a fim de restaurar a visão

- ✔ **Cirurgia de catarata:** Para remover o cristalino quando a catarata se forma

- ✔ **Crioextração de catarata:** Este método usa uma sonda fria na superfície anterior do cristalino para suspendê-lo assim que aderir à sonda

- ✔ **Enucleação:** Remoção cirúrgica do olho

- ✔ **Escleroplastia:** Reparo da esclera

- ✔ **Facoemulsificação:** Remoção da catarata

- ✔ **Facoemulsificação de uma catarata:** Envolve o uso de vibração ultrassônica para quebrar porções do cristalino. Ele é aspirado através da sonda ultrassônica

- ✔ **Vitrectomia:** O humor vítreo doente é removido e substituído por uma solução clara

Procedimentos para o ouvido são um pouco mais invasivos, obviamente, porque muitos acontecem no labirinto de canais dentro da sua cabeça. Alguns dos procedimentos clínicos e cirúrgicos mais comuns para o ouvido incluem:

- ✔ **Estapedectomia:** Excisão do estribo

- ✔ **Fenestração:** Criação de uma abertura no labirinto para restaurar a audição

- ✔ **Labirintectomia:** Excisão do labirinto

- ✔ **Mastoidectomia:** Incisão no mastoide

- ✔ **Miringoplastia:** Reparo cirúrgico da membrana do tímpano

- ✔ **Miringotomia:** Incisão da membrana do tímpano realizada para liberar o pus e aliviar a pressão no ouvido médio

- ✔ **Timpanoplastia:** Reparo cirúrgico do tímpano

- ✔ **Timpanectomia:** Remoção cirúrgica do tímpano

Raio X Terminológico: Farmacologia para o Sistema Sensorial

Antibióticos, corticosteroides e antivirais são com frequência usados para tratar infecções tanto do ouvido, quanto do olho. A maioria das infecções oculares são tratadas com *medicamentos de uso tópico* (pomadas, líquidos ou cremes, *tópico* significando aplicado diretamente na área, colírios, gotas para o ouvido e antibióticos). A maioria dos *antibióticos oftalmológicos* são classificados como aplicações tópicas, assim como os *corticosteroides* usados para tratar inflamação frequente após cirurgia, traumatismo ou contato químico. Aqui estão alguns outros medicamentos sensoriais para você conhecer:

- **Beta-bloqueadores** são usados para tratar glaucoma.

- **Medicamentos midriáticos** (que dilatam a pupila) são usados em exames de olho.

- **Nitrato de prata** é comumente usado como um agente anti-infeccioso tópico, administrado nos olhos dos recém-nascidos para prevenir infecções.

- **Solução salina balanceada** (SSB) é usada durante cirurgia ocular para irrigar e lavar o olho.

  Não confunda SSB com *solução salina normal*, já que elas não são a mesma. SSB é uma preparação oftalmológica registrada usada em cirurgias de olho, um composto ligeiramente diferente do que a salina normal, que é uma solução salina estéril.

Parte IV
Vamos a um Pouco de Terminologia Fisiológica

"Estou realmente bombando para este teste. Posso sentir um não-sei-o-quê fluindo através daqueles tubinhos no meu corpo."

Nesta parte . . .

Esta seção vai cada vez mais fundo nos sistemas do corpo e em como eles funcionam. O Capítulo 16 mantém os batimentos a partir da discussão sobre o sistema cardiovascular. O Capítulo 17 vai introduzi-lo ao sistema respiratório. O Capítulo 18 cobre a viagem que a comida faz através do sistema gastrointestinal, enquanto o Capítulo 19 mostra palavras associadas com a limpeza do seu corpo pelo sistema endócrino. E o Capítulo 20 mostra os termos médicos que tratam do seu sistema nervoso.

Capítulo 16

O Cerne da Questão: Os Sistemas Cardiovascular e Linfático

Neste Capítulo

▶ Descubra como o coração, vasos sanguíneos e nódulos linfáticos trabalham em conjunto

▶ Memorize as raízes, sufixos e prefixos próprios desses sistemas

▶ Examine situações e doenças cardiovasculares e linfáticas frequentes

▶ Aprofunde os termos corretos usados no diagnóstico de problemas

▶ Entenda como especificar os termos utilizados em cirurgias e procedimentos

*V*ocê já se perguntou como conseguimos água fresca e limpa para beber? Um vasto sistema de lagos, reservatórios, estações de purificação e bombeamento e, por fim, canos conduzem até nós essa força vital que é a água. Do nosso lado, a utilizamos para beber, cozinhar, limpar e mais uma imensidão de tarefas.

O sistema cardiovascular não é muito diferente. Considere o coração uma grande estação de bombeamento central que abastece o resto do corpo com um líquido valioso — especificamente, o sangue. O sangue carrega oxigênio e nutrientes para os tecidos e recebe dióxido de carbono e resíduos que devem ser eliminados. Pode-se pensar no sistema linfático complementar como o tratamento de água residual que limpa e purifica o que antes era inútil, transformando-o em um líquido claro e limpo.

Como Funciona o Sistema Cardiovascular

Vamos tentar outra metáfora. Embora o coração seja o personagem principal nesse longo drama chamado *Seu Corpo*, ele não poderia fazer o trabalho sem um forte elenco de personagens coadjuvantes: sangue, células sanguíneas e vasos. O independente, porém complementar, sistema linfático funciona como lanterninhas de uma peça que, ao final da apresentação, conduzem para fora as pessoas que não são mais necessárias ali. Nenhum desses componentes pode trabalhar sozinho. Eles são um alegre bando de artistas que devem compartilhar os holofotes.

O principal órgão do sistema circulatório (outro nome para cardiovascular) é o coração, claro, e seu principal trabalho é fazer o sangue fluir livremente através das veias. Ao bombear, o coração gera pressão, o que força o sangue a se mover através do corpo por meio de um sistema de canais formado por artérias e veias. Esse sistema parte do centro do peito, se estende até as extremidades dos seus membros, e depois de volta, garantindo que as células sanguíneas que tonificam e dão sustentação sejam levadas através do corpo inteiro.

O sistema linfático trabalha para complementar as ações do sistema cardiovascular ao carregar fluido linfático através do corpo por um sistema similar ao de veias. O líquido linfático flui através de um agrupamento de vasos, canais e nódulos, filtrando-o antes que retorne à corrente sanguínea. Neste capítulo, você descobrirá mais sobre os componentes individuais desses dois poderosos sistemas e conhecerá a terminologia específica associada a eles.

A pulsação normal do coração de um adulto é de 70-80 batimentos por minuto. De uma criança, é de 100-120; de um elefante, aproximadamente 25; de um rato, 700, e o coração de um canário bate aproximadamente 1.000 vezes por minuto. Seu coração bate em torno de 100.000 vezes por dia, bombeando aproximadamente 74ml com cada contração. Isso é quase 5 litros por minuto, quase 300 litros por hora, 7.200 litros por dia e 2.628.000 litros por ano.

A língua Grega desempenha um papel importante na raiz da palavra que significa coração, *cardium*. Essa palavra, que você conhecerá muito bem neste capítulo, vem da palavra Grega *kardia*. *Cardium* guarda semelhanças com as formas comumente conhecidas *cardi* e *cardio*. Mas não se engane, todas têm a mesma raiz.

Agora conheça os atores individuais responsáveis por bombear aquele material vermelho que mantém você vivo todos os dias. Cada qual tem sua própria função e terminologia. Se assistir à ER é a sua única entrada no mundo da terminologia médica, não tema e considere essa seção seu curso intensivo em tudo que se refere a cardiovascular.

O coração

Para fazer um passeio pelo coração, leve em conta os três componentes: camadas, câmaras e válvulas. Juntos, esses elementos formam o músculo mais poderoso do corpo. Localizado à esquerda da linha média do centro do peito, esse músculo, do tamanho aproximado de um punho, bombeia um fluxo constante de sangue vital através dos vasos sanguíneos.

A Figura 16–1 ilustra o coração.

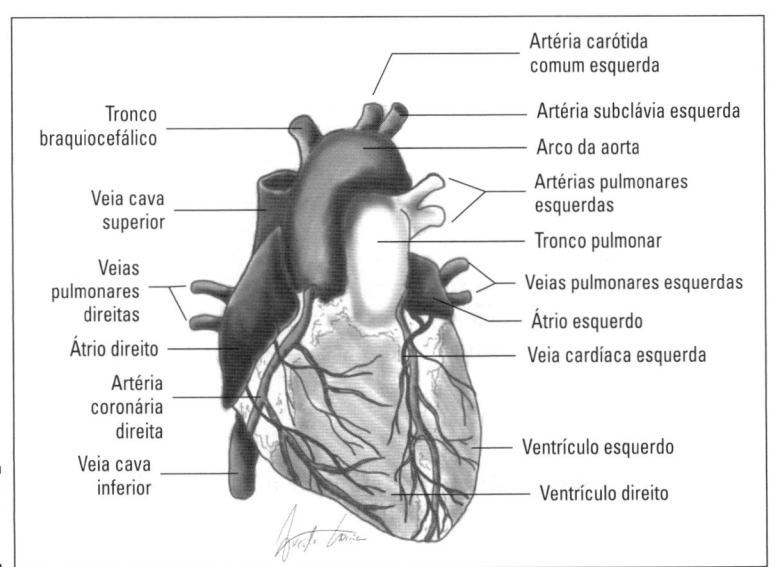

Figura 16-1: Visão frontal do coração.

O coração está envolvido por um saco cheio de fluido chamado *pericárdio*, localizado na cavidade torácica exatamente à esquerda da linha média. Consiste de três camadas principais, cada uma realizando um trabalho único nas atividades diárias do órgão mais vital.

- **Endocárdio:** *Endo-* é o prefixo Grego para "dentro". Esta é a camada interna do coração, que reveste as câmaras e cobre as válvulas.

- **Epicárdio:** *Epi-* é o prefixo Grego para "sobre". Esta é a camada externa do coração.

- **Miocárdio:** *Mio (Myo)-* é o prefixo Grego para "músculo". Este é o verdadeiro músculo cardíaco e constitui a espessa camada intermediária.

Os quatro locais ocos no coração são chamados de câmaras. Há dois tipos de câmaras:

- **Átrio:** *Átrio* vem da palavra grega *atrion*, que significa "saguão". Os átrios direito e esquerdo são as duas câmaras cardíacas superiores que servem como estações receptoras de sangue. Válvulas conectam cada átrio aos ventrículos abaixo.

- **Ventrículos:** *Ventrículo* vem da palavra Latina *venter,* que significa "pequena barriga". Os ventrículos direito e esquerdo são espessas câmaras inferiores responsáveis pelo bombeamento do sangue. Os átrios recebem o sangue do corpo e os ventrículos bombeiam o sangue de volta.

As quatro câmaras são separadas por membranas chamadas de septos.

- **Septo interatrial** separa os dois átrios.

- **Septo interventricular** separa as duas câmaras ventriculares.

As válvulas são os porteiros do coração, garantindo que o sangue flua na direção correta. Elas deixam uma quantidade específica de sangue em cada câmara e não permitem que escoe para trás. A beleza dessa terminologia é que o nome de cada válvula dá uma pista da sua composição.

- **Válvula bicúspide (também chamada mitral):** O prefixo *bi-* mostra que esta válvula tem duas abas ou folhetos.

- **Válvula semilunar pulmonar e aórtica:** Ambas têm a forma de uma meia-lua, por isso são chamadas de *semi* (parte) e *lunar* (lua).

- **Válvula tricúspide:** *Tri-* indica que esta válvula tem três abas ou folhetos, mantendo o sangue movendo-se adiante.

Vasos sanguíneos

A vasta rede de vasos sanguíneos (formada por artérias e arteríolas, veias e vênulas e capilares) começa no coração e se estende através do corpo inteiro até chegar aos dedos das mãos e dos pés. Juntos, esses diferentes tipos de vasos trabalham para carregar pelo corpo o sangue bombeado pelo coração.

Artérias cuidam do sangue limpo e oxigenado. *Veias* lidam com o movimento do sangue desoxigenado. Seus pequenos amigos, os *capilares*, servem como mini pontes entre dois tipos de vasos.

Sistema arterial

O *sistema arterial* é composto de artérias e *arteríolas* (artérias menores). O Grego *aer* é a base para a palavra *artéria*, que significa "ar". Combinado com *terein*, que significa "manter", você tem a palavra *artéria*. Começando com a maior delas, a *aorta*, as artérias carregam sangue oxigenado do coração para as arteríolas, e então para os capilares, onde acontece a troca de gases (oxigênio e dióxido de carbono).

A *artéria pulmonar*, com seus dois ramos, é a exceção do mundo arterial. Em vez de carregar o sangue cheio de oxigênio para outras partes do corpo, seus ramos carregam o sangue sem oxigênio para os pulmões direito e esquerdo.

Sistema venoso

O sistema venoso é composto de veias e *vênulas* (pequenas veias). As veias são os burros de carga do sistema de vasos, carregando o sangue pobre em oxigênio de volta ao coração. A jornada termina com o sangue da cabeça e da parte superior do corpo sendo retornado ao coração pelas maiores veias do corpo, a *veia cava superior*, e da parte inferior do corpo pela *veia cava inferior*, recebido no átrio direito. As veias pulmonares carregam o sangue rico em oxigênio dos pulmões de volta ao coração.

Capilares

Se você olhar para um mapa do sistema de vasos sanguíneos, verá que capilares são incrivelmente pequenos e parecem minúsculos, como fios de cabelo. Não é por acaso, então, que a palavra *capilar* é o termo em Latim para "igual a cabelo". Esses vasos superminúsculos (uma célula de espessura, para ser exato) preenchem o espaço entre arteríolas e vênulas para manter o sangue fluindo em um movimento contínuo.

A Figura 16–2 ilustra a troca capilar.

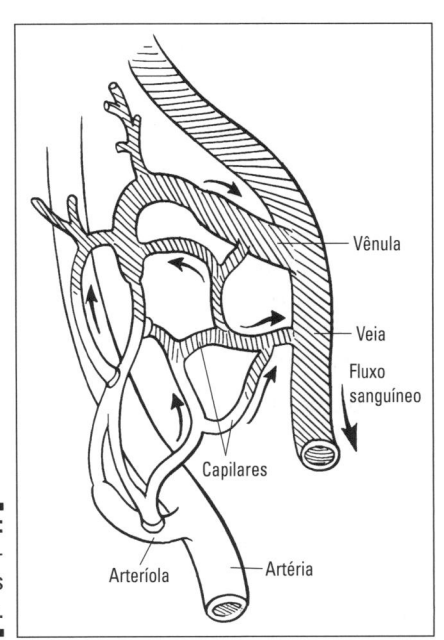

Figura 16-2: Trocas arteriais, venosas e capilares.

Seguindo o rastro de sangue

Uma ótima maneira de lembrar da terminologia associada ao coração é pensar mais sobre o caminho que o sangue faz cada vez que empreende uma viagem através do grande músculo.

A *regra dos dois* irá ajudar a começar. Lembre que o coração tem dois tipos diferentes de câmaras: ventrículos e átrios, e ambos contraem-se ao mesmo tempo. Similarmente, o sangue viaja através de dois caminhos: o sistema arterial, para levar sangue rico em oxigênio, e o sistema venoso, para trazer o sangue pobre em oxigênio de volta.

Em seguida, pense no caminho do sangue como a dança do "Vem que eu vou te ensinar". "Mão direita na frente, mão direita atrás", e assim vai. Pense em onde o sangue entra e sai, e você terá aproximadamente 15 termos cardiovasculares. Vamos segui-los:

Ventrículo esquerdo > aorta > artérias > arteríolas > capilares de tecidos corporais > de volta pelas vênulas > veias > veia cava superior/inferior > átrio direito > ventrículo direito > artéria pulmonar > alvéolos dos pulmões > capilares pulmonares > veias pulmonares > átrio esquerdo > ventrículo esquerdo... e começa tudo novamente. Sinta-se livre para inserir este caminho na melodia de sua escolha e cante junto!

Sangue

Há mais na composição do sangue do que as óbvias células vermelhas. Uma grande porcentagem dele é, na verdade, feita de *plasma*, que é, por sua vez, em grande parte composto de água. As células vermelhas e brancas, mais as *plaquetas*, formam o resto da força vital que flui constantemente. Aqui está um pouco mais sobre o que faz parte do sangue:

- **Plasma:** Sendo na sua maior parte água, uma pequena porcentagem do plasma é composta de proteínas, nutrientes, resíduos e gás. *Albumina*, *fibrinogênio* e *imunoglobulina* são todos proteínas encontradas no plasma.

- **Plaquetas:** Os pequenos bombeiros do corpo. Plaquetas estão sempre apagando "incêndios" no corpo ao começar o processo de coagulação e acabar com qualquer vestígio de sangue que esteja escapando de um vaso comprometido.

- **Células vermelhas do sangue:** Também conhecidas como *eritrócitos*, essas células contêm *hemoglobina*, uma proteína composta de moléculas contendo *globina* e *ferro*. As células vermelhas carregam sangue oxigenado através do corpo.

- **Células brancas do sangue:** Chamadas *leucócitos*, essas são os agentes duplos do sistema cardiovascular. Elas funcionam como antibióticos caseiros lutando contra germes na corrente sanguínea e também nos fluidos de tecido e linfático.

Caminho do sangue

Veias carregam o sangue de volta ao coração pelas veias cavas superior e inferior. A *veia cava superior* (que significa "perto do topo") leva o sangue da parte superior do corpo para o átrio direito; a *veia cava inferior* (que significa situada abaixo) carrega o sangue da parte inferior do corpo para o átrio direito, que então o conduz para o ventrículo direito. O ventrículo contrai-se, expulsando o sangue para a artéria pulmonar.

Pulmon é a palavra Latina para "pulmão".

As artérias pulmonares carregam o sangue através dos pulmões, onde ele é *oxigenado*. De lá, as veias pulmonares carregam o sangue oxigenado de volta ao átrio esquerdo, que então move o sangue para o ventrículo esquerdo, que bombeia o sangue para a aorta.

Agradeça ao bom e velho Aristóteles pela palavra *aorta*, que significa "o que está pendurado". O filósofo nomeou-a por causa da curva invertida da artéria, que está pendurada.

Ciclo cardíaco

Todo esse bombeamento e movimentação do sangue se resume a ritmo. O *ciclo cardíaco* é controlado pelo marcapasso natural do coração, o *nó sinusal (NSA)*. As pulsações rítmicas são conduzidas através do nodo atrioventricular (AV), abaixo do feixe AV (também conhecido como *feixe de His*), através das *fibras de Purkinje*, o ponto de partida para a contração dos ventrículos.

Há duas fases no ciclo cardíaco:

- ✔ **Diástole** é o período de descanso, quando o coração repousa e abastece-se de sangue.

- ✔ **Sístole** é o período quando os ventrículos contraem-se e enviam sangue, provocando pressão nas paredes das artérias durante a contração do coração.

Ambas as palavras dividem uma raiz Grega, *stole*, que significa "enviar". A diferença está no prefixo. *Dia-* significa "à parte", enquanto *si-* significa "junto".

Como Funciona o Sistema Linfático

Mais diretamente associado à imunidade, discutimos o sistema linfático no mesmo capítulo que o cardiovascular devido à semelhança de composição e ao fato de que, uma vez limpos pelos nódulos linfáticos, o fluido linfático é lançado diretamente na corrente sanguínea. Os vasos linfáticos estão organizados em um padrão similar aos vasos sanguíneos, mas trabalham para limpar o corpo das impurezas.

Vasos linfáticos

Vasos linfáticos pegam seu nome emprestado do fluido que eles bombeiam, chamado, sem surpresas, de *fluido linfático*. Curiosamente, no coração da palavra *linfa* está a Grega *nymph*, um termo usado para descrever uma bela donzela. A palavra acabou assumindo raízes Latinas, quando o *n* foi substituído pelo *l*. Devido ao o fluido linfático ser claro e limpo e *lymph* rimar com *nymph*, foi evidente a transição para a escrita Latina.

Os vasos linfáticos misturam-se com os vasos sanguíneos para carregar fluido linfático limpo através do corpo. Eles coletam proteínas e água, que são continuamente filtradas do sangue para o líquido intersticial, ou líquido tecidual, e retornam ao sangue. As proteínas e a água são filtradas do sangue e escapam para o líquido tecidual. Os vasos linfáticos pegam as proteínas e água dos tecidos e devolvem-nas ao sangue.

Gânglios linfáticos, também chamados "glândulas"

De forma muito parecida com pequenos grãos, os gânglios linfáticos ou *linfonodos* estão localizados ao longo de todo o corpo. Falaremos sobre o que os gânglios fazem mais adiante no capítulo, mas aqui está a verdade nua e crua sobre a localização desses pequenos garotos prestativos. Gânglios linfáticos estão localizados em várias regiões do corpo. Dependendo de onde eles estão, são conhecidos por diferentes nomes, incluindo:

- **Axilar:** Nas axilas e na parte superior do tórax
- **Cervical:** No pescoço
- **Inguinal:** Na virilha

A figura ilustra um linfonodo ou gânglio linfático.

Sistema linfático

O sistema linfático é amplamente responsável por criar uma barreira de imunidade ao produzir e distribuir *linfócitos*, um tipo de leucócito (glóbulo branco) ao longo do corpo. Linfócitos são nossos pequenos amigos, sobre os quais você leu anteriormente. Os linfonodos lançam esses *linfócitos* e removem ou destroem *antígenos* (substâncias estranhas que evocam uma resposta imune), que circulam através dos vasos sanguíneos e linfáticos.

O fluido linfático, ou linfa, entra no gânglio, filtra através das cavidades existentes dentro dele e drena através de um único vaso de saída. Considere uma passagem só de ida para a linfa entrar na corrente sanguínea. Este sistema de filtro limpa todas as coisas nojentas: bactérias, partículas estranhas e aquelas células malignas impertinentes. Os linfonodos também destroem células e partículas invasoras num processo conhecido como *fagocitose*. O *ducto torácico* (há apenas um) é o maior vaso do sistema linfático. Ele coleta a linfa do corpo abaixo do diafragma e do lado esquerdo do corpo, acima do diafragma.

O baço, amígdalas e timo são órgãos acessórios do sistema. O *baço* aumenta com doenças infecciosas e diminui em tamanho com o envelhecimento. Algumas fagocitoses ocorrem no baço. As *amígdalas* filtram bactérias e matéria estranha. O *timo* produz células que destroem substâncias estranhas.

A Figura 16–4 ilustra o sistema linfático.

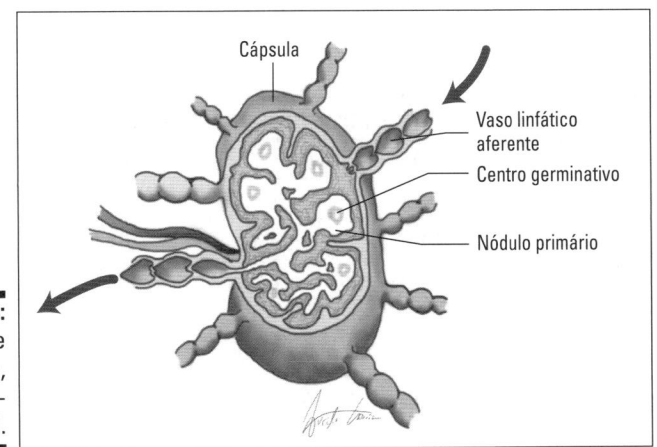

Cápsula

Vaso linfático aferente

Centro germinativo

Nódulo primário

Figura 16-3:
Anatomia de um linfonodo, corte transversal.

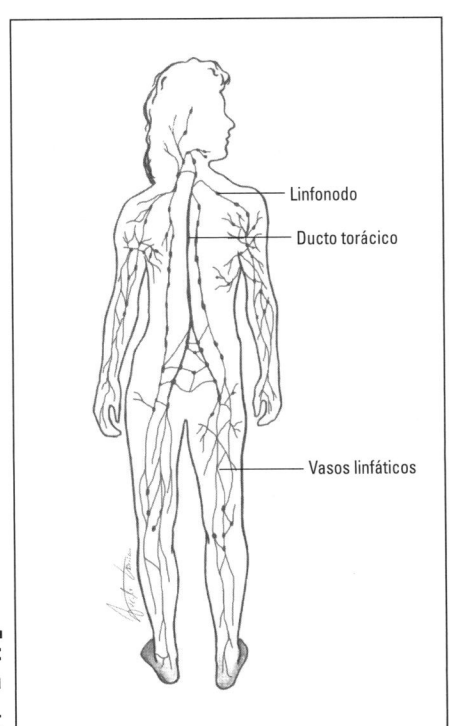

Linfonodo

Ducto torácico

Vasos linfáticos

Figura 16-4:
O sistema linfático.

Raízes dos Termos dos Sistemas Cardiovascular e Linfático

Agora que você conhece as partes específicas dos sistemas cardiovascular e linfático um pouco melhor, é hora de colocar seu conhecimento em prática. A Tabela 16–1 lista raízes, prefixos e sufixos e também dá um exemplo de termo médico para cada um.

Tabela 16–1	Quebrando as Palavras Cardio	
Raiz	*O Que Significa*	*Exemplo*
Aort/o	Aorta	Aórtico
Angi/o	Vaso	Angiograma
Arteri/o	Artéria	Arteriosclerose
Arteriol/o	Arteríola	Arteriolite
Atri/o, atri/a	Átrio	Atrioventricular
Ater/o	Placa amarela ou substância gordurosa	Aterosclerose
Cardi/o	Coração	Cardiomegalia
Coron/o	Coração	Coronário
Fleb/o	Veia	Flebite
Ox/o, ox/i	Oxigênio	Oxímetro
Pulm/o	Pulmão	Pulmonar
Scler/o	Endurecimento	Escleroterapia
Tromb/o	Coágulo	Trombo
Valv/o, valvul/o	Válvula	Valvular
Vas/o	Vaso	Vasoconstrição
Ven/o	Veia	Venotomia
Venul/o	Vênula	Venulite
Ventricul/o	Ventrículo	Ventricular
Prefixo ou Sufixo	*O Que Significa*	*Exemplo*
Bradi	Devagar	Bradicardia
Taqui	Rápido	Taquicardia
-graf	Instrumento usado para gravar	Eletrocardiógrafo
-grafia	Processo de gravação	Eletrocardiografia
-gram	Imagem ou gravação completa	Eletrocardiograma

A Tabela 16–2 lista raízes e sufixos linfáticos.

Tabela 16–2	Quebrando as Raízes Linfáticas
Raiz	*O Que Significa*
Bas/o	Alcalino (oposto de ácido)
Cari/o	Núcleo
Eosin/o	Vermelho, rosado
Eritr/o	Vermelho
Fleb/o	Veia
Granul/o	Grânulos
Hem/o, hemat/o	Sangue
Imun/o	Seguro, proteção
Leuc/o	Branco
Linf/o	Linfa
Linfaden/o	Glândula linfática
Linfangi/o	Vasos linfáticos
Neutr/o	Nenhum, neutro
Miel/o	Medula óssea
Mon/o	Um, único
Morf/o	Forma, formato
Nucle/o	Núcleo
Sfer/o	Esfera ou redondo
Sider/o	Ferro
Splen/o	Baço
Tim/o	Timo
Tromb/o	Coágulo
Sufixo	*O Que Significa*
-aferese	Remoção
-blast	Imaturo
-citose	Doença das células
-emia	Doença sanguínea
-forese	Transporte, transmissão
-globin	Proteína
-globulin	Proteína
-poiese	Formação
-stase	Parada ou controle

Centenas de termos médicos podem ser criados usando as raízes, prefixos e sufixos mencionados nas tabelas anteriores. Na próxima tabela, a Tabela 16–3, listamos algumas palavras cardiovasculares e linfáticas comuns.

Tabela 16–3	Palavras Cardiovasculares e Linfáticas
Palavra	*O Que Significa*
Anticoagulante	Agente ou medicamento que retarda o processo de coagulação
Aorta	Maior artéria do corpo
Artérias coronárias	Vasos sanguíneos que ramificam da aorta e carregam o sangue rico em oxigênio ao músculo do coração
Artérias pulmonares	Artérias carregando sangue pobre em oxigênio do coração para os pulmões
Átrio, Átrios	Câmaras superiores do coração
Ausculta	Sons ouvidos no corpo através de um estetoscópio
Capilar	Menores vasos sanguíneos
Cardíaco	Pertencente ao coração
Cardiologista	Médico que estuda e trata das doenças do coração
Cardiologia	Estudo do coração e suas doenças
Circulação pulmonar	Fluxo de sangue do coração aos pulmões e de volta ao coração
Circulação sistêmica	Fluxo de sangue das células do corpo para o coração e então de volta do coração para as células
Diástole	Fase de relaxamento do batimento cardíaco
Endocárdio	Revestimento interno do coração
Eritrócitos	Células vermelhas do sangue
Esfigmomanômetro	Instrumento usado para medir a pressão sanguínea
Hematologista	Médico que estuda e trata das doenças do sangue
Hematologia	Estudo do sangue
Hemólise	Quebra do sangue
Hemostase	Paralisação de sangramento
Imunoglobulina	Anticorpos secretados pelos plasmócitos
Leucócitos	Células brancas do sangue

Palavra	O Que Significa
Manômetro	Instrumento usado para medir a pressão de fluidos
Mieloide	Produzido pela medula óssea
Nodo sinoatrial (SA)	Marcapasso do coração
Ocluir	Para ser fechado hermeticamente
Percussão	Bater de leve com os dedos na superfície corporal para determinar a densidade da parte abaixo
Placas de Peyer	Filtros linfáticos localizados no intestino delgado
Pressão sanguínea	Pressão exercida pelo sangue contra as paredes dos vasos
Ressuscitação cardiopulmonar	(RCP) Procedimento de emergência que consiste de ventilação artificial e massagem cardíaca externa
Sístole	Fase de contração da batida do coração
Trombócitos	Células de coagulação ou plaquetas
Válvula mitral	Válvula entre o átrio esquerdo e o ventrículo esquerdo
Veia cava	Maior veia do corpo, tanto a superior quanto a inferior trazem sangue para o átrio direito
Veias pulmonares	Veias carregando sangue oxigenado dos pulmões ao coração

Problemas Cardiovasculares e Linfáticos Comuns

Alguns problemas cardiovasculares referem-se especificamente ao coração e sistema circundante de veias e artérias. Primeiro, vamos considerar o que pode afligir algumas das partes individuais do coração. *Estenose aórtica* é o estreitamento da aorta. *Endocardite* é a inflamação do revestimento interno do coração, enquanto *pericardite* é a inflamação do saco pericárdico (pericárdio).

Depois, há problemas que envolvem o músculo cardíaco inteiro, incluindo *cardiomegalia*, o aumento do coração, e *cardiomiopatia*, doença do músculo do coração. *Miocardite* é a inflamação do músculo do coração. Os dois grandões são — sem surpresas aqui — o *infarto do miocárdio*, também conhecido como ataque do coração, e a boa e velha *parada cardíaca*, a pausa ou interrupção da potência e efetiva circulação sanguíneas. Não se esqueça da *insuficiência cardíaca congestiva, angina* e *fibrilação atrial*.

Nosso sangue viaja através de supervias dos nossos sistemas arterial e venoso e carrega uma grande quantidade de passageiros, de oxigênio a linfa. Por ser tão multifacetado, o sangue e suas células podem abrigar todo tipo de problemas.

Eis uma amostra:

- **Anemia:** Falta de células vermelhas no sangue
- **Claudicação intermitente:** Dor ou desconforto numa parte do corpo causada por qualquer atividade que empregue a parte afetada; normalmente ocorre na panturrilha durante uma caminhada; o resultado de doença arterial oclusiva
- **Discrasia:** Condição anormal ou patológica do sangue
- **Embolia:** Bloqueio repentino de uma artéria por material estranho na corrente sanguínea, na maioria das vezes um coágulo de sangue, mas pode ser gordura, uma bolha de ar ou um coágulo de bactérias
- **Hemorragia:** Fluxo rápido de sangue
- **Hiperbilirrubinemia:** Quantidade excessiva de bilirrubina (um pigmento biliar excretado pelo fígado) no sangue
- **Hipercolesterolemia:** Quantidade excessiva de colesterol (álcool esteroide que mantém a fluidez da membrana) no sangue
- **Hiperlipidemia:** Quantidade excessiva de gordura no sangue
- **Hipercromia:** Células vermelhas do sangue excessivamente pigmentadas
- **Hipertensão:** Pressão sanguínea acima da variação normal de 120/70
- **Hipotensão:** Pressão sanguínea abaixo do normal
- **Leucocitose:** Aumento registrado no número de glóbulos brancos
- **Trombólise:** Quebra de um coágulo que havia se formado no sangue

O sistema linfático tem seu próprio quinhão de problemas de saúde. *Linfadenite* é uma inflação dos gânglios ou nodos linfáticos. *Linfedema* é uma acumulação de fluido devido à obstrução das estruturas linfáticas. E *esplenomegalia* é um aumento do baço.

Achando o Culpado: Doenças Cardiovasculares e Linfáticas e Sua Patologia

Patologia é uma palavra assustadora, e por uma boa razão. *Patologia* é o estudo das doenças e de como afetam o tecido e as funções corporais. Alguns problemas do coração e do sistema linfático são mais sérios e mais perigosos do que outros. Embora todos os problemas e doenças devessem ser consideradas sérios, esses pesos pesados são os que, com frequência, requerem procedimentos e tratamentos mais aprofundados.

Por que não começarmos pelo cerne da questão? Algumas condições patológicas que afetam o coração e vasos sanguíneos incluem:

- **Aneurisma**, um alargamento local de uma artéria, pode ser devido a uma fraqueza na parede arterial ou quebra da parede devido à aterosclerose.

- **Angina** é um episódio de dor torácica devido à diferença temporária entre o fornecimento e a demanda de oxigênio no músculo do coração.

- **Arritmia cardíaca** é um ritmo anormal do coração. Alguns exemplos incluem bloqueio cardíaco, palpitação e fibrilação.

- **Cardiopatia reumática** é uma doença do coração causada por febre reumática.

- **Doença arterial coronariana (DAC)** é uma doença das artérias que fornecem sangue ao coração. É normalmente o resultado da aterosclerose, o depósito de compostos gordurosos no revestimento interno das artérias coronárias.

- **Doença cardíaca congênita** refere-se às anormalidades no coração ao nascimento, resultante de alguma falha no desenvolvimento do feto. *Coarctação da aorta* é o estreitamento da aorta. O tratamento cirúrgico consiste na remoção da área comprimida com *anastomose término-terminal* ou unindo os segmentos aórticos.

- **Doença cardíaca hipertensiva** é a alta pressão sanguínea que afeta o coração.

- **Endocardite bacteriana** é a inflamação do revestimento interno do coração, o endocárdio, e das válvulas cardíacas, causada por bactérias.

Mantenha os três tipos de arritmia cardíaca em linha. O *bloqueio cardíaco* é uma falência da condução adequada de impulsos através do nodo A-V e pode ser superado pela implantação de um marcapasso elétrico. Uma *palpitação* é a contração rápida e regular dos átrios ou ventrículos, enquanto *fibrilação* é a contração irregular e aleatória do coração tão alta quanto 350+ batimentos por minuto.

O dano às válvulas do coração podem produzir lesões chamadas vegetações, que podem romper na corrente sanguínea como êmbolos ou coágulos flutuantes. A vegetação é um supercrescimento de bactérias que ganham um ponto de apoio na válvula prejudicada, tornando-se abundantes e multiplicando-se.

- **Fenômeno de Raynaud** são curtos episódios de descoloração e entorpecimento dos dedos das mãos e dos pés devido à temporária constrição das arteríolas. Podem ser desencadeados por baixa temperatura, estresse ou fumo.

- **Hipertensão arterial** refere-se à pressão sanguínea alta. Há dois tipos de hipertensão: essencial e secundária. Na *hipertensão essencial*, a causa do aumento da pressão é desconhecida ou idiopática. Na *hipertensão secundária*, há uma lesão associada, tal como nefrite, pielonefrite ou adenoma do córtex adrenal, que é responsável pela elevação da pressão sanguínea.

- **Insuficiência cardíaca congestiva** é uma complicação em que o coração é incapaz de bombear a quantidade de sangue necessária. O sangue acumula-se nos pulmões e fígado. Em casos graves, o fluido pode se acumular no abdômen e pernas ou nos sacos de ar pulmonares (conhecidos como *edema pulmonar*). A insuficiência cardíaca congestiva costuma desenvolver-se gradualmente ao longo dos anos e pode ser tratada com medicamentos para fortalecer o coração e diuréticos para promover a perda de fluido.

- **Prolapso da válvula mitral** é o fechamento indevido da válvula mitral quando o coração está bombeando sangue.

- **Sopro cardíaco** refere-se a um som cardíaco adicional ouvido entre os sons normais. Os murmúrios são ouvidos com a ajuda de um estetoscópio e são causados por um defeito ou doença valvular, que rompe o fluxo suave do sangue no coração.

- **Varizes** são inchaços anormais das veias que ocorrem normalmente nas pernas devido a válvulas danificadas que falham em evitar o refluxo de sangue. Então, o sangue acumula nas veias causando *distensão*.

O próprio sangue pode sofrer de doenças e complicações patológicas específicas. Considere as doenças específicas dos glóbulos vermelhos e brancos. A *anemia*, um sintoma comum, é a deficiência de eritrócitos ou hemoglobina, e pode assumir várias formas, incluindo as seguintes:

- ✔ **Anemia aplástica:** Falha na produção das células sanguíneas devido à falta de desenvolvimento e formação das células da medula óssea

- ✔ **Anemia hemolítica:** Redução nos glóbulos vermelhos devido à destruição excessiva

- ✔ **Anemia perniciosa:** Falta de eritrócitos maduros devido à inabilidade de absorção de vitamina B12

- ✔ **Anemia falciforme:** Condição hereditária na qual células distorcidas escondem e bloqueiam os vasos sanguíneos

Outros problemas afetam o sangue, incluindo *talassemia*, uma imperfeição hereditária na habilidade de produzir hemoglobina; *policitemia vera*, uma condição maligna associada ao aumento dos glóbulos vermelhos, e *hemocromatose*, depósitos excessivos de ferro no sangue. A *talassemia* é normalmente encontrada em pacientes de origem mediterrânea.

Os glóbulos brancos normalmente fazem as pessoas pensarem no "Grande C", também conhecido como câncer. Isso acontece por uma boa razão, já que os glóbulos brancos têm muito a ver com uma doença muito séria chamada *leucemia*. A leucemia é a líder da patologia dos glóbulos brancos. Isto é, em termos simples, um aumento excessivo nessas células — uma doença cancerosa da medula óssea com leucócitos malignos preenchendo a medula e a corrente sanguíneas. As quatro formas de leucemia incluem:

- ✔ **Leucemia linfocítica aguda (LLA):** Vista com mais frequência em crianças e adolescentes

- ✔ **Leucemia mieloide aguda (LMA):** Derivada ou originada na medula óssea

- ✔ **Leucemia linfocítica crônica (LLC):** Ocorre em idade mais avançada e segue um curso lento e progressivo

- ✔ **Leucemia mieloide crônica (LMC):** Lentamente progressiva

Todos os tipos de leucemia são tratados com quimioterapia, uso de medicamentos que previnem a divisão celular e seletivamente lesionam as células que se dividiram rapidamente. O tratamento efetivo pode levar à *diminuição* ou desaparecimento dos sinais da doença. A *recaída* ocorre quando as células da leucemia reaparecem no sangue e na medula óssea, necessitando de tratamento adicional. Tome cuidado com o primo desagradável da leucemia, o *mieloma múltiplo* (MM). Esse é um tumor maligno da medula óssea no qual células malignas invadem-na e destroem suas estruturas ósseas.

Mantenha esses dois problemas de coagulação do sangue em mente:

- **Hemofilia** é o sangramento excessivo causado pela falta congênita do fator coagulante necessário à coagulação do sangue.

- **Púrpura** é um sintoma causado pelas plaquetas baixas, envolvendo múltiplas petéquias e acumulação de sangue sob a pele.

Não poderíamos deixar nossos bons amigos do sistema linfático fora da discussão patológica. Quem imaginava que pequenas coisas como nódulos linfáticos seriam tão propensos a doença?

Os gânglios linfáticos por si só são locais de muitos confrontos entre a boa saúde e uma estada estendida no hospital. O *linfoma de Hodgkin* é um tumor maligno que origina-se nos tecido linfático, tais como nódulos linfáticos e baço. *Linfossarcoma* (*linfoma*) é um tumor maligno dos nódulos linfáticos que assemelha-se ao linfoma de Hodgkin. Normalmente é chamado de *linfoma não-Hodgkin*. Ele afeta os gânglios linfáticos, baço, medula óssea e outros órgãos. O *linfoma de Burkitt* é um tumor maligno dos gânglios linfáticos que costuma afetar crianças e é mais comum na África Central.

Inflamação é outro trato comum das patologias do sistema linfático. Algumas vezes esses malditos gânglios linfáticos ficam muito grandes, em doenças como as seguintes:

- **Linfadenite:** Inflamação dos gânglios linfáticos normalmente devido à infecção

- **Mononucleose:** Doença infecciosa aguda com aumento dos gânglios linfáticos e baço devido ao aumento do número de linfócitos e monócitos

- **Sarcoidose:** Doença inflamatória na qual pequenos nódulos se formam nos linfonodos e outros órgãos.

HIV e AIDS

Talvez as doenças mais sérias que afetam os sistemas cardiovascular e linfático sejam HIV e AIDS.

HIV é conhecido também como *vírus da imunodeficiência humana*, o agente que ataca o sistema imunológico e causa a AIDS.

AIDS (síndrome da imunodeficiência adquirida, do inglês) é uma doença marcada por uma diminuição da resposta imune nos pacientes com severa depleção de linfócitos T auxiliares. Isso pode fazer com que o paciente adquira infecções pouco comuns com risco de vida e desenvolva tumores como o *sarcoma de Kaposi*, câncer de pele ou linfoide, ou *linfoma*.

Testando, Testando: Radiologia e Testes de Diagnóstico Cardiovasculares e Linfáticos

Confirmar o diagnóstico de uma complicação ou doença é um trabalho de tempo integral. Pense sobre as notificações do seu seguro médico que você recebe cada vez que faz exame de sangue ou de urina. Há um teste de laboratório para diagnosticar praticamente qualquer coisa que possa estar incomodando você.

Testes de laboratório para problemas que afetam o coração incluem os exames de *enzimas cardíacas*. Durante um infarto do miocárdio (ataque do coração), enzimas são lançadas na corrente sanguínea a partir da morte do músculo cardíaco. Essas enzimas podem ser medidas e são úteis como evidência do infarto. *Testes de lipídios* medem a quantidade destas substâncias em uma amostra de sangue. Altos níveis de triglicerídios e colesterol podem ser associados a um maior risco de aterosclerose coronária.

O *exame de sangue* é o mais comum de todos os testes de diagnóstico. Este teste pode ajudar a apresentar uma infinidade de problemas que não só afetam o sangue, mas também os principais sistemas e órgãos. Um outro teste valioso é o *cateterismo cardíaco*, que envolve inserir um tubo longo e fino, ou cateter, dentro de um vaso sanguíneo no braço, pescoço ou virilha, que é então levado até o coração para realizar o teste diagnóstico, tais como pressão e padrões de fluxo sanguíneo.

Eletroforese de lipoproteínas é um processo no qual lipoproteínas (gordura e moléculas de proteína unidas) são fisicamente separadas em uma amostra de sangue. Altos níveis de *lipoproteína de baixa densidade* (LDL, o colesterol ruim) são associados com depósitos de colesterol e triglicerídios nas artérias. Altos níveis de *lipoproteína de alta densidade* (HDL, o colesterol bom), contendo menos lipídios, são encontrados em alguém com menos evidência de aterosclerose.

Outros testes sanguíneos de laboratório incluem os seguintes:

- **Contagem diferencial de glóbulos brancos** determina o número de diferentes tipos de leucócitos, maduros ou imaturos, que estão presentes em uma amostra sanguínea.

- **Contagem plaquetária** é o número de plaquetas por milímetro cúbico de sangue. A média de plaquetas normalmente fica entre 200.000 e 500.000 por milímetro cúbico.

 Um teste de diagnóstico comum conta os glóbulos vermelhos ou os glóbulos brancos. A variação normal para os glóbulos vermelhos é de aproximadamente cinco milhões por milímetro cúbico. Para os glóbulos brancos, é muito menor, variando entre 5.000 e 10.000 por milímetro cúbico.

- **ESR** (taxa de sedimentação de eritrócitos) mede a velocidade na qual os eritrócitos se sedimentam fora do plasma. Essa taxa é alterada em doenças como infecção, inflamação das articulações e tumor.

- **Prova de antiglobulina (teste de Coombs)** determina se os eritrócitos são revestidos com anticorpos e é útil em determinar a presença de anticorpos em crianças com mães com fator Rh negativo (esse é um tipo de sangue no qual estão faltando todos os fatores Rh).

- **Tempo de coagulação** é o tempo necessário para o sangue coagular em um tubo de ensaio; o tempo normal é de até 15 minutos.

- **Tempo de protrombina** (TP) é a habilidade do sangue de coagular, usado para acompanhar pacientes que tomam diluentes de sangue ou medicamentos anticoagulantes.

- **Tempo de sangramento** (TS) é a medida de quanto tempo leva para uma pequena ferida parar de sangrar; o tempo normal é de até oito minutos.

- **Teste de hemoglobina** é a medida da quantidade de hemoglobina em uma amostra de sangue.

Abreviações: Mantenha-as curtas e simples

Você provavelmente não vai acreditar, mas dizer todos esses termos várias vezes pode ser entediante. Ainda bem que para aqueles que precisam proferir frases relacionadas a sangue diariamente, há algumas abreviações óbvias.

- hCG: gonadotrofina crônica humana
- Hb: hemoglobina

- HCM: hemoglobina corpuscular média
- Hct: hematócrito
- PA: pressão arterial
- TP: tempo de protrombina
- TS: tempo de sangramento
- TVP: trombose venosa profunda

Chamando o Dr. Terminologia: Cirurgias e Procedimentos Cardiovasculares e Linfáticos

Então, o que você faz com todos esses problemas e doenças? Ainda bem que há tantas cirurgias e procedimentos possíveis quanto há condições e doenças. Os procedimentos clínicos para o sistema cardiovascular são muitos, então aguente firme. A grande maioria envolve diretamente o velho coração.

Eletrocardiografia é o registro da eletricidade fluindo através do coração. Falando em eletricidade, *cardioversão* ou *desfibrilação* é um tratamento pelo qual curtas descargas de eletricidade são aplicadas através do peito para parar a arritmia cardíaca.

Angiocardiografia é um procedimento envolvendo injeção de um corante, ou contraste, na corrente sanguínea seguida por um raio X do tórax para determinar as dimensões do coração e vasos sanguíneos. É usado normalmente para diagnosticar um coração aumentado. Similarmente, a *angiografia digital* pode ser usada para se ter uma melhor visão dos vasos. Equipamentos de vídeo e computadores são usados para produzir os raios X dos vasos sanguíneos.

Outros procedimentos focam em descobrir mais sobre quão eficientemente o coração está trabalhando. No *cateterismo cardíaco*, o cateter é introduzido em uma veia ou artéria e guiado para o coração com o objetivo de detectar pressão e padrões do fluxo sanguíneo. A *varredura cardíaca* é quando uma substância radioativa é injetada por via intravenosa e sua acumulação no músculo do coração é medida com um scanner.

A presença de áreas de *isquemia* (deficiência de sangue em uma parte do corpo devido à compressão ou obstrução completa de um vaso sanguíneo) e *infarto do miocárdio* podem ser demonstradas nessa varredura. O favorito de todos, o *teste da esteira*, determina a resposta do corpo ao esforço físico e estresse. Um *ecocardiograma* e outras medições de pressão sanguínea e taxa de respiração são feitas enquanto o paciente está se exercitando, normalmente caminhando em uma esteira.

Outros procedimentos divertidos e excitantes incluem os seguintes

   ✔ **Angioplastia a laser** usa amplificação da luz para estimular a emissão de radiação ou feixe de laser para artérias bloqueadas, especialmente nas pernas.

Zen e arte de manutenção do coração

Algumas vezes, cirurgiões têm de se esforçar para resolver um problema do coração. Isso envolve, tipicamente, uma cirurgia principal, uma serra rotativa, e muito tempo. Embora possa ser difícil acreditar que essas cirurgias sejam padrão, lembre-se de que cirurgiões cardíacos realizam-nas todos os dias com grande sucesso.

A *angioplastia* é o reparo cirúrgico de um vaso. Uma *endarterectomia* é uma incisão dentro de uma artéria de interior engrossado, assim denominada devido à artéria estar sendo "limpa". Mais trabalho nas veias inclui *flebotomia*, uma incisão em uma veia para remover ou doar sangue, também chamada de *punção venosa*.

A grande diversão acontece quando os cirurgiões se envolvem mais com o coração. Na inserção de um *marcapasso*, um aparelho alimentado por bateria ou por energia nuclear é implantado sob a pele para regular o batimento cardíaco.

Pensa que pontes são apenas para grandes cidades com problemas de tráfego? Não são. A *revascularização do miocárdio (RM, ou ponte de safena)* é uma técnica cirúrgica para trazer um novo suprimento de sangue aos músculos do coração, fazendo um desvio em torno das artérias bloqueadas, enquanto uma *ponte fêmoro-poplítea* é uma cirurgia para estabelecer uma rota alternativa da artéria femoral para a poplítea na perna, para desviar da obstrução.

✔ **Angioplastia transluminal percutânea (ATP)** é quando um cateter balão é passado através de um vaso sanguíneo para a área onde a placa formou-se. A dilatação do balão achata a placa contra a parede do vaso e permite ao sangue circular mais livremente. Também chamada *angioplastia de balão*.

✔ **Doppler** usa ultrassom para determinar a velocidade do fluxo de sangue dentro dos vasos.

✔ **Venograma**: Radiografia das veias tirada após a injeção de contraste.

Certamente não há tantos procedimentos clínicos para o sistema linfático, mas eles são igualmente importantes.

Uma *biópsia da medula óssea* é exatamente tão séria quanto soa. Uma agulha é introduzida na cavidade da medula óssea e uma pequena porção dela é *aspirada* (removida do corpo) e examinada com um microscópio. Este procedimento é útil no diagnóstico de doenças sanguíneas tais como anemia e leucemia.

Também na categoria de "mais do que sério" está o *transplante de medula óssea*. As células da medula de um doador, cujo tecido e células sanguíneas são compatíveis com o receptor, são introduzidas em um paciente com leucemia ou anemia aplástica. Primeiramente, o paciente é submetido à quimioterapia agressiva para matar todas as células doentes e então a medula do doador é introduzida de forma intravenosa no paciente para repovoar a medula com células normais.

Dê uma olhada mais atenta nas partes do sistema linfático envolvidas no *linfangiograma*, quando um contraste é injetado nos vasos linfáticos no pé e um raio X é tirado para mostrar o caminho do fluxo linfático à medida que se move para a região torácica. *Linfadenografia* é um raio X das glândulas e nódulos linfáticos depois da injeção de contraste.

Raio X Terminológico: Farmacologia para os Sistemas Cardiovascular e Linfático

O seu amigo farmacêutico do bairro conhecerá todos os detalhes do que usar para doenças cardiológicas e linfáticas. Mas nesse meio tempo, você tem a nós. Esta seção lista os tipos mais comuns de medicamentos usados para corrigir condições e doenças cardiovasculares e linfáticas.

Antiarrítmicos corrigem arritmias cardíacas (batimento irregular do coração). Exemplos incluem digoxina e hidrocloreto de propranolol.

Anticoagulantes atrasam a coagulação do sangue. Exemplos incluem heparina de cálcio e varfarina sódica.

Anti-hipertensivos previnem ou controlam a alta pressão sanguínea. Exemplos incluem nadolol, furosemida e cloridrato de diltiazem.

Betabloqueadores tratam hipertensão, angina e outras arritmias do coração. Tartarato de metoprolol e cloridrato carteolol são exemplos populares.

Bloqueadores dos canais de cálcio tratam hipertensão, angina e várias arrritmias cardíacas. Os típicos são cloridrato de nicardipina e cloridrato de bepridil.

Hipolipemiantes reduzem os níveis de lipídio do sangue (gordura), tais como niacina, lovastatina e atorvastatina.

Capítulo 17

Apenas Respire:
O Sistema Respiratório

Ao longo do seu dia, provavelmente você não pensa consigo mesmo, "Inspire, agora expire", várias e várias vezes. Talvez a única hora em que você tem consciência do seu sistema respiratório é quando ele está fazendo hora extra — durante a malhação ou no topo da escada que você acabou de subir.

Devido ao fato de o ciclo de respiração ser contínuo e constante, é fácil que ele passe despercebido. Respiração é algo sobre o qual não pensamos muito a respeito, já que ela cuida de si automaticamente. Os trilhões de células do corpo precisam de oxigênio e também precisam se livrar do monóxido de carbono, e essa troca de gases é realizada pelo sistema respiratório.

Como Funciona o Sistema Respiratório

O ar contém aproximadamente 21% de oxigênio, que é inalado através do nariz, encontra seu caminho para os pulmões, dentro de seus espaços aéreos, e passa para os minúsculos vasos capilares que circundam esses espaços. Ao mesmo tempo, o dióxido de carbono — o gás produzido quando oxigênio e alimento se combinam nas células — passa dos vasos capilares para os espaços de ar dos pulmões para serem exalados. O ar exalado contém aproximadamente 16% de oxigênio.

A *respiração externa* ocorre entre o ambiente externo e o fluxo de sangue capilar dos pulmões, enquanto um outro método de respiração está acontecendo entre as células do corpo e os vasos capilares que os circundam. Esse processo é chamado de *respiração interna ou celular*. A respiração celular é a troca de gases não nos pulmões, mas nas células de todos os órgãos corporais. O oxigênio sai da corrente sanguínea em direção às células dos tecidos. Ao mesmo tempo, o dióxido de carbono passa dessas células em direção à corrente sanguínea e é carregado pelo sangue de volta aos pulmões para ser exalado.

Capnia vem do Grego *kapnos* e significa "fumaça". A palavra se refere a dióxido de carbono.

O ciclo de inalação e exalação de um adulto normal, incluindo um breve descanso entre elas, acontece aproximadamente 16–18 vezes por minuto. Isso é chamado de *frequência respiratória*.

A Figura 17–1 ilustra o sistema respiratório.

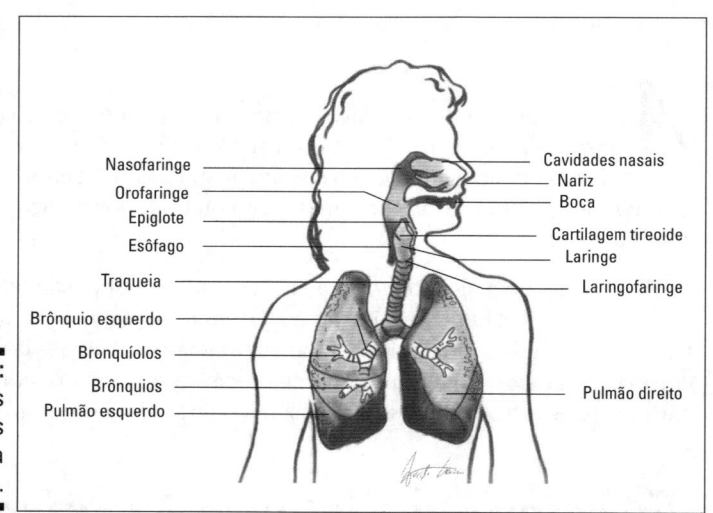

Figura 17-1: Estruturas anatômicas do sistema respiratório.

Nasofaringe • Orofaringe • Epiglote • Esôfago • Traqueia • Brônquio esquerdo • Bronquíolos • Brônquios • Pulmão esquerdo • Cavidades nasais • Nariz • Boca • Cartilagem tireoide • Laringe • Laringofaringe • Pulmão direito

Nariz

Quando inalamos, ou *inspiramos*, o ar entra no corpo através do nariz pelas narinas e passa pela cavidade nasal. Essa cavidade é revestida por uma membrana mucosa e finos pelos chamados *cílios*, que filtram corpos estranhos (tais como poeira e pólen), aquecendo e umedecendo o ar. Os *seios paranasais* são espaços de ar ocos no crânio que juntam-se à cavidade nasal.

Esses seios têm um revestimento de membrana mucosa e secretam o muco. Eles tornam os ossos do crânio mais leves e ajudam na produção do som (por isso você soa diferente quando seus seios paranasais estão obstruídos). Eles conectam-se à cavidade nasal e são nomeados de acordo com os ossos onde estão localizados: o *frontal*, o *etmoide*, o *esfenoide* e o *maxilar*.

Faringe e laringe

Depois de passar pela cavidade nasal, o ar alcança a *faringe* (garganta), que é composta de três partes. A *nasofaringe* é a mais próxima da cavidade nasal e contém as *adenoides*, que são concentrações de tecido linfático e, nas crianças, se aumentadas podem obstruir a passagem de ar. Abaixo da nasofaringe, mais perto da boca, está a *orofaringe*, onde as *amígdalas*, duas concentrações de tecido linfático, estão localizadas. A terceira parte é a *hipofaringe*, onde a faringe serve de passagem comum para o alimento vinda da boca e para o ar vindo do nariz. Essa área é dividida em duas ramificações, a *laringe* (caixa de voz) e o *esôfago* (passagem para o estômago). A laringe leva à traqueia, por onde o ar desce até os pulmões. As cordas vocais têm uma fenda entre elas chamada de *glote*. O som é produzido à medida que o ar se move dos pulmões através da glote, causando vibração. Como o alimento entra a partir da boca e o ar entra a partir do nariz, ambos se juntam na faringe.

Adenoide vem do Grego *aden*, que significa "glândula", e *cidos*, que significa "semelhante". O termo foi usado pela primeira vez para a próstata. A primeira cirurgia de adenoide aconteceu em 1868.

O que impede o alimento de ir para a traqueia e para o sistema respiratório depois de engolido? A *epiglote* é a aba de cartilagem presa à parte de cima da língua que age como uma tampa sobre a laringe. Quando o alimento é engolido, a epiglote fecha a laringe para que ele não entre.

Traqueia

No caminho para os pulmões, o ar passa da laringe para a *traqueia*, um tubo de aproximadamente 12cm de comprimento por 2,5cm de diâmetro. A traqueia é mantida aberta por cerca de 16 a 20 anéis de cartilagem que fortalecem a frente e os lados de cada tubo. Alguns desses anéis compõem a cartilagem tireoide, formando a saliência chamada de *pomo de Adão*.

O pomo de Adão é o maior anel de cartilagem da laringe. O nome veio por conta da história de Adão ter pecado quando comeu o fruto proibido e ter ficado impossibilitado de engolir a maçã presa em sua garganta.

Brônquios

A traqueia divide-se em duas ramificações chamadas de *brônquios*. Cada *brônquio* vai para um pulmão separado e subdivide-se em tubos menores e mais finos, como os ramos de uma árvore. Os mais finos ramos bronquiais são chamados *bronquíolos*. No fim deles, estão aglomerados de sacos de ar chamados *alvéolos*. Cada *alvéolo* é composto de uma camada de *epitélio*. Essa parede muito fina permite a troca de gases entre os alvéolos e os capilares que o cercam e entram em contato com ele. O sangue que flui através dos capilares pega o oxigênio dos alvéolos e deixa para trás dióxido de carbono para ser exalado. O sangue oxigenado carrega o oxigênio para todas as partes do corpo.

Brônquio vem do Grego *brecho*, que significa "derramar" ou "molhado". Os Gregos antigos acreditavam que o esôfago carregava comida sólida para o estômago e os brônquios carregavam líquidos (o que não acontece, e certamente não para o estômago).

Pulmões

Cada pulmão é coberto por uma membrana chamada *pleura*. A camada externa mais próxima das costelas é a *pleura parietal*. A camada interna mais próxima dos pulmões é a *pleura visceral*. A pleura é umedecida com um líquido aquoso que auxilia o movimento dos pulmões na cavidade torácica. Os dois pulmões estão na *cavidade torácica ou peitoral*. O pulmão direito é levemente maior do que o esquerdo, dividido em três *lóbulos*. O pulmão esquerdo tem dois lóbulos. Para lembrar quantos lóbulos cada pulmão tem, lembre que o coração habita o lado esquerdo do peito, ocupando uma área maior e, por isso, deixando espaço para apenas dois lóbulos.

Um lóbulo de um pulmão pode ser removido cirurgicamente sem dano aos lóbulos remanescentes, que continuam funcionando.

Os pulmões estendem-se da clavícula ao diafragma, na cavidade torácica. O *diafragma* é a partição muscular que separa a cavidade torácica da cavidade *abdominal*. Esse músculo ajuda no processo de respiração. O diafragma se contrai e se abaixa a cada inalação. Esse movimento para baixo do músculo aumenta a área da cavidade torácica, permitindo que o ar flua para os pulmões para igualar a pressão. Quando os pulmões estão cheios, o diafragma relaxa e sobe, tornando a cavidade torácica menor e aumentando a pressão do ar no tórax. O ar é então expelido para fora dos pulmões para igualar a pressão. Isso é chamado de *exalação* ou *expiração*.

Atelectasia, do Grego *ateles*, significa "não perfeito". *Ektasis*, "expansão", é uma expansão incompleta do pulmão, em particular no nascimento. A expansão incompleta pode ocorrer também após uma cirurgia, quando o paciente evita ou não pode respirar fundo. Isso pode fazer com que os pulmões não permaneçam inflados o suficiente, e os sacos de ar entrem em colapso entre si criando espaços mortos nos pulmões.

A Figura 17–2 mostra como funcionam a inalação e a exalação.

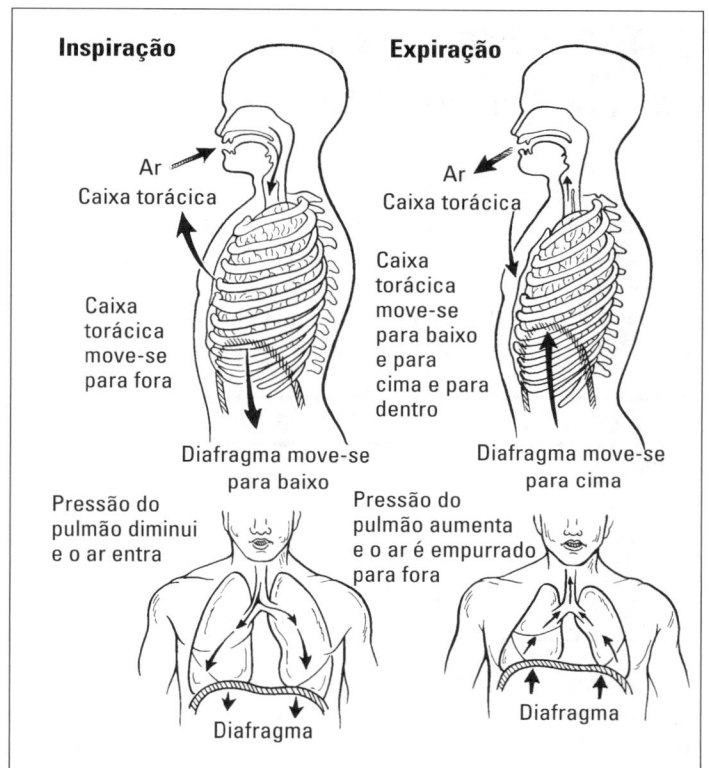

Figura 17-2:
O processo de inspiração (inalação) e expiração (exalação).

Respirações curtas: Abreviações respiratórias

O sistema respiratório é conhecido por ter algumas palavras complicadas. Aqui estão algumas das abreviações mais comuns que você pode memorizar para tornar a comunicação sobre o nariz, laringe, faringe, brônquios e pulmões um pouco mais fácil. Rapidamente você já está falando como um membro de um seriado médico.

- **AP:** Ausculta pulmonar

- **GSA:** Gasometria do Sangue Arterial, determina os níveis de oxigênio e CO_2 dissolvidos nas artérias

- **DPOC:** Doença Pulmonar Obstrutiva Crônica

- **DROC:** Doença Respiratória Obstrutiva Crônica

- **PAC:** Pneumonia adquirida na comunidade

- **RCP:** Ressuscitação Cardiopulmonar

- **RxT:** Raio X de tórax

- **TB:** Tuberculose

- **TNT:** Tubo nasotraqueal

- **TQ:** Traqueostomia

- **VA:** Vias aéreas

Raízes dos Termos do Sistema Respiratório

Você deve conhecer todas as partes individuais do sistema respiratório. Cada uma é igualmente importante. O nariz sem a faringe ou os pulmões sem os brônquios seriam nada mais do que peças avulsas, com um calhambeque em uma garagem. Similarmente, as partes dos termos médicos devem coexistir e trabalhar juntas para nos ajudar a conhecer seus significados. Prefixos, sufixos e raízes trabalham em harmonia para colocar o mundo do sistema respiratório em foco. Vamos começar do início, na Tabela 17–1 com prefixos.

Tabela 17–1	Dê a Partida com Prefixos
Raiz	*O Que Significa*
An-, a-	Sem, ausência
Endo-	Dentro
Inter-	Entre
Intra-	Dentro

Isso foi simples o bastante, certo? O número de sufixos é bem maior do que o de prefixos, mas você deve achar a lista na Tabela 17–2 bastante manejável.

Tabela 17–2	Dê a Partida com Sufixos
Sufixo	*O Que Significa*
-ar, -ario	Pertencente a
-capnia	Dióxido de carbono
-centese	Punção cirúrgica com agulha para aspirar fluido
-ectase	Alongamento ou expansão
-gram	Registro
-grafia	Processo de registro
-ite	Inflamação
-ostomia	Criação de uma abertura artificial
-oxia	Oxigênio
-pneia	Respiração
-scopio	Instrumento usado para exame visual
-scopia	Exame visual
-stenose	Estreitamento ou constrição
-torax	Tórax

Raízes e formas combinadas associadas ao sistema respiratório incluem as palavras listadas na Tabela 17–3.

Tabela 17–3	Quebrando Suas Raízes Respiratórias
Sufixo	*O Que Significa*
Adenoid/o	Adenoides
Alveol/o	Alvéolo, saco de ar
Atel/o	Imperfeito, incompleto
Bronqu/o	Brônquio
Bronqui/o	Tubos bronquiais
Epiglot/o	Epiglote
Laring/o	Laringe (caixa vocal)
Nas/o, rin/o	Nariz
Ox/o, Ox/i	Oxigênio
Faring/o	Garganta
Pleur/o	Pleura
Pneum/o	Pulmão, ar
Pulmon/o	Pulmão
Pi/o	Pus
Spir/o	Respirar
Torac/o	Tórax
Tonsili/o	Amígdalas
Traqu/o	Traqueia

Está Tudo Relacionado: Mais Termos Anatômicos

Mas isso não é tudo. Ainda temos todo tipo de grandes palavras respiratórias para você considerar. Por exemplo, *pneumologia* é o estudo das doenças respiratórias e do sistema respiratório, e *pneumologista* é o médico especializado em doenças e tratamento dos sistemas respiratórios.

Dentro e ao redor do seu corpo há dois gases com os quais você deveria se familiarizar: oxigênio e dióxido de carbono. O bom e velho *oxigênio* é o gás que passa para a corrente sanguínea nos pulmões e viaja para todas as células do corpo. Reciprocamente, o dióxido de carbono (CO_2) é o gás produzido pelas células, que é exalado através dos pulmões. *Respiração celular* é a troca de gases nas células dos tecidos. Algumas vezes, entretanto, esses gases estão em falta. *Hipocapnia* é a falta ou diminuição do nível normal de dióxido de carbono no sangue, enquanto *anóxia* é a falta de oxigênio no sangue. Alguns outros problemas relacionados ao sistema respiratório incluem

- **Afonia:** Ausência de voz

- **Apneia:** Ausência de respiração

- **Broncoespasmo:** Contração esporádica dos brônquios

- **Disfonia:** Dificuldade na fala

- **Dispneia:** Dificuldade de respiração

- **Eupneia:** Respiração normal

- **Hemoptise:** Expectoração de sangue do pulmão

- **Hiperventilação:** Ventilação dos pulmões além das necessidades normais do corpo

- **Hipoxemia:** Deficiência do oxigênio contido no sangue

- **Hipóxia:** Deficiência de oxigênio nos tecidos

- **Mucoide:** Parecido com muco

- **Mucoso:** Relativo a muco

- **Muco:** Secreção (limo) das membranas mucosas

- **Nasofaringeal:** Referente a nariz e garganta

- **Ortopneia:** Capacidade de respirar apenas nas posições em pé ou sentado

- **Rinorreia:** Escorrer pelo nariz

Em seguida temos alguns termos especificamente relacionados a descrições de partes e funções respiratórias. Conheça os seguintes componentes individuais do sistema um pouco melhor:

- **Adenoide:** Uma acumulação de tecido linfático na nasofaringe

- **Alvéolo:** Um saco de ar no pulmão

- **Ápice:** Parte superior do pulmão

- **Apical:** Referente ao ápice

- **Base:** A porção inferior do pulmão

- **Brônquio:** O ramo da traqueia que age como a passagem para os espaços aéreos do pulmão

- **Bronquíolos:** Menores ramos dos brônquios

✔ **Broncodilatador:** Agente medicamentoso causador do aumento ou abertura dos brônquios

✔ **Cílios:** Pelos finos nas membranas mucosas revestindo o trato respiratório

✔ **Hilo:** Porção média do pulmão onde os brônquios, vasos sanguíneos e nervos entram e saem dos pulmões

✔ **Lóbulos:** Divisões dos pulmões. O pulmão direito tem dois lóbulos e o esquerdo, dois

✔ **Mediastino:** Região entre os pulmões, na cavidade torácica, que contém o coração, aorta, esôfago e tubos bronquiais

Agora, toda a miscelânea restante. A Tabela 17–4 é um grupo de palavras adicionais que você precisa conhecer a fim de se relacionar com o sistema respiratório.

Tabela 17–4	Um Saco Misto de Vocabulário Respiratório
Palavra	**_O Que Significa_**
Broncoconstritor	Agente causador do estreitamento das vias aéreas bronquiais
Broncodilatador	Agente causador do alargamento ou desobstrução das vias aéreas bronquiais
Hiperventilação	Ventilação dos pulmões além das necessidades normais do corpo
Mucopurulento	Contendo muco e pus
Nebulizador	Aparelho que cria uma fina névoa para tratamento respiratório
Oxímetro	Instrumento usado para medir o oxigênio no sangue
Paroxismo	Ataque periódico ou repentino
Patente	Aberto; sem obstrução
Pulmonar	Referente ao pulmão
Estertores	Ruídos anormais ouvidos na ausculta pulmonar
Expectoração	Secreção dos pulmões, brônquios e traqueia expelida e ejetada através da boca
Ventilador mecânico	Aparelho mecânico utilizado para auxiliar ou substituir a respiração quando o paciente não consegue respirar sozinho

Problemas Respiratórios Comuns

De todas as condições respiratórias mais comuns, os brônquios têm a maior: a asma. *Asma* é o ataque de *dispneia paroxística* (respiração dificultosa e ofegante) com inflamação das vias aéreas e respiração ofegante devido à contração dos brônquios, levando à obstrução das vias aéreas se for grave o suficiente. Essa doença afeta milhões de pessoas de todas as idades.

Asma vem do Grego *astma*, que significa "ofegar".

Os pulmões têm todo tipo de doenças malucas associadas a eles. *Atelectasia*, por exemplo, é a expansão imperfeita dos sacos de ar dos pulmões. *Enfisema* é a distensão dos alvéolos com inchaço e inflamação do tecido pulmonar. Vista com frequência em fumantes inveterados, essa doença é marcada pela perda de elasticidade dos pulmões. *Pneumonia* é a inflamação e infecção agudas dos alvéolos. Existem dois tipos diferentes: a *pneumonia lobar* envolve a distribuição da infecção em um ou mais lóbulos de um pulmão, enquanto a *pneumonia* provocada por *Pneumocystis carinii* (PPC ou pneumocistose) é um agente infeccioso causado por P. Carinii. Tem origem fúngica e é comum em pacientes com AIDS.

A pneumonia pode ser distribuída de diferentes maneiras, por exemplo, limitando-se a apenas um lóbulo, como é frequentemente o caso da infecção viral, ou, ao contrário, apresentar uma aparência de "lã de algodão" no raio X, com manchas brancas espalhadas ao longo dos pulmões, como é o caso da PPC. Isso pode ser causado por diferentes agentes infecciosos, tais como viroses, bactérias e os conhecidos como *agentes atípicos*, como o *Micoplasma*, uma causa comum de pneumonia em adolescentes e jovens adultos.

Antes de 1980, a PPC era rara. Entre os pacientes de AIDS, 68% desenvolvem PPC.

Quando respiramos, não respiramos apenas ar. Algumas vezes partículas estranhas esgueiram-se como arruaceiros em sua festa respiratória. A poeira é o culpado mais comum. A *pneumoconiose* indica uma condição anormal de poeira nos pulmões. Os diferentes tipos de pneumoconioses incluem os seguintes:

- **Antracose:** Poeira de carvão
- **Asbestose:** Partículas de amianto nos pulmões
- **Silicose:** Poeira de sílica ou vidro

Falando de matéria estranha aparecendo nos pulmões, a pleura (aquela membrana que cobre os pulmões) também pode ser afetada por matéria estranha, como fluido. *Pleurisia* é a inflamação da pleura. *Derrame pleural* é o escape de fluido para a cavidade pleural. Exemplos de um derrame pleural incluem *empiema* (aquele pus na cavidade pleural sobre o qual você leu anteriormente) e *Hemotórax*, sangue na cavidade pleural tipicamente causado por um trauma, que não é tão comum mas, obviamente, um sério problema — pergunte a alguém que trabalhe em uma emergência hospitalar. Outros grandes casos famosos de derrame pleural incluem câncer dos pulmões e insuficiência cardíaca congestiva, devido ao aumento da pressão do sangue nos vasos pulmonares.

Mas espere! Há mais fluido e pus! Pode haver um festival de pus nos pulmões, e frequentemente desenvolver doenças muito sérias, como estas três:

- **Abscesso pulmonar:** Área de formação de cavidades com pus localizada nos pulmões

- **Edema pulmonar:** Inchaço e fluido nos sacos de ar, alvéolos e bronquíolos, causados por suprimento sanguíneo deficiente ao músculo do coração

- **Embolia pulmonar:** Coágulo flutuante ou outro material que bloqueia os vasos sanguíneos do pulmão

Se você achou que isso era tudo que podia afetar sua respiração, pense novamente. Por haver uma grande chance de partículas estranhas, poeira ou doenças transmissíveis (do resfriado comum a problemas mais sérios), os pulmões e seus companheiros serem suscetíveis a uma vasta gama de doenças. Aqui estão alguns exemplos:

- **Adenoidite:** Inflamação das adenoides

- **Amigdalite:** Inflamação das amígdalas

- **Atelectasia:** Expansão incompleta dos pulmões

- **Bronquiectasia:** Dilatação dos brônquios

- **Bronquite:** Inflamação dos brônquios

- **Laringite:** Inflamação da laringe

- **Laringotraqueobronquite:** Crupe ou difteria

- **Neoplasia pulmonar:** Um tumor no pulmão, que pode ser maligno ou benigno dependendo da composição

- **Pneumotórax:** Ar entre o pulmão e a parede do tórax

- **Rinite:** Inflamação das membranas mucosas do nariz

- **Traqueíte:** Inflamação da traqueia

Achando o Culpado: Doenças Respiratórias e Sua Patologia

Agora todo tipo de coisas realmente sérias e que fazem você aterrissar no hospital: doenças e complicações patológicas. Uma das doenças respiratórias mais assustadoras é a *tuberculose*, também conhecida como *TB*. Por causa de sua natureza transmissível, essa doença infecciosa, que é causada por *bacilos álcool-ácido resistentes* transmitidos pela inalação de gotículas infectadas, sempre causa uma agitação quando reportada aos funcionários de saúde. Tanto assim que, antes dos antibióticos, era comum a construção de hospitais exclusivamente para o tratamento de TB. A tuberculose está um pouco mais sob controle hoje e é tratada com um regime específico de antibióticos, normalmente durante um período de longo prazo (seis meses). Há ainda muitos casos relatados, contudo, particularmente no hemisfério Sul.

A *difteria* é outra doença infecciosa do trato respiratório superior, que afeta a garganta. A *gripe* é uma doença respiratória altamente infecciosa de origem viral. Embora para a maioria das pessoas hoje em dia isso se resuma a algum tempo afastado do trabalho e canja de galinha, a gripe pode ser mortal se não tratada ou acometer grupos de risco, como crianças pequenas e idosos.

A *doença do legionário* (ou legionelose) é uma forma de pneumonia lobar causada pela bactéria Legionella pneumophila.

A doença do legionário ganhou notoriedade depois de uma epidemia altamente divulgada que ocorreu na convenção da Legião Americana, em 1976.

Cansado? Aguente firme. Há mais algumas poucas doenças respiratórias que você deve conhecer. Aqui estão:

- **Carcinoma broncogênico** é um tumor canceroso que aparece nos brônquios. Esse tumor pode *metastizar* (espalhar) para o cérebro, fígado e outros órgãos.

- **Cor pulmonale** é uma séria doença cardíaca associada a complicações pulmonares crônicas, tais como enfisema.

- **Doença Pulmonar Obstrutiva Crônica (DPOC)** refere-se a qualquer doença pulmonar persistente que obstrui o fluxo de ar bronquial. Exemplos incluem bronquite crônica e enfisema.

- **Edema pulmonar** significa acumulação de fluido nos alvéolos e bronquíolos.

Preste atenção às crianças

Algumas doenças apresentam-se na infância ou desenvolvem-se mais predominantemente nas crianças. Uma que é comumente associada às crianças é a *pertússis*, mais conhecida como *coqueluche*. Essa é uma infecção bacteriana contagiosa do trato respiratório superior (faringe, laringe e traqueia). A *difteria* (laringotraqueobronquite) é outra doença respiratória que afeta crianças. É uma síndrome respiratória aguda nas crianças, marcada por uma obstrução da laringe, rouquidão e tosse.

Em um outro nível estão aquelas doenças que podem ser herdadas. *Fibrose cística* é

uma para se observar. Essa é uma doença infantil hereditária na qual há excesso de produção de muco no trato respiratório. É uma disfunção das glândulas exócrinas com doença pulmonar crônica (prolongada) devido à excessiva secreção de muco no trato respiratório, deficiência pancreática e algumas vezes cirrose. São várias disfunções, mas a produção de muco é o problema principal.

Se você está grávida, pergunte ao seu obstetra sobre o teste para fibrose cística para determinar se você ou seu parceiro são portadores da doença.

🖙 **Embolia pulmonar** é um coágulo sanguíneo, coágulo de gordura ou ar carregado pela circulação sanguínea para a artéria pulmonar, onde a bloqueia.

🖙 **Infecção do trato respiratório superior** envolve faringe, laringe e traqueia. Infecção do trato respiratório inferior refere-se normalmente a uma infecção de tudo que sobrou — brônquios e pulmões. É difícil ter este segundo tipo sem o anterior, mas pode ter a infecção do trato superior sozinha.

🖙 **Síndrome de Angústia Respiratória Aguda (SARA)** é a insuficiência respiratória em adultos, consequente de doença ou ferimento.

🖙 **SAOS, ou Síndrome da Apneia Obstrutiva do Sono**, ocorre quando colapsos faringeais durante o sono levam à ausência de respiração.

Testando, Testando: Radiologia e Testes de Diagnóstico Respiratórios

Agora que você tem todos esses termos de problemas e doenças flutuando na sua cabeça, você provavelmente se perguntará se algo pode ser feito a respeito deles. Graças às maravilhas da tecnologia moderna, existem muitas formas pelas quais os médicos e outros profissionais de saúde podem diagnosticar o que aflige as vias aéreas.

Para começar, médicos confiam em seus sentidos para olhar e ouvir o que seus pulmões e demais partes respiratórias estão fazendo. Cada vez, por exemplo, que o médico ouve o seu coração e pulmões com um *estetoscópio*, ele está realizando uma *ausculta*, que significa simplesmente... Ouvir os sons de dentro do corpo usando um estetoscópio. Esse método simples permite a médicos e enfermeiros ouvir os sons dos pulmões, pleura, coração e abdômen. Outra técnica de escuta é a *percussão*, na qual o médico dá pancadinhas curtas e fortes na superfície do corpo com um dedo ou instrumento, a fim de determinar a densidade dos sons do tecido subjacente. Uma *laringoscopia* ocorre quando a laringe é visualizada com um laringoscópio. Uma *broncoscopia* é o exame dos brônquios passando através deles um tubo flexível de fibra ótica (endoscópio). Uma *traqueostomia* é uma abertura feita na traqueia através do pescoço para inserir um tubo que facilite a passagem do ar ou remova secreções.

IPPA significa inspeção, palpação, percussão e ausculta. São partes de um exame físico normal tanto no hospital, quanto no consultório médico.

Testes de diagnóstico são parte do arsenal de resolução de problemas do pneumologista. Alguns são mais invasivos do que outros, enquanto uns envolvem simplesmente olhar e ouvir com a ajuda de equipamento médico. Alguns dos testes mais usados são os seguintes:

- **Biópsia pulmonar:** Tecido pulmonar é obtido por fórceps ou escova (escovação bronquial). Pode ser obtido também através de um cateter inserido sob orientação de raio X.

- **Cintilografia pulmonar:** Material radioativo é injetado ou inalado e imagens de sua distribuição no tecido pulmonar são gravadas.

- **Intubação endotraqueal** é quando um tubo é colocado na traqueia através da boca para estabilizar uma via aérea.

- **Lavagem pulmonar:** Amostras podem ser obtidas para exames bacteriológicos e estudos *citológicos*, pela aspiração de secreções bronquiais ou pela injeção de fluido e sua restauração.

- **Testes de função pulmonar** avaliam a capacidade de ventilação do pulmão. Um *espirômetro* mede o ar que entra e sai dos pulmões.

- **Toracocentese:** A parede do tórax é furada com uma agulha para obter fluido da cavidade pleural para estudos diagnósticos ou para aliviar a pressão no pulmão.

- **Teste tuberculínico** é quando um antígeno é aplicado na pele por múltiplas punções, ou via intradérmica pelo teste de Mantoux. No paciente infectado, é observada uma reação inflamatória dentro de 48 a 96 horas.

Uma maneira muito útil de ver o que está acontecendo no sistema respiratório é usar raio X e procedimentos endoscópicos para dar uma olhada melhor. Os dois principais tipos de raio X utilizados são: um *broncograma* é um raio X dos brônquios e uma *radiografia do tórax* é usada para avaliar os pulmões e coração. Outro método de diagnóstico amplamente utilizado é a *broncoscopia*, um exame visual dos brônquios usando um *broncoscópio*. Uma *TC do tórax* é também chamada *tomografia axial computadorizada (CAT scan, em inglês)*. Nesse exame, médicos e radiologistas usam imagens computadorizadas da cavidade torácica para diagnosticar tumores, abscessos e derrame pleural.

Chamando o Dr. Terminologia: Cirurgias e Procedimentos Respiratórios

Agora que você tem as ferramentas para identificar e diagnosticar problemas e doenças do sistema respiratório, pegue seus instrumentos e prepare-se, pois é hora de operar.

A maioria dos termos que se referem a cirurgias e procedimentos giram em torno de incisões, excisões e reparos reais usados para tratar uma miríade de condições e doenças. Como tal, esses termos são bastante simples. Você verá muito dos sufixos *-otomia* e *-plastia* aqui, indicando o tipo de procedimento.

Comece por cima, com os reparos feitos no nariz. *Rinoplastia* é o reparo cirúrgico do nariz, enquanto *septoplastia* é o reparo cirúrgico do septo nasal.

Descendo para a região da garganta, você tem a *adenoidectomia*, uma incisão das adenoides. Similarmente, tonsilectomia (ou amigdalectomia) é uma excisão das amídalas, bem como um método garantido para se ganhar sorvete.

Dois termos relacionam-se diretamente à laringe. *Laringectomia* é a excisão da laringe, enquanto *laringoplastia* é o reparo cirúrgico da mesma. Movendo-se para a traqueia, temos a *traqueostomia*, popularizada na televisão e cinema por algum personagem não-médico que deve realizá-la com uma garrafa de vodca e um canivete suíço ou caneta esferográfica. Mas vamos deixar isso para os profissionais, certo? Esse procedimento envolve uma incisão na traqueia. Uma *traqueoplastia* é o reparo cirúrgico da traqueia.

Os pulmões e a cavidade torácica são próximos. Aqui estão algumas das cirurgias e procedimentos mais comuns relacionados àquela área do sistema respiratório:

- ✔ **Lobectomia:** Excisão de um lóbulo de um pulmão
- ✔ **Pleurocentese:** Punção cirúrgica para aspirar fluido do espaço pleural
- ✔ **Pneumonectomia:** Excisão de um pulmão
- ✔ **Toracocentese:** Punção cirúrgica para aspirar fluido da cavidade torácica
- ✔ **Toracotomia:** Incisão na cavidade torácica

Raio X Terminológico: Farmacologia para o Sistema Respiratório

Vários tipos de medicamentos são usados para tratar o sistema respiratório. Muitos são usados para outros sistemas também, mas vale a pena repeti-los para que você saiba o que é seguro usar em relação aos pulmões. *Broncodilatadores* são usados para tratar asma, DPOC e broncoespasmo induzido pelo exercício. Eles relaxam os músculos ao redor dos brônquios, aumentando o fluxo de ar. São usualmente ministrados oralmente, intravenosamente ou por nebulizador ou inalador, administrado em sopros. *Corticosteroides* são usados para controlar reações inflamatórias. *Diuréticos* são usados para tratar edema pulmonar.

Quando você sente os efeitos de um resfriado ou infecção bronquial, provavelmente toma um dos quatro tipos seguintes de medicamentos: *descongestionantes* ajudam a reduzir o inchaço nas membranas mucosas do nariz, aliviam a congestão e permitem que a secreção seja drenada. *Anti-histamínicos* ajudam a secar a secreção. Eles são efetivos no tratamento de reações alérgicas, mas não para resfriados comuns. *Antitussígenos* diminuem a tosse ao suprimir o centro da tosse no cérebro. *Expectorantes* reduzem a densidade da expectoração para que possa ser expelida mais facilmente. Se medicamentos sem prescrição não reduzirem, uma prescrição pode ser a solução. *Antibióticos* são usados para tratar infecções respiratórias, tuberculose e pneumonias. *Nitrato de prata* pode ser usado para cauterizar vasos sanguíneos superficiais que causam hemorragias nasais.

Capítulo 18

Hora da Alimentação: O Sistema Gastrointestinal

Neste Capítulo

▶ Descubra como funciona o sistema gastrointestinal

▶ Determine as raízes, prefixos e sufixos próprios deste sistema

▶ Ache os termos certos para usar no diagnóstico de problemas

▶ Use a terminologia do sistema gastrointestinal para discutir problemas e doenças comuns

Aquele grande bife do jantar faz você se sentir como se precisasse de calça elástica por uma razão. Seu sistema *gastrointestinal* tem que trabalhar duro para transformar toda aquela carne e aquela batata em substância útil para que seu corpo possa usar como energia, e ele só pode reter uma certa quantidade por vez.

Imagine uma piscina durante o verão. Apenas um certo número de crianças pode pular nela, de outra maneira a água transborda e faz uma imensa bagunça. É o mesmo com o sistema gastrointestinal. Se você coloca muitas coisas nele, algo certamente irá transbordar. Então, dê pequenas mordidas e tente digerir toda aquela sensação de estufamento que você tem depois do jantar. As calças elásticas são opcionais.

O *sistema gastrointestinal*, também chamado de *trato alimentar* ou *digestivo*, fornece uma passagem parecida com um tubo através de um labirinto de órgãos e cavidades do corpo, começando na boca, a entrada da comida para o corpo, e terminando no ânus, onde os resíduos sólidos saem.

Esse sistema e seus órgãos realizam três funções básicas:

✔ Transportar a comida para digestão

✔ Prepará-la para absorção

✔ Transportar resíduos sólidos para eliminação

Como Funciona o Sistema Gastrointestinal

A digestão começa com a nossa ajuda. A comida é colocada na boca. Ela tem que ser quebrada e digerida tanto mecânica quanto quimicamente, e assim fazer seu caminho através do trato gastrointestinal. As enzimas digestivas ajudam a acelerar a reação química e auxiliam na separação ou digestão dos nutrientes complexos da comida.

Durante o processo digestivo, são quebrados os *aminoácidos*, açúcares complexos são reduzidos a açúcares simples, tais como glicose, e grandes moléculas de gordura são quebradas em *ácidos graxos* e *triglicerídeos*.

A *absorção* acontece quando a comida digerida é absorvida na corrente sanguínea, passando pelas paredes do intestino delgado. Por esse processo, nutrientes como açúcar e aminoácidos viajam para todas as células do corpo. Ácidos graxos e triglicerídeos são também absorvidos através da parede do intestino delgado, mas entram nos vasos linfáticos em vez de nos vasos sanguíneos.

O terceiro estágio é a eliminação dos resíduos sólidos que não podem ser absorvidos pela corrente sanguínea. Esse resíduo sólido, chamado de fezes, é acumulado no intestino grosso e finalmente sai você sabe por onde.

Você pode seguir a alegre rota feita através das várias passagens e órgãos que compõem o sistema digestivo. A Figura 18–1 mostra os órgãos envolvidos.

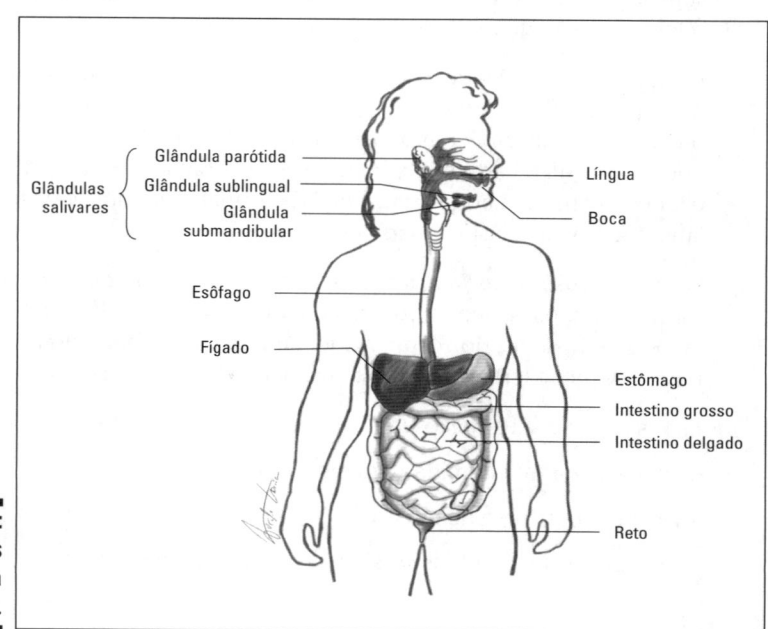

Figura 18-1:
Os órgãos
do sistema
digestivo.

Boca e Faringe

O trato digestivo começa com a *cavidade oral* ou *boca*. Os lábios proporcionam a abertura e as bochechas formam as paredes. O *palato duro* é o céu da boca e o *palato mole muscular* está por trás dele, separando horizontalmente a boca da *nasofaringe*, ou cavidade nasal posterior. Então tudo se mistura. A parte final da boca, ou *orofaringe*, lança-se sutilmente para a *hipofaringe*, ou atrás da boca/topo da garganta, e então para a própria faringe, ou garganta superior, que então se torna o esôfago. E isso conclui nossa viagem de descoberta pela faringe.

Pendurada no palato mole está uma pequena peça de tecido mole chamada *úvula*, que significa "pequena uva". A língua se estende do fundo da boca e é presa por músculos ao osso maxilar inferior. Ela move-se ao redor da comida durante a *mastigação* e a *deglutição*. A língua é coberta por pequenas saliências chamadas *papilas gustativas*, que são sensíveis à natureza química dos alimentos.

Os dentes são importantes porque, durante o processo de mastigação, eles quebram a comida em pequenos pedaços para tornar a deglutição mais fácil. Ao redor da cavidade oral, estão três pares de *glândulas salivares* (glândula parótida, glândula submandibular e glândula sublingual), em cada lado da boca. Essas glândulas produzem saliva, as quais contêm enzimas digestivas. Os dutos salivares estreitos carregam a saliva para a cavidade oral.

O alimento passa da boca para a *faringe* (garganta), um tubo muscular revestido com membrana mucosa. Ela age como passagem de ar a partir da cavidade nasal para a laringe (caixa vocal) mas também como passagem da comida que vai da boca ao esôfago. Uma aba de tecido chamada *epiglote* cobre a abertura da laringe e evita que a comida vá para a *traqueia* quando ocorre a deglutição.

Esôfago

O *esôfago* é um tubo muscular de 22 a 25cm que vai da faringe ao estômago. Ele ajuda na deglutição e impulsiona a comida em direção ao estômago. *Peristalse* é o processo involuntário de contrações em movimento de ondas no esôfago que ajudam o alimento a encontrar seu próximo destino. Esse processo, na verdade, acontece ao longo de todo o trato gastrointestinal, ajudando a impulsionar a comida através do sistema.

Estômago

A comida passa do esôfago para o estômago. Ele é composto do *fundo* (porção superior), *corpo* (porção média) e *antro* (porção inferior). O revestimento do estômago é formado por *dobras* chamadas *vilosidades*, que permitem ao estômago estender-se quando a comida entra. As aberturas de entrada e saída do estômago são controladas por anéis de músculos chamados *esfíncteres*. O *esfíncter esofágico* (ou *cardíaco*) relaxa e contrai, movendo o alimento do esôfago para o estômago, e o *esfíncter pilórico* permite que o alimento saia do estômago quando tiver sido suficientemente quebrado.

A função do estômago é preparar a comida quimicamente para ser recebida pelo intestino delgado para maior digestão e absorção na corrente sanguínea. A comida é batida e misturada com *suco gástrico* para formar uma pasta chamada *quimo*. A comida não entra na corrente sanguínea através das paredes do estômago. Ele controla a passagem da comida para a primeira parte do intestino delgado, então ela prossegue apenas quando está quimicamente pronta e em pequenas quantidades.

Fígado

O fígado, a vesícula biliar e o pâncreas são órgãos acessórios do sistema digestivo. A comida não passa através desses órgãos, mas cada um desempenha um papel na digestão e absorção de nutrientes.

O *fígado* produz um fluido esverdeado chamado *bile*, que contém *colesterol*, uma substância gordurosa, *ácidos biliares* e diversos *pigmentos biliares*. A bile é continuamente lançada do fígado e percorre o *ducto hepático* ao *ducto cístico*. O ducto cístico conduz à *vesícula biliar*, que armazena e concentra a bile para uso posterior. Após as refeições, a vesícula se contrai, forçando a bile até o *ducto biliar comum*, juntando-se ao *ducto pancreático*, imediatamente antes da entrada do duodeno, que recebe uma mistura de bile e *suco pancreático*.

Pâncreas

O *pâncreas* produz sucos cheios de enzimas, *amilase* e *lipase* para digerir o alimento. Eles passam para o duodeno através do *ducto pancreático*. Uma glândula endócrina (veja o Capítulo 19), o pâncreas também secreta *insulina*. Esse hormônio é necessário para ajudar a regular os níveis de glicose no sangue.

 O *pâncreas* é chamado assim por causa da sua aparência carnuda. A palavra Grega *pan* significa "tudo" e *krea*, "carne".

Vesícula Biliar

A *vesícula biliar* é uma estrutura que parece uma bolsa de 7 a 10cm escondida debaixo do lóbulo direito do fígado. É parte do *trato biliar* (hepático, cístico e dutos biliares comuns). Armazena bile até que seja necessária no duodeno para ajudar a digestão.

 Você pode viver sem uma vesícula biliar. Se estiver inflamada ou conter cálculos (pedrinhas calcificadas formadas na vesícula), ela é removida cirurgicamente. A bile pode encontrar um outro lar nos ductos biliares, permitindo que o processo biliar funcione.

Intestinos

O *intestino delgado* se estende do *esfíncter pilórico* à primeira parte do intestino grosso. Tem 6,4m de comprimento, 2,54cm de diâmetro e três partes. O *duodeno*, de aproximadamente 30cm, recebe o quimo do estômago, bem como a bile do fígado e vesícula biliar e o suco pancreático do pâncreas.

 *Duodeno* vem do Latim *duodeni*, que significa "doze cada", em referência ao seu comprimento.

As enzimas e a bile ajudam a digerir a comida antes que ela passe para a segunda parte do intestino delgado, o *jejuno*. Ele tem aproximadamente 2m de comprimento e conecta-se à terceira porção, o *íleo*. Na parede do intestino delgado estão milhões de minúsculas *vilosidades* microscópicas, saliências similares a um dedo. Através de minúsculos capilares nas vilosidades, os nutrientes digeridos atravessam para entrar na corrente sanguínea e vasos linfáticos. Na extremidade inferior do íleo está a *válvula ileocecal*, o ponto de junção entre o intestino delgado e o grosso.

 Aqui está uma rápida olhada em duas partes do intestino. *Jejuno* (do Latim *jejunas*) significa "vazio" e é chamado assim porque foi sempre encontrado vazio. *Íleo* (do Grego *cilein*) significa "rolar". Esta é uma referência às ondas peristálticas que movem o alimento.

Desculpe-me, qual é a saída?

Se você acha que um motorista de táxi de São Paulo pega a rota mais indireta possível, é porque você ainda não conheceu o cólon, com suas seções ascendentes, transversas e descendentes. Esse taxista não tem nada a ver com essa parte do seu sistema gastrointestinal. Obviamente nomeado por causa de seu formato, o intestino delgado está muito próximo do reto em sua extremidade distal, mas segue longa viagem para fora. Ele sobe pelo lado direito do abdômen, atravessa transversalmente e, então, desce pelo lado esquerdo, torcendo e girando por toda a metade inferior do seu corpo. Nem se preocupe em perguntar a direção.

O *intestino grosso* estende-se da extremidade do íleo até o ânus. É composto de quatro partes: *ceco*, *cólon*, *cólon sigmoide* e *reto*. Tem 1,53m de comprimento e aproximadamente 6,35cm de diâmetro. O ceco é uma bolsa que está conectada ao íleo pela *válvula ileocecal*.

O *apêndice* pende do ceco. O apêndice não tem função, por isso não é uma grande perda para seu corpo se tiver que ser removido. O cólon tem três divisões: o cólon ascendente, o transverso e o descendente. O cólon sigmoide tem a forma de S e está na extremidade do cólon descendente que leva ao *reto*. O reto termina na abertura inferior do trato gastrointestinal, no ânus. O intestino grosso inteiro recebe produtos residuais fluidos da digestão que não podem ser absorvidos na corrente sanguínea e os armazena até serem lançados para fora do corpo.

Raízes dos Termos do Sistema Gastrointestinal

Muitos jogadores trabalham juntos no trato gastrointestinal. A boa notícia é que, no que diz respeito à construção de palavras, a lista de prefixos e sufixos é muito menos complicada do que aquelas dos outros grandes sistemas. Os prefixos e sufixos listados na Tabela 18–1 irão ajudá-lo a manter todas as partes do corpo, doenças e procedimentos em ordem.

Na dúvida, fale em voz alta.

Tabela 18–1 Comida Entra, Comida Sai: Prefixos e Sufixos Gástricos

Prefixo	O Que Significa
Re-	De volta
Retro-	Para trás
Sufixo	**O Que Significa**
-ase	Enzima
-flux	Fluxo
-iase	Condição anormal
-litiase	Cálculo ou pedra
-litic	Destruição ou quebra
-orrafia	Fixação ou sutura cirúrgica
-ostomia	Criação de uma abertura artificial
-pepsia	Digestão
-prandial	Refeição
-tresia	Abertura
-tripsia	Esmagamento

Agora, na Tabela 18–2, é hora de descobrir o que vem entre essas partes das palavras. Considere as formas combinadas e as raízes como se fossem o estômago — elas quebram a palavra em componentes mais úteis. A raiz irá fornecer, por sua vez, o conteúdo nutritivo que dá à palavra seu significado.

Tabela 18–2 A Sustância: Raízes Gastrointestinais

Raíz	O Que Significa
An/o	Ânus
Apendic/o	Apêndice
Buc/o	Bochecha (facial)
Cec/o	Ceco
Celi/o	Barriga
Col/e, bil/e	Fel, bile
Colecist/o	Vesícula biliar
Coledoc/o	Duto biliar comum
Col/o, colon/o	Cólon
Dent/o, odont/o	Dentes
Duoden/o	Duodeno

(continua)

Tabela 18–2 (continuação)

Raíz	O Que Significa
Enter/o	Intestino delgado
Esofag/o	Esôfago
Faring/o	Faringe
Gastr/o	Estômago
Genviv/o	Gengiva
Gluc/o, glic/o	Açúcar
Hepat/o	Fígado
Ile/o	Íleo
Jejun/o	Jejuno
Labi/o	Lábios
Lingu/o, gloss/o	Língua
Lip/o	Gordura, lipídios
Or/o	Boca, oral
Palat/o	Palato
Pancreat/o	Pâncreas
Peritone/o	Peritôneo
Pilor/o	Piloro
Proct/o	Ânus, reto
Ret/o	Reto
Sial/o, sial/ia	Saliva
Sigmoid/o	Cólon sigmoide
Splen/o	Baço Baço
Submaxil/o	Maxilar inferior
Tonsil/o	Amígdalas
Uvul/o	Úvula

Problemas Gastrointestinais Comuns

Já que o sistema gastrointestinal é formado por muitas partes, não deveria ser uma surpresa que ele seja propenso a todo tipo de doenças e males. As condições bucais são algumas das mais óbvias a olho nu. Ainda bem que dois tipos de profissionais podem ajudar a encontrar soluções para os males da boca que afetam a mastigação. Pergunte a qualquer pai sobre o seu *ortodontista* amigo da vizinhança — ele é especializado na correção de dentes deformados, tortos ou com má oclusão (tortos ou mal alinhados). O *periodontista* é especializado em doenças do tecido ao redor dos dentes. Não se esqueça do bom e velho *dentista*, que cuida dos problemas dentais; e dos *cirurgiões bucal* e *maxilofacial*, que lidam com cirurgias dentais e faciais para reparar coisas como fendas palatinas e trauma dental.

Agora, dê uma olhada mais de perto em alguns dos problemas que esses especialistas tratam:

- **Bruxismo:** Ranger os dentes involuntariamente, normalmente durante o sono
- **Cáries dentárias:** Deterioração nos dentes
- **Disfasia:** Dificuldade na fala
- **Edêntulo:** Sem dentes
- **Estomatite aftosa:** Aftas na boca
- **Fissura palatal:** Divisão congênita no céu da boca ou lábio superior
- **Gengivite:** Inflamação das gengivas
- **Halitose:** Mau hálito
- **Herpes simplex:** Espécies de bolhas nos lábios ou nariz devido ao vírus da herpes
- **Leucoplasia:** Manchas ou placas brancas na mucosa da boca
- **Sublingual:** Debaixo da língua

Seus dentes de bebê são também chamados de *dentes de leite*. Seus primeiros dentes (vinte no total) incluem oito incisivos, quatro cúspides e oito molares. Seus dentes permanentes são em número de 32, com oito incisivos, oito prémolares e 12 molares.

O esôfago é a próxima parada na sua viagem aos problemas gastrointestinais. Muitas das doenças seguintes resultam em desconforto tanto no processo de deglutição, quanto de digestão.

- **Afagia:** Incapacidade de engolir
- **Azia:** Sensação de queimação causada por refluxo ou retorno do ácido do estômago para o esôfago
- **Disfagia:** Dificuldade de engolir
- **Esofagite:** Inflamação do esôfago
- **Varizes esofágicas:** Exatamente como veias varicosas nas pernas; veias distendidas com válvulas ineficientes que permitem refluxo venoso, resultando em sangue estagnado nas veias

Para diferenciar disfasia de disfagia, lembre-se que o *s* em disfasia é para "som" (fala) e o *g* de disfagia é para garganta.

Em direção sul, você encontra o estômago, uma área cheia de possibilidades quando se refere a doenças. *Gastroenterologia* é o estudo do estômago e intestinos e *gastroenterologista* é o médico que trata das condições do estômago e intestino.

Muitas das condições que mais tarde afetam o esôfago ou intestino começam no estômago. Então, tenha seus antiácidos prontos para isso:

- **Dispepsia:** Dificuldade de digestão
- **Eructação:** Ato de arrotar ou subida de gás do estômago
- **Gastrite:** Inflamação do estômago
- **Gastrodinia:** Dor no estômago
- **Hematêmese:** Vômito de sangue
- **Hérnia de hiato:** Saliência de parte do estômago através da abertura do esôfago para o diafragma
- **Hiperêmese:** Vômito excessivo
- **Nasogástrico:** Referente ao nariz e ao estômago
- **Náusea:** Impulso de vomitar
- **Regurgitação:** Retorno de sólidos e fluidos para a boca vindos do estômago
- **Úlcera:** Ferimento ou lesão da membrana mucosa ou pele
- **Úlcera gástrica:** Lesão na parede do estômago. Também conhecida como úlcera péptica
- **Vômito:** Também conhecido como êmese: conteúdo do estômago expelido através da boca

O fígado, pâncreas e vesícula biliar, todos experimentam suas próprias doenças específicas, a mais comum são os bons, velhos e quase sempre dolorosos *cálculos biliares*.

- **Cálculos:** Pedras
- **Colelitíase:** Condição de ter cálculos na vesícula biliar
- **Cálculos biliares:** Acumulação rígida de bile que forma os cálculos e ductos biliares
- **Hepatomegalia:** Aumento do fígado
- **Hepatoma:** Tumor do fígado
- **Úlcera duodenal:** Úlcera no duodeno

As voltas e mais voltas de ambos os intestinos, grosso e delgado, podem produzir algumas doenças interessantes e algumas vezes complicadas. A completa extensão desses órgãos tornam a diagnose e tratamento um longo e sinuoso caminho. Comece a jornada com essas complicações intestinais comuns:

- **Ascite:** Acúmulo anormal de fluido na cavidade peritoneal causada por cirrose, tumor e infecção; barriga d'água

- **Borborigmo:** Som de borbulhar ou estrondo feito pelo movimento de gases no intestino

- **Diarreia:** Eliminação frequente de fezes líquidas

- **Divertículos:** Bolsas laterais anormais em estruturas ocas, tais como intestino, cólon sigmoide e duodeno

- **Esteatorreia:** Gordura excessiva nas fezes

- **Flatos:** Gases expelidos através do ânus

- **Hemorroidas:** Veias inchadas ou retorcidas fora ou logo dentro do ânus

- **Hérnia:** Saliência de um órgão ou parte dele através da parede da cavidade que o contém

- **Hérnia inguinal:** Pequena alça intestinal que se projeta através de um local enfraquecido no anel inguinal, uma abertura na parede abdominal inferior

- **Íleo paralítico:** Obstrução intestinal que pode ser causada por falha do peristaltismo em seguida a cirurgia, hérnia, tumor, adesões e, com frequência, periotonite

- **Intussuscepção:** Invaginação do intestino, comum em crianças

- **Laxativo:** Medicamento que estimula o movimento das fezes

- **Melena:** Fezes pastosas, ou contendo sangue

- **Polipose:** Condição de pólipos na parede do intestino

- **Polipose colônica:** Pólipos, pequenos neoplasmas que projetam-se da membrana mucosa do cólon

- **Prisão de ventre:** Dificuldade ou atraso na defecação causado por baixos movimentos peristálticos, com excesso de absorção de água, já que o conteúdo fica muito tempo no intestino, ou por desidratação

- **Prurido anal:** Comichão intenso da área anal

- **Purgativo:** Laxante forte

- **Vólvulo:** Torção do intestino sobre si mesmo

Hábitos alimentares mortais

Infelizmente, algumas doenças são resultado de doenças mentais e psicóticas mais sérias, e podem ser mortais. Se você ou alguém que você conheça apresentar algum desses sinais, por favor, busque ajuda médica imediatamente. Nenhuma quantidade de perda de peso vale a perda da vida de alguém. Aqui estão as doenças mais sérias desse tipo:

✔ **Anorexia:** condição psiquiátrica envolvendo autoprivação de comida, falta de apetite e perda de peso patológica

✔ **Anorexia nervosa:** desordem psiquiátrica; medo anormal de se tornar obeso

✔ **Bulimia:** empanturrar-se com comida e então livrar-se dela, mais comumente pela indução do vômito ou uso de exercício intenso ou laxativos/diuréticos

✔ **Caquexia:** baixa nutrição generalizada

Achando o Culpado: Doenças Gastrointestinais e Sua Patologia

O sistema gastrointestinal também pode ser palco para ainda mais doenças patológicas. Muitas dessas envolvem inflamação de vários componentes do sistema, que podem causar uma grande interrupção no trabalho que o sistema desenvolve, bem como grande desconforto. Aqui está uma olhada nas doenças relacionadas a inflamação:

✔ **Colecistite:** Inflamação da vesícula biliar

✔ **Colite ulcerosa:** Inflamação crônica do cólon com úlceras

✔ **Diverticulite:** Inflamação do divertículo

✔ **Doença de Crohn:** Inflamação e ulceração do trato intestinal, principalmente a parte inferior do intestino delgado e grosso

✔ **Doença periodontal:** Inflamação e degeneração das gengivas, dentes e ossos próximos

✔ **Enterite:** Inflamação do intestino

✔ **Gastroenterite:** Inflamação do estômago e intestino

✔ **Hepatite A:** Inflamação aguda do fígado, propagada pelo contato fecal-oral

✔ **Hepatite B:** Inflamação do fígado devido a um vírus transmitido pelo sangue e fluidos corporais

- **Hepatite C:** Vírus que afeta o fígado e se espalha através do sangue e fluidos corporais. Como em outras formas de hepatite, pode causar icterícia, uma coloração amarelada da pele

- **Hepatite:** Inflamação do fígado causada por vírus ou dano no fígado

- **Pancreatite:** Inflamação do pâncreas

Como você pode ver, inflamação é uma grande questão para o sistema gastrointestinal. Aqui estão algumas outras doenças comuns que podem pôr fim às funções diárias do sistema:

- **Cirrose** é uma formação fibrosa no parênquima hepático, ou tecido, devido a dano causado pelo álcool, drogas e viroses como hepatite.

- **Doença celíaca:** Também conhecida como síndrome da má-absorção, esta doença é acelerada por alimentos que contêm glúten. As saliências semelhantes a cílios (*vilosidades*) se degeneram (ou, enfraquecem), então perdem sua função de absorção. A doença pode ser hereditária e é comum em pessoas de origem irlandesa. Quem tiver a doença deve seguir uma dieta livre de glúten para controlar a dor abdominal e a diarreia. Também conhecida como *enteropatia por glúten* ou *espru não-tropical*.

- **DRGE** significa *doença do refluxo gastroesofágico*. Refere-se ao fluxo contrário do conteúdo gastrointestinal para o esôfago.

- **Fístula anal:** Uma passagem anormal, semelhante a um tubo, próximo ao lugar onde o ânus se comunica com o reto.

- **SII:** *Síndrome do intestino irritável* é um grupo de sintomas incluindo diarreia, inchaço abdominal, cólicas e prisão de ventre associados ao estresse e tensão (também conhecido como *cólon espástico*).

Testando, Testando: Radiologia e Testes de Diagnóstico Gastrointestinais

Agora que você sabe o que pode possivelmente estar errado com seu sistema gastrointestinal, é hora de descobrir como os profissionais de saúde confirmam suas suspeitas. Há três maneiras básicas de médicos diagnosticarem doenças e problemas digestivos: raios X, ultrassons e exames de sangue. Confira esses excitantes métodos de raio X:

- **Colecistograma:** Raio X da vesícula biliar

- **Enema opaco:** Série de raios X tirados do intestino grosso depois de injetada uma substância opaca

- **Série GI superior:** Série de raios X tirados do estômago e do duodeno depois da ingestão de uma solução de bário ou consumir alguma refeição

- **Ultrassom abdominal:** O mais comum dos métodos determina a presença de pedras na vesícula biliar, pode detectar cistos hepáticos, abscessos, cálculos biliares e pâncreas aumentado

Não fique com medo, mas agora é hora de tirar sangue. Aquela leve picada que você sente quando uma agulha é inserida na pele para tirar sangue é um pequeno preço a pagar por tudo que o doutor pode descobrir apenas olhando os resultados do seu exame de sangue. O sangue pode contar milhões de histórias sobre o que está acontecendo do lado de dentro da imensa fábrica que é o seu corpo. Uma ampla variedade de testes sanguíneos podem ser feitos para diagnosticar problemas e doenças gastrointestinais, todos procurando por níveis variados de enzimas, proteínas e outros elementos do sangue. Alguns dos mais comuns são os seguintes:

- **Amilase:** Níveis elevados de enzima pancreática na doença do pâncreas

- **CBC (Contagem completa do sangue):** Mede os tipos e níveis de glóbulos brancos (indicadores de infecção), glóbulos vermelhos (medida de anemia) e plaquetas ou fatores coagulantes

- **Fosfatase alcalina:** Resultados elevados indicam doença do fígado

- **Níveis de bilirrubina:** Presente nas doenças do fígado e vesícula biliar

- **PMC (Painel metabólico completo ou abrangente):** Órgãos avariados lançam certas enzimas de seus tecidos, e esses níveis elevados de enzima aparecem no sangue; um órgão que não está funcionando não pode limpar os resíduos do sangue da forma que é esperado, e níveis elevados desses resíduos também aparecem no sangue; PMC, em particular, olha para os eletrólitos, função do fígado e função renal

- **Proteína:** Elevada em doença do fígado

- **Sangue oculto nas fezes:** Teste para detectar sangue *oculto* (escondido) nas fezes

- **Teste de anticorpos Helicobacter pylori:** Exame de sangue para determinar a presença de H. Pylori, uma bactéria que pode ser encontrada no revestimento do estômago, causando úlcera duodenal

Alguns procedimentos diagnósticos são um pouco mais invasivos, tais como *abdominocentese* (também chamada *paracentese*), uma punção cirúrgica para remover fluido da cavidade abdominal. A maioria dos outros procedimentos invasivos envolvem o uso de *endoscópio*, um instrumento usado para examinar visualmente órgãos internos e partes do corpo. Quase toda parte do sistema digestivo pode ser vista com o endoscópio. O *endoscópio de fibras ópticas* tem fibras de vidro em um tubo flexível que permite que a luz seja transmitida de volta ao examinador. O endoscópio pode ser inserido em uma abertura do corpo (boca ou ânus) ou através de uma pequena incisão na pele para ver os órgãos internos.

Alguns procedimentos endoscópicos incluem os seguintes:

- **Colonoscopia:** Exame visual do cólon usando um instrumento chamado *colonoscópio*

- **CPRE:** Também conhecido como *colangiopancreatografia retrógrada endoscópica*, envolve um raio X da bile e ductos pancreáticos usando contraste e endoscópio.

- **EGD (esofagogastroduodenoscopia):** Exame visual do esôfago, estômago e duodeno

- **Gastroscopia:** Exame visual do estômago usando um instrumento chamado gastroscópio

- **Laparoscopia:** Exame visual de qualquer órgão interno ou cavidade usando um instrumento chamado *laparoscópio*

- **Proctoscopia:** Exame visual do reto usando um instrumento chamado proctoscópio

- **Sigmoidoscopia:** Exame visual do cólon sigmoide usando um instrumento chamado sigmoidoscópio

Chamando o Dr. Terminologia: Cirurgias e Procedimentos Gastrointestinais

Felizmente, muitas partes do sistema gastrointestinal podem ser restauradas usando métodos cirúrgicos tais como excisões, reparo e sutura. Você provavelmente estará familiarizado com muitos desses termos, tais como *apendicectomia*, mas alguns são totalmente novos para você. Vamos começar dando uma olhada nas excisões cirúrgicas ou remoções. Aqui estão algumas das mais comuns:

✔ **Apendicectomia:** Excisão cirúrgica do apêndice

✔ **Colecistectomia:** Excisão cirúrgica da vesícula biliar

✔ **Colectomia:** Excisão cirúrgica do cólon ou parte do cólon

✔ **Gastrectomia:** Excisão cirúrgica do estômago

✔ **Polipectomia:** Excisão cirúrgica de um pólipo

✔ **Ressecção abdominoperineal:** Excisão cirúrgica do cólon e reto por abordagem abdominal e perineal

✔ **Uvulectomia:** Excisão cirúrgica da úvula

Reparos cirúrgicos são os próximos na lista de afazeres de procedimentos e cirurgias. Reparos cirúrgicos gastrointestinais incluem

✔ **Anastomose:** Conexão cirúrgica entre duas estruturas normalmente distintas

✔ **Anoplastia:** Reparo cirúrgico do ânus

✔ **Coledocolitotomia:** Incisão no ducto biliar comum para remover pedras

✔ **Laparotomia:** Incisão cirúrgica no abdômen

✔ **Palatoplastia:** Reparo cirúrgico do palato

✔ **Piloroplastia:** Reparo cirúrgico do piloro

✔ **UPFP (uvulopalatofaringoplastia):** Reparo cirúrgico da úvula, palato e faringe para corrigir apneia do sono obstrutiva

✔ **Vagotomia:** Corte de alguns ramos do nervo vago realizado durante cirurgia gástrica para reduzir a quantidade de ácido gástrico

Finalmente, cirurgias usam sutura e a criação de aberturas artificiais para ajudarem a tratar condições do trato gastrointestinal. Essas são algumas das mais comuns:

✔ **Colostomia:** Abertura artificial no cólon através da parede abdominal

✔ **Gastrojejunostomia:** Abertura artificial entre o estômago e o jejuno

✔ **Gastrostomia:** Abertura artificial no estômago através da parede abdominal; um método de alimentação usado quando não é possível a deglutição

✔ **Herniorrafia:** Sutura de uma hérnia para reparo

✔ **Ileostomia:** Criação de uma abertura artificial no íleo através da parede abdominal para passagem de fezes (usada para a doença de Crohn, colite ulcerativa ou câncer)

✔ **Jejunostomia:** Criação de uma abertura artificial no jejuno

Raio X Terminológico: Farmacologia para o Sistema Gastrointestinal

Lembra de ter lido que você precisaria de seus antiácidos para passar por este capítulo? Bem, não estávamos brincando. *Antiácidos* são um dos medicamentos isentos de prescrição mais comuns e úteis para o que afeta o trato digestivo. E a maioria deles também oferece um impulso adicional de cálcio. Entretanto, tenha em mente que antiácidos isentos de prescrição também têm alto teor de sódio, então fale com seu médico antes de usá-los, se você está em uma dieta de baixo teor de sódio. *Antiácidos* com simeticona também aliviam excesso de flatulência, se você precisa evitar qualquer tipo de explosão embaraçosa em público.

Outro medicamento importante é o *laxativo,* que alivia a prisão de ventre, amolecendo as fezes. Reciprocamente, *antidiarreicos* aliviam ou param a diarreia.

Um médico pode prescrever remédios que fornecem um pouco mais de estímulo, por assim dizer:

- **Antibióticos:** Para tratar infecções por Helicobacter pylori, diverticulite, colite ulcerativa, doença de Crohn e diarreia do viajante

- **Anticolinérgicos:** Para tratar espasmos do sistema gastrointestinal tais como diverticulite e até mesmo úlceras; desacelera efetivamente a peristalse com um efeito calmante

- **Antieméticos:** Controla náusea e vômito. Geralmente prescritos quando está sendo administrada quimioterapia ou radiação

- **Bloqueadores H2:** Usados para tratar úlceras gástricas

- **Carvão ativado:** Usado pelo seu poder de absorção, geralmente ministrado via *sonda nasogástrica* para auxiliar a lavagem gástrica (overdose de drogas)

- **Eméticos:** Usados para induzir o vômito; especialmente úteis em casos de overdose de drogas ou ingestão de venenos

- **Preparo intestinal e enemas:** Limpadores de intestino ingeridos antes de um enema opaco ou cirurgia de intestino

Capítulo 19

Guardiões da Saúde: O Sistema Endócrino

Neste Capítulo

▶ Descubra como funciona o sistema endócrino

▶ Determine as raízes, prefixos e sufixos próprios deste sistema

▶ Use a terminologia do sistema gastrointestinal para discutir problemas e doenças comuns

▶ Escolha os termos certos para usar no diagnóstico de problemas

*H*ormônios — uma palavra que mete medo no coração até dos homens mais viris. Estamos falando daqueles rústicos bebedores de cerveja de camisa de flanela que correm ao menor sinal de discórdia doméstica. Mas não temam, cavalheiros. É um equívoco frequente dizer que hormônios afetam apenas as mulheres, já que eles são uma parte importante da fisiologia de todas as pessoas. Eles mantêm nossos sistemas funcionando e enviam importantes sinais para nossos órgãos principais, ordenando como devem trabalhar.

Hormônios não aparecem como mágica. Eles têm uma pequena ajuda de suas amigas, as glândulas, que são gentis o suficiente para produzi-los, criá-los e, então, enviar esses pequenos garotos rumo aos órgãos adequados.

Como Funciona o Sistema Endócrino

O *sistema endócrino* mantém o equilíbrio químico do corpo. Ele faz isso mandando mensagens químicas chamadas hormônios ao longo de todo o corpo via corrente sanguínea. Os *hormônios* regulam e controlam a atividade de células ou órgãos específicos. Lançados vagarosamente, controlam os órgãos à distância.

As glândulas endócrinas estão localizadas em diferentes partes do corpo. Elas são chamadas endócrinas porque não têm sistema de *ductos* para transportar suas secreções. Em vez disso, os hormônios são lançados diretamente na corrente sanguínea. Elas regulam uma variedade de funções dos órgãos do corpo, como estimular o crescimento, amadurecer os órgãos sexuais e, ainda, controlar o metabolismo.

Endócrino: pegue *endo*, que significa "dentro" ou "interior" e adicione à palavra Grega *krinei*, que significa "separar".

Glândulas endócrinas, não importa que hormônio produzam, secretam diretamente na corrente sanguínea para o órgão–alvo que precisa daquele hormônio. Elas são diferentes das *glândulas exócrinas* — tais como as glândulas sebáceas da pele — que entregam as secreções por meio de ductos diretamente no órgão do corpo que necessita delas. O sistema endócrino tem dois tipos de glândulas endócrinas: central e periférica.

As *glândulas centrais*, ou a *glândula pituitária* (hipófise) e o *hipotálamo* estão localizadas no cérebro. A glândula pituitária é conhecida como a "glândula mestre", porque produz uma variedade de hormônios que viajam via corrente sanguínea para regular atividades de outras glândulas endócrinas. Ela e o hipotálamo trabalham juntos para regular funções do corpo como o crescimento, equilíbrio de sal e água, reprodução e metabolismo.

As *glândulas periféricas* incluem a *tireoide*, *paratireoide*, *adrenais*, *pineal* e o *pâncreas*. As glândulas tireoide, paratireoide, adrenais e pineal têm apenas uma função: produzir hormônios. O pâncreas não apenas produz hormônios como também realiza importantes funções do sistema digestivo. O pâncreas é similar a outros órgãos de função mista, tais como coração, fígado, rins, ovários e testículos. Além das suas funções sistêmicas regulares, esses órgãos também secretam hormônios.

Acredite ou não, o coração secreta hormônios — como se já não tivesse o suficiente para fazer. O coração lança ANP, também conhecido como *peptídeo natriurético* atrial (ou *polipeptídeo*), que ajuda a regular a homeostase renal e cardiovascular. Esse hormônio é lançado dos átrios do coração, enquanto o *BNP (peptídeo natriurético tipo–B)* é lançado dos ventrículos. Ambos ajudam a reduzir a pressão sanguínea.

A Figura 19–1 ilustra o sistema endócrino.

Hormônios

Antes que você conheça as glândulas endócrinas melhor, tire um segundo para dizer olá aos seus pequenos amigos, os *hormônios*. Esses pequenos mensageiros trabalham como forças de paz diplomáticas, por assim dizer. Eles se comunicam com órgãos e sistemas maiores para sustentar a harmonia química e manter seu corpo trabalhando. Devido às partes individuais do sistema endócrino produzirem uma variedade de hormônios, nós os discutimos em um contexto de sua "origem" — com cada glândula individual. Vamos dar uma olhada em cada uma dessas glândulas, onde estão localizadas, sua função e que hormônio secretam.

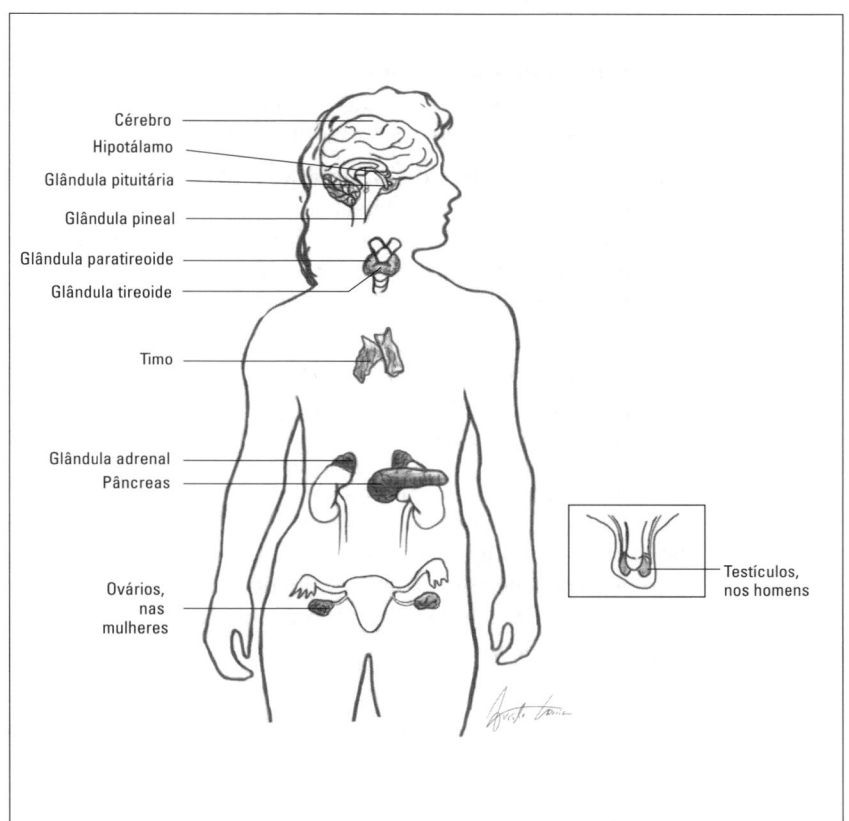

Figura 19-1:
O sistema
endócrino.

Pituitária e hipotálamo

A *glândula pituitária* — o grande maestro da orquestra — é do tamanho de uma ervilha e consiste de um *lóbulo anterior* e um *posterior*, localizados na base do cérebro numa pequena depressão chamada sela turca ou túrcica, exatamente abaixo do hipotálamo. O *hipotálamo* secreta *hormônios tróficos*, que estimulam a glândula pituitária a lançar outros hormônios. Juntas, são conhecidas como glândulas centrais.

A *pituitária anterior* secreta sete hormônios, transmitidos pelos hormônios lançados pelos hipotálamo. Cinco destes são hormônios tróficos (estímulo), que induzem outras glândulas a lançarem hormônios.

✔ **Hormônio adrenocorticotrófico (ACTH**, em inglês**)** estimula o córtex adrenal para produzir e secretar *cortisol* e *aldosterona*.

✔ **Hormônio do crescimento (GH**, em inglês**)**, também chamado *somatotropina (ou somatotrofina)*, estimula o crescimento das células do corpo.

✔ **Hormônio estimulante da tireoide (TSH**, em inglês**)**, também chamado tireotrofina, estimula a glândula tireoide a produzir e secretar seus próprios hormônios, *tiroxina* e *triiodotironina*.

✔ **Hormônio Folículo-Estimulante (FSH**, em inglês**)**, na mulher, é responsável pelo crescimento do óvulo nos ovários e estimula a secreção do estrogênio e progesterona. No homem, o FSH promove a formação do esperma (espermatozoide). É também conhecido como um hormônio gonadotrópico, aquele que influencia o crescimento e a secreção hormonal dos ovários, nas mulheres, e dos testículos, nos homens.

✔ **Hormônio Luteinizante (LH**, em inglês**)** induz a secreção de progesterona e engatilha a ovulação. Nos homens, o LH regula a secreção da testosterona. É também um hormônio gonadotrópico.

Os dois hormônios restantes não estimulam a produção de outros hormônios, então não são hormônios tróficos. A *prolactina* (PRL) é o hormônio que estimula o crescimento do tecido mamário e sustenta a produção de leite após o nascimento do bebê. O *hormônio melanócito-estimulante* (MSH) influencia a formação de melanina e causa aumento da pigmentação na pele.

O lóbulo posterior da glândula pituitária armazena e secreta dois hormônios. O *hormônio antidiurético* (ADH), também conhecido como vasopressina, previne a perda excessiva de água. A oxitocina estimula as contrações uterinas e as mantêm durante todo o trabalho. Também regula o fluxo de leite das glândulas mamárias durante a amamentação.

A glândula pineal: A tiete endócrina

A glândula pineal é um pouco misteriosa, uma espécie de parasita do sistema endócrino. Está incluída no sistema porque é endócrina (não tem ducto). Entretanto, pouco se sabe sobre sua função. Está localizada próxima à base do cérebro e secreta uma substância chamada *melatonina*. Acredita-se que ela aumenta a atividade do sistema reprodutivo e regula o ciclo do sono. A calcificação da glândula pineal pode ocorrer e é usada como um indicador radiológico quando raios X do cérebro são examinados.

Tireoide

A *glândula tireoide* é composta de dois lóbulos em formato de ervilha separados por uma faixa de tecido chamada *istmo*. Está localizada em cada lado da traqueia, exatamente abaixo de uma larga peça de cartilagem chamada *cartilagem tireoide*. Esta cartilagem cobre a laringe e é a proeminência no pescoço dos homens conhecida como pomo de Adão. A tireoide é composta de minúsculos sacos preenchidos com um fluido gelatinoso chamado *coloide*. Os hormônios secretados pela tireoide são armazenados no coloide até passarem pela corrente sanguínea quando solicitados.

A tireoide pesa apenas 28 gramas.

Os dois hormônios ricos em iodo secretados pela glândula tireoide são a *tiroxina (T4)* e a *triiodotironina (T3)*. Esses hormônios são sintetizados na tireoide a partir do iodo, que é capturado da circulação sanguínea através da glândula. O T3 e T4 são necessários para manter o nível normal de metabolismo do corpo. O hormônio tireoide ajuda as células na captação de oxigênio e auxilia a *taxa metabólica basal (TMB)*. A TMB é a velocidade — ou a falta dela — em que seu corpo absorve o alimento, o transforma em aminoácidos, gorduras e açúcares úteis, usa esses nutrientes e elimina o resíduo. A TMB também refere-se ao seu nível de energia global, controle de temperatura, pele e condição do cabelo, disposição e, inclusive, a taxa e a eficácia dos seus processos cognitivos. Injeções do hormônio da tireoide aumentam a taxa metabólica, e a remoção da glândula diminui o hormônio contido no corpo. Isso resulta em uma taxa metabólica mais baixa, perda de calor e um pobre desenvolvimento físico e mental. A glândula também secreta *calcitonina*, que ajuda a manter o equilíbrio de cálcio necessário para uma variedade de processos.

As *glândulas paratireoides* são quatro pequenos corpos ovais (com cerca de 1,27cm) encontrados na parte de trás da tireoide, dois de cada lado. Essas glândulas secretam o *hormônio da paratireoide (PTH)*. Esse hormônio mobiliza o cálcio dos ossos na corrente sanguínea, onde ele é necessário para o funcionamento adequado do tecido corporal. O ajuste do cálcio normal no alimento que consumimos é absorvido pelos intestinos e carregado via corrente sanguínea para serem armazenados nos ossos.

O ajuste dos níveis de cálcio no sangue é um bom exemplo da maneira como os hormônios controlam a *homeostase*, ou equilíbrio ou consistência, do ambiente interno do corpo.

Pâncreas

O *pâncreas* está localizado atrás do estômago e funciona como parte do sistema gastrointestinal (discutimos essa glândula também no Capítulo 18). É considerado um jogador que joga em todas as posições e, como tal, um membro de mais de um sistema do corpo. Como uma glândula endócrina, o pâncreas produz hormônios — isto é, neste caso, células especializadas do pâncreas produzem hormônios. As células são chamadas *ilhotas de Langerhans* e secretam *insulina* e *glucagon*, sendo que ambos desempenham papéis no correto metabolismo do açúcar e amido no corpo. A insulina é necessária na corrente sanguínea para uso e armazenamento do açúcar sanguíneo e age para diminuir esses níveis, enquanto o glucagon age para aumentá-los, instruindo o fígado a sintetizar glicose no processo chamado *gliconeogênese*.

Adrenais

As *adrenais* são duas pequenas glândulas, uma no topo de cada rim. Cada glândula consiste de duas partes, uma porção externa chamada *córtex adrenal* e uma porção interna, chamada de *medula adrenal*. O córtex e a medula são duas glândulas em uma, cada uma secretando seu próprio hormônio. O córtex secreta hormônios chamados *esteroides*, que são como produtos químicos complexos derivados do colesterol. A medula secreta hormônios chamados *catecolaminas*, produtos químicos derivados dos aminoácidos.

O córtex adrenal também secreta *corticoides minerais*, também conhecidos como *mineralocorticoides*. Esses hormônios regulam a quantidade de sódio e potássio mineral no corpo. O corticoide principal, *aldosterona*, é responsável pelo equilíbrio eletrolítico e hídrico, afetando a concentração de sódio e potássio sanguíneos. A secreção de aldosterona aumenta em uma dieta de restrição de sódio severa, habilitando o corpo a manter os sais necessários. *Cortisol*, também chamado *hidrocortisona*, é um hormônio glucocorticoide que aumenta a habilidade das células de produzirem açúcar a partir da gordura. O córtex adrenal também secreta *andrógenos* que ajudam no desenvolvimento de características masculinas secundárias, tais como o crescimento de pelos pubianos e barba.

Abreviações endócrinas

Algumas abreviações comuns associadas ao sistema endócrino incluem:

- **DI:** diabetes insípido
- **DM:** diabetes mellitus
- **IDDM:** diabetes mellitus insulino-dependente
- **MSH:** hormônio melanócito-estimulante
- **NIDDM:** diabetes mellitus não-insulino-dependente
- **PRL:** prolactina
- **SBD:** Sociedade Brasileira de Diabetes
- **TMB:** taxa metabólica basal
- **TTG:** teste de tolerância à glicose.

A doença de Addison, uma doença do córtex adrenal, foi nomeada em homenagem a Thomas Addison, um patologista inglês.

A medula adrenal secreta dois hormônios: *epinefrina* ou *adrenalina* e *norepinefrina–noradrenalina*. Ambos trabalham em conjunto com o sistema nervoso simpático. Sob estresse, esses hormônios são secretados pela medula adrenal em resposta ao estímulo nervoso. Eles ajudam o corpo a reagir a situações de crise pelo aumento da frequência cardíaca, pressão sanguínea, nível de glicose (açúcar) no sangue e taxa de coagulação do sangue.

Gônadas

As *gônadas* (ovários nas mulheres e testículos nos homens) são as glândulas produtoras de gametas. Um *gameta* é uma célula sexual. Os hormônios que estimulam as gônadas são conhecidos como *gonadotrofinas*.

O *estrogênio* é secretado pelos ovários e é necessário no desenvolvimento de características sexuais femininas secundárias (pelos pubianos e desenvolvimento dos seios, por exemplo). Também regula o ciclo menstrual.

A *progesterona* é lançada na segunda metade de um ciclo menstrual pelo ovário. Sua função é preparar o útero para a gravidez. Se não ocorre a fertilização, a secreção da progesterona para e o ciclo menstrual continua. Há pequenos níveis de estrogênio e progesterona presentes nos homens também.

A *gonadotrofina coriônica humana (HCG)* é secretada pela placenta quando ocorre a gravidez. Ela estimula o ovário a continuar produzindo estrogênio e progesterona para manter a gravidez.

A *testosterona* é secretada pelos testículos. Ela estimula o desenvolvimento de características sexuais masculinas secundárias (pelos pubianos e barba, voz mais grossa). O hormônio está presente em algum grau também nas mulheres e acredita-se que isso possa aumentar a libido feminina.

Raízes dos Termos do Sistema Endócrino

As glândulas do sistema endócrino produzem diferentes hormônios que ajudam a manter os sistemas do corpo funcionando como um relógio. Se você considerar essas glândulas os guardiões dos hormônios que elas produzem e enviam, pode considerar os prefixos e sufixos como os guardiões das raízes. Ambos ajudam a lhe contar mais sobre o significado dos termos médicos. A Tabela 19–1 mostra alguns prefixos e sufixos associados ao sistema endócrino:

Tabela 19–1	Indo e Vindo: Prefixos e Sufixos Endócrinos
Prefixo	*O Que Significa*
Eu-	Normal
Ex-, exo-	Externo, exterior
Hiper-	Excessivo, acima do normal
Hipo-	Abaixo do normal
Pan-	Tudo
Sufixo	*O Que Significa*
-drome	Funcionamento
-emia	Condição do sangue
-gen	Produtor
-genese	Produção
-ismo	Condição

Em seguida, na Tabela 19–2, apresentamos o ponto central da terminologia endócrina. Como sempre, as raízes e formas combinadas nos permitem saber mais sobre a doença ou local envolvido com cada termo.

Tabela 19–2	Mantendo o Equilíbrio: Raízes Endócrinas
Raiz	*O Que Significa*
Acr/o	Extremidades, altura
Adren/o	Glândulas adrenais
Cal/i	Potássio
Calc/o	Cálcio
Cortic/o	Córtex
Crin/o	Secretar
Dips/o	Sede
Galact/o	Leite
Gluc/o, glic/o	Açúcar
Gonad/o	Glândulas sexuais
Home/o	Igualdade, inalterado
Imun/o	Seguro
Lact/o	Leite
Natr/o	Sódio
Pancreat/o	Pâncreas
Paratiroid/o	Glândula paratireoide

Raiz	O Que Significa
Radi/o	Radioativo
Somat/o	Corpo
Tir/o, tiroid/o	Glândula tireoide
Toxic/o	Veneno
Ur/o	Urina

Está Tudo Relacionado: Mais Termos Anatômicos Endócrinos

É, sem dúvida, incrivelmente vital que os componentes do sistema endócrino trabalhem em harmonia, porque ele é uma reunião complexa de glândulas que produzem uma variedade de hormônios. O estudo especializado desse sistema de glândulas é conhecido como *endocrinologia*, com o médico no comando conhecido como *endocrinologista*.

Aqui está uma olhada mais de perto em mais aspectos desse sistema altamente influente. Primeiro, dê uma olhada em alguns termos relacionados aos hormônios:

- **Adrenalina/ ou epinefrina:** Hormônio produzido pela medula adrenal

- **Cortisol:** Hormônio secretado pelo córtex adrenal

- **Epinefrina:** Hormônio produzido pela medula adrenal

- **Esteroides:** Substâncias complexas derivadas do colesterol das quais muitos hormônios são feitos

- **Glucagon:** Hormônio produzido pelo pâncreas nas ilhotas de Langerhans que estimulam a liberação de açúcar

- **Hidrocortisona:** Cortisol

- **Hormônio do crescimento (GH):** Hormônios que estimulam o crescimento dos ossos longos; também chamado de somatotropina

- **Hormônio antidiurético (ADH):** Hormônio secretado para estimular a reabsorção de água

- **Ilhotas de Langerhans:** Células endócrinas do pâncreas

- **Insulina:** Hormônio secretado pelas ilhotas de Langerhans, essencial para a captação e metabolismo adequados do açúcar nas células

- **Melatonina:** Hormônio secretado pela glândula pineal

- ✔ **Oxitocina:** Hormônio secretado para estimular o útero a contrair durante o trabalho de parto

- ✔ **Renina:** Hormônio secretado pelos rins para elevar a pressão sanguínea

- ✔ **Somatotropina (ou somatotrofina):** Hormônio do crescimento

- ✔ **Tecido-alvo:** Células para as quais os efeitos do hormônio são direcionados

- ✔ **TSH:** Secreção do hormônio que estimula a tireoide a produzir a tiroxina (T3) e a triodotironina (T4)

- ✔ **Vasopressina:** Hormônio antidiurético (ADH)

Em seguida, dê uma olhada em algumas das outras substâncias associadas ao sistema endócrino. Embora não sejam hormônios, há produtos vitais desse sistema que ajudam a manter o corpo funcionando apropriadamente.

- ✔ **Cálcio:** Substância mineral necessária para o funcionamento adequado dos tecidos e ossos do corpo

- ✔ **Eletrólitos:** Sal mineral encontrado no sangue e tecidos; necessário para o funcionamento adequado das células do corpo; potássio, sódio e cálcio são exemplos de eletrólitos necessários

- ✔ **Glicose:** Açúcar simples

- ✔ **Glicogênio:** Amido, uma forma de armazenamento de açúcar

- ✔ **Iodo:** Elemento químico que compõe uma grande parte da tiroxina, produzido pela tireoide

Proteína vem do Grego *protos*, que significa "primeiro".

Problemas Endócrinos Comuns

A maioria dos problemas associados ao sistema endócrino apresenta mais do que apenas um transtorno ou incômodo comuns. Essas doenças podem realmente bagunçar a função diária do seu corpo e seus órgãos. Efeitos como ganho ou perda de peso extremos, problemas extremos de altura ou mesmo *insuficiência renal* (rins) não são incomuns quando se trata de condições endócrinas.

Você notará que muitas dessas condições comuns são resultado tanto de hipoatividade, quanto de hiperatividade glandular. Muitas são também resultado de uma doença endócrina mais séria, como diabetes, que nós trataremos na próxima seção.

O que segue é uma lista de doenças patológicas que se referem à glândula pituitária:

- **Acromegalia:** Aumento das extremidades devido ao hiperfuncionamento da glândula pituitária depois da puberdade

- **Gigantismo:** Hiperfuncionamento da glândula pituitária antes da puberdade, resultando em supercrescimento anormal do corpo

- **Hipofisite:** Inflamação do corpo pituitário

- **Nanismo:** Hipossecreção congênita do hormônio do crescimento

- **Pan-hipopituitarismo:** Insuficiência generalizada dos hormônios pituitários

Indo para a tireoide, que não deixa de ter seus próprios problemas especiais, muitas das seguintes complicações envolvem tanto o tamanho da glândula, quanto a sua produção:

- **Bócio ou tireomegalia:** Aumento anormal da tireoide

- **Cretinismo:** Hipotireoidismo extremo durante a infância

- **Eutireoideo:** Condição de ter uma tireoide normal

- **Exoftalmia:** Saliência anormal dos globos oculares

- **Hiperparatireoidismo:** Produção excessiva do hormônio da paratireoide

- **Hipertireoidismo:** Hiperatividade da tireoide

- **Hipoparatireoidismo:** Produção deficiente do hormônio da paratireoide

- **Hipotireoidismo:** Hipoatividade da tireoide

- **Mixedema:** Hipotireoidismo avançado na idade adulta

- **Tireoidite de Hashimoto:** Uma tireoidite autoimune progressiva (invasão linfocítica da glândula tireoide) com desenvolvimento de bócio; leva ao hipotireoidismo e algumas vezes precede a doença de Graves; também chamada *tireoidite linfocítica crônica*

- **Tireoidite:** Inflamação da tireoide

Exoftalmia vem do Grego *ex*, que significa "para fora" e *oftalmo*, que significa "olho". A saliência do globo ocular pode ser um sintoma de hipertireoidismo, que foi originalmente descrito por Robert James Graves, um médico irlandês. *Voilà!* Assim temos a doença de Grave.

Em seguida está nossa velha amiga, a paratireoide, com uma estranha mistura de problemas que afetam o cálcio e, de todas as coisas, seus pulsos. Dê uma olhada:

- **Hipercalcemia:** Altos níveis anormais de cálcio

- **Hipocalcemia:** Baixos níveis anormais de cálcio

- **Tetania:** Uma doença neurológica que resulta em espasmos (contrações) de um músculo; normalmente marcada pela flexão acentuada dos pulsos ou articulações do tornozelo, afetando extremidades com mais frequência

As adrenais são as próximas na lista de complicações. Lembre-se de que essas glândulas têm uma função primária: produzir hormônios. Então, se estiverem fora de sintonia, assim estará seu corpo inteiro.

- **Virilismo adrenal:** Produção excessiva de andrógenos adrenais

- **Distúrbios das glândulas supra-renais:** Doença das adrenais

Agora é hora de falar sobre o pâncreas, essa glândula que está envolvida no funcionamento interno de mais de um sistema. No caso do sistema endócrino, algumas condições comuns podem afetar a performance desta glândula de muitos talentos. Elas são:

- **Acidose:** Condição anormal caracterizada pela redução da alcalinidade do sangue e dos tecidos sanguíneos

- **Hiperglicemia:** Açúcar anormalmente alto no sangue

- **Hipoglicemia:** Açúcar anormalmente baixo no sangue

- **Pancreatite:** Inflamação do pâncreas

As condições das gônadas podem ser perturbadoras e podem causar alguns efeitos colaterais problemáticos, tais como períodos menstruais fortes ou irregulares e cistos ovarianos, para as mulheres, e disfunção erétil, para os homens. Discutir essas condições, em particular, requer um certo nível de sensibilidade.

- **Ginecomastia:** Desenvolvimento excessivo dos seios em um homem

- **Hipergonadismo:** Secreção excessiva de hormônios pelas glândulas sexuais

- **Hipogonadismo:** Secreção deficiente de hormônios pelas glândulas sexuais

Agora é hora de uma miscelânea de complicações. Muitas dessas ocorrem como resultado de uma patologia mais séria, e algumas envolvem muito ou muito pouco de uma substância específica no seu corpo. É um saco de surpresas endócrino!

- **Cetoacidose:** Uma complicação primária da diabetes mellitus; gorduras são queimadas impropriamente, levando a um acúmulo de cetonas no corpo

- **Diabetes insipidus:** Secreção insuficiente do hormônio antidiurético – vasopressina; faz com que os *túbulos* renais falhem ao reabsorver água e sal necessários

- **Hipercalemia:** Quantidades excessivas de potássio no sangue

- **Hiperparatireoidismo:** Excesso de secreção do hormônio da paratireoide, seja a partir de tumor, condição genética ou medicação

- **Hiponatremia:** Quantidade deficiente de sódio no sangue

- **Homeostase:** Tendência em um órgão de retornar ao equilíbrio ou estado estável constante

- **Nefropatia diabética:** Destruição dos rins, causando insuficiência renal e requerendo hemodiálise ou transplante renal

- **Poliúria:** Micção excessiva

- **Polidipsia:** Sede excessiva

Achando o Culpado: Doenças Endócrinas e Sua Patologia

Enquanto, reconhecidamente, nenhuma doença do sistema endócrino é simples ou sem efeitos colaterais, as doenças sobre as quais falamos nesta seção tem consequências especialmente sérias. Uma das mais comuns dessas doenças é a diabetes, que afeta milhões de pessoas de todas as idades. Não apenas a diabetes afeta o funcionamento do corpo, mas afeta enormemente os hábitos diários da pessoa. Para administrar a doença, tem-se que, tipicamente, alterar a dieta e com frequência tomar medicamentos ou injeção de insulina. Basicamente, o paciente deve aprender um estilo de vida completamente novo. Leia e descubra mais sobre esta e outras doenças endócrinas sérias.

O nome oficial da diabetes é *Diabetes mellitus*, que significa que há falta de secreção de insulina a partir do pâncreas.

Há dois grandes tipos de diabetes mellitus:

- **Diabetes tipo 1** é também conhecida como *diabetes mellitus insulino-dependente (IDDM, em inglês)* ou *diabetes da infância ou adolescência*; é frequentemente vista em crianças. Envolve a destruição das células das ilhotas de Langerhans com deficiência completa de insulina no corpo. Injeções diárias de insulina são necessárias.

- **Diabetes tipo 2** é também chamada *diabetes mellitus não-insulino-dependente* (NIDDM, em inglês) ou diabetes na idade adulta; idade e obesidade são fatores comuns. As ilhotas de Langerhans não são destruídas e há deficiência de secreção de insulina que causa resistência à insulina no corpo. Tratamentos incluem dieta, redução de peso, exercícios e, se necessário, insulina ou medicamentos hipoglicêmicos orais.

Algumas das outras doenças endócrinas sérias afetam a tireoide e as glândulas adrenais:

- **Câncer da tireoide** é o câncer que afeta a glândula tireoide.

- **Doença de Addison** é o hipofuncionamento do córtex adrenal. Glicocorticoides são produzidos em quantidades deficientes. Hipoglicemia, excreção de grandes quantidades de água e sal, fraqueza e perda de peso são sintomas dessa doença. O tratamento consiste na administração diária de cortisona e ingestão de sais.

- **Síndrome de Cushing** envolve o hiperfuncionamento do córtex adrenal com aumento de secreções glicocorticoides. A hiperplasia do córtex adrenal resulta do estímulo excessivo da glândula por ACTH (hormônio adrenocorticotrófico). Obesidade, face tipo lua-cheia, depósito excessivo de gordura nas costas chamado de "corcunda de búfalo" e alta pressão sanguínea são produzidos por secreções excessivas do esteroide adrenal.

A síndrome de Cushing foi nomeada em homenagem a Harvey Cushing, um neurocirurgião americano.

O presidente John F. Kennedy tinha doença de Addison, assim como o cachorro da Beverly (uma das autoras deste livro), Barney. JFK e Barney, juntos para sempre nos anais da história endócrina.

Testando, Testando: Radiologia e Testes de Diagnóstico Endócrinos

Foi uma lista e tanto de complicações e doenças, não? Pode parecer que o sistema endócrino tem mais potencial para problemas do que Las Vegas tem máquinas caça-níqueis. É uma ótima coisa os médicos poderem usar alguns testes relativamente sérios para avaliar o modo como as glândulas endócrinas funcionam.

Testes sorológicos do sangue requerem apenas que você dê uns poucos frascos de sangue ao seu laboratório. Os profissionais fazem o resto dali em diante, executando testes que medem os seguintes níveis: cálcio, cortisol, eletrólitos, FSH, GH, glicose, insulina, hormônios da paratireoide, T3, T4, testosterona e TSH. Todos esses podem ser avaliados com testes sorológicos.

Algumas vezes tudo o que o laboratório precisa é de uma amostra de urina limpa, então esteja preparado para fazer xixi em um copo. O teste de urina pode medir as seguintes substâncias na urina como indicadores de doenças endócrinas: cálcio, catecolaminas, cortisol livre, eletrólitos, cetonas e glicose.

Glicose vem do Grego *gleukos*, que significa "doçura".

Alguns outros testes são um pouco mais complicados, tais como o teste de *tolerância à glicose* (TTG, ou curva glicêmica), que requer tanto um teste de sangue, quanto uma amostra de urina. Esse exame mede os níveis de glicose no sangue e na urina em espécimes tirados aos 30 minutos, uma hora, duas horas e três horas após a ingestão de 100g de glicose. O exame de sangue mede os níveis de glicose no sangue e o exame de urina mede a quantidade de cetona, que é um sintoma de diabetes incontrolável. Outros testes de diagnóstico para o sistema endócrino incluem os seguintes:

- ✔ **Captação de iodo radioativo:** É avaliada a função da tireoide.

- ✔ **Exame de receptores de estrogênio:** Determina se o tratamento hormonal seria útil em tratamento de câncer ao medir a resposta do câncer ao estrogênio.

- ✔ **Reação de Pele de Goestsch:** Teste para hipertireoidismo envolvendo reação à injeção de epinefrina. Emil Goestsch (1883 – 1963) é o nome do cientista que realizou estudos nesta área, por isso, há uma doença batizada com seu nome, a "Doença de Goestsch", relacionada ao hipertireoidismo.

Alguns procedimentos clínicos associados ao sistema endócrino incluem:

- ✔ **TC:** Também conhecida como tomografia computadorizada. Aqui, visualizações transversais da glândula pituitária e outros órgãos endócrinos podem diagnosticar patologias.

- ✔ **Tomografia da tireoide:** Na tomografia da tireoide, um composto radioativo é dado e localizado na tireoide. A glândula é, então, visualizada com o aparelho para detectar tumores e nódulos.

- ✔ **Ultrassom:** Imagens obtidas de ondas de ultrassom podem identificar massas pancreáticas, adrenais e da tireoide. Esse procedimento é também usado para diagnosticar complicações e doenças de muitos outros sistemas do corpo.

Chamando o Dr. Terminologia: Cirurgias e Procedimentos Endócrinos

A maioria das cirurgias e procedimentos associados ao sistema endócrino envolve tanto a incisão, quanto a remoção de uma glândula. É importante notar nesse sistema que, uma vez que a glândula endócrina é removida cirurgicamente, normalmente devido a tumor ou crescimento exacerbado, é necessária uma reposição de hormônio. Seja qual for o hormônio secretado pela glândula removida, ele deve ser reposto artificialmente no corpo pela administração de medicamentos.

Você deve ser capaz de discernir o que cada um dos seguintes termos cirúrgicos significam ao olhar para a raiz e sufixo, que tanto podem significar remover, quanto cortar (como em uma incisão). Aqui está uma pequena lista:

- ✔ **Adrenalectomia:** Remoção de uma glândula adrenal

- ✔ **Hipofisectomia:** Remoção da hipófise

- ✔ **Pancreatectomia:** Remoção de uma porção do pâncreas

- ✔ **Pancreatotomia:** Incisão no pâncreas

- ✔ **Paratireoidectomia:** Remoção cirúrgica das glândulas paratireoides

- ✔ **Tireoidectomia:** Remoção cirúrgica da tireoide

Raio X Terminológico: Farmacologia para o Sistema Endócrino

Agora, vamos às coisas boas — os medicamentos que podem ajudar a tratar as complicações do sistema endócrino.

Uma das principais doenças do sistema endócrino é a diabetes, que afeta milhões de pessoas. A *insulina* é ministrada via injeção ou por bomba subcutânea para tratar a diabetes mellitus tipo 1. Há vários tipos de insulina, incluindo as de ação rápida, ação imediata, ação longa e até mesmo misturas de mais de um tipo. *Antidiabéticos orais* (remédios hipoglicêmicos) são usados para tratar a diabetes tipo 2.

Doenças da tireoide podem afetar seriamente o crescimento do corpo, tanto de forma macro e micro. Fontes de medicamentos e suprimentos usados para tratar doenças da tireoide incluem glândula tireoide dissecada de porco ou boi. Algumas são sintéticas. *Antitireoidianos* são usados para tratar hipertireoidismo. Eles funcionam simulando o hormônio da tireoide e inibindo a produção de T3 e T4.

Finalmente, há remédios usados para tratar a glândula pituitária, mais notavelmente a *terapia do hormônio do crescimento* e a *terapia de reposição hormonal*.

Capítulo 20

Acalme-se:
O Sistema Nervoso

Neste Capítulo

▶ Descubra como funciona o sistema nervoso

▶ Determine as raízes, prefixos e sufixos próprios deste sistema

▶ Use a terminologia do sistema nervoso para discutir problemas e doenças comuns

▶ Encontre os termos certos para usar no diagnóstico de problemas

*I*magine que o seu corpo é um grande edifício repleto de todo tipo de trabalhadores. Células sanguíneas, hormônios e toda sorte de abelhas operárias correndo o dia (e a noite!) inteiro fazendo a empresa funcionar melhor. No centro desse edifício, está um imenso sistema de computador, do qual todos os trabalhadores, grandes e pequenos, dependem. O computador é bem como o seu sistema nervoso — é a conexão que controla todas as pequenas atividades que seu corpo realiza. Da atividade voluntária (levantar suas sobrancelhas) à involuntária (o modo como seus olhos dilatam), o sistema nervoso ajuda a manter tudo muito mais afinado do que o mais novo Mac ou PC.

Como Funciona o Sistema Nervoso

O sistema nervoso é o sistema de computador embutido no corpo, mas é de longe muito mais complexo do que qualquer computador de primeira linha. Com o cérebro agindo como a CPU (unidade de processamento central), mensagens são transmitidas via medula espinhal através de fibras nervosas, fornecendo conexões para dados de entrada e saída. O corpo tem mais de 10 bilhões de células nervosas cuja função é coordenar suas atividades. Nós falamos, ouvimos, experimentamos, vemos, pensamos, movemos os músculos e nossas glândulas secretam hormônios, tudo graças ao sistema nervoso. Nós reagimos à dor, perigo, temperatura e ao toque, e temos memória, associação e discernimento. Essas funções são apenas uma pequena parte do que o sistema nervoso controla.

O sistema nervoso é composto de três subsistemas:

- ✔ **O sistema nervoso central (SNC)** inclui o cérebro e a medula espinhal.

- ✔ **O sistema nervoso periférico (SNP)** é composto de nervos cranianos, que estendem-se do cérebro, e nervos espinhas, que estendem-se da medula espinhal.

- ✔ **O sistema nervoso autônomo (SNA)** é uma divisão do periférico, e controla e coordena as funções dos órgãos vitais do corpo, tais como a batida do coração e a taxa de respiração — funções que nós nem mesmo pensamos a respeito.

As abelhas operárias do sistema nervoso são chamadas *neurônios*. Um neurônio é microscópico, mas um nervo é macroscópico, isso é, pode ser visto a olho nu. Um *nervo* consiste de um feixe de dendritos e axônios. *Dendritos* são as fibras de ramificação receptivas dos neurônios. *Axônios* carregam impulsos para o corpo celular. Os dendritos e axônios viajam juntos como fios de corda.

A Figura 20–1 ilustra o sistema nervoso.

O Sistema Nervoso Central

O *sistema nervoso central* consiste do cérebro e medula espinhal. O *sistema nervoso periférico* consiste de 12 pares de nervos cranianos e 31 pares de nervos espinhais. Os *nervos cranianos* carregam ou transmitem impulsos entre o cérebro, a cabeça e o pescoço. Os *nervos espinhais* transmitem mensagens entre a medula espinhal, o tórax, abdômen e as extremidades do corpo. As funções dos nervos espinhal e craniano são principalmente voluntárias, envolvendo olfato, paladar, visão, audição e movimento muscular.

Cérebro

O *cérebro* é o centro do controle central para regular e coordenar as funções do corpo. Ele fica na *cavidade craniana* (dentro do crânio). A *medula espinhal*, contínua à parte inferior do cérebro, passa através do *foramen magnum*, uma abertura no crânio que permite à medula espinhal continuar através da coluna vertebral.

A maioria dos cérebros pesa por volta de 1,5kg. O tamanho do crânio oferece apenas uma ideia geral do tamanho do cérebro, porque a forma e a espessura do crânio variam.

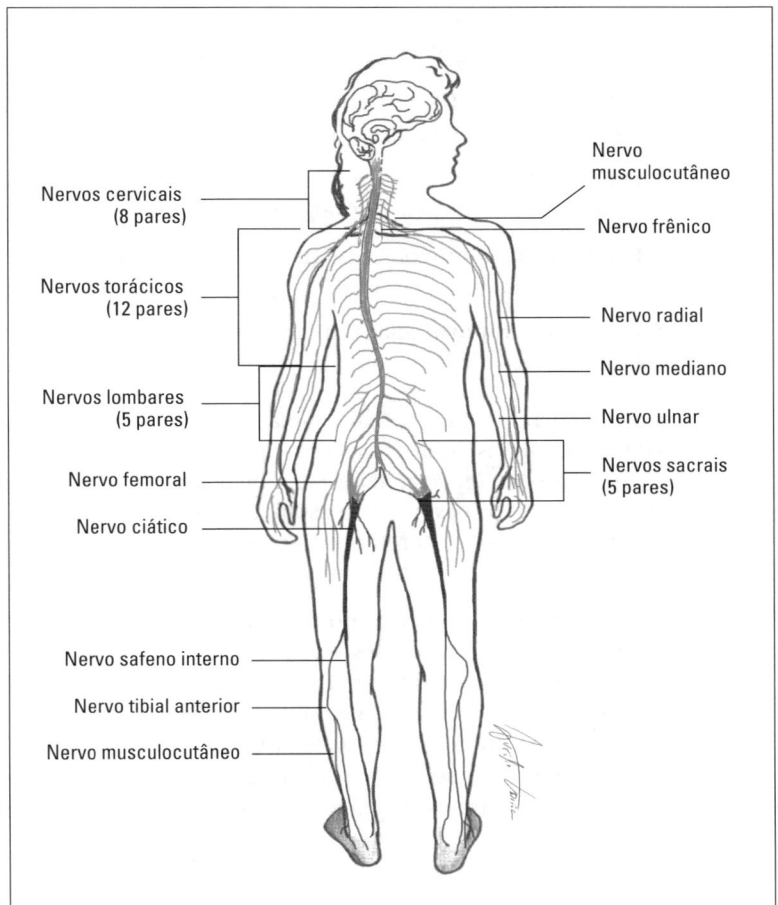

Nervos cervicais
(8 pares)

Nervos torácicos
(12 pares)

Nervos lombares
(5 pares)

Nervo femoral

Nervo ciático

Nervo safeno interno

Nervo tibial anterior

Nervo musculocutâneo

Nervo
musculocutâneo

Nervo frênico

Nervo radial

Nervo mediano

Nervo ulnar

Nervos sacrais
(5 pares)

Figura 20-1:
O sistema
nervoso.

A maior parte do cérebro também recebe o nome de *cérebro (cerebrum)*. O tecido nervoso que o reveste é chamado de *córtex cerebral*. O córtex é disposto em dobras chamadas *giros* e depressões ou estrias conhecidas como *fissuras* ou *sulcos*.

Hemisférios cerebrais são as metades direita e esquerda do cérebro, que ocupam a maior parte da cavidade cerebral. O hemisfério cerebral esquerdo controla o lado direito do corpo, e o hemisfério direito controla o lado esquerdo.

Pensamento, memória, julgamento e associação, tudo acontece no cérebro. Os *nervos cranianos eferentes* carregam impulsos motores do cérebro para os músculos e glândulas para produzirem movimento e atividade. A superfície externa do cérebro, o *córtex cerebral*, é formado de massa cinzenta e, por baixo disso, a *substância branca* forma a parte central do cérebro.

O córtex cerebral é o centro que controla a fala, visão, olfato, movimento, audição e o processo de pensamento, e tem quatro lóbulos:

- ✔ **O lóbulo frontal** é o centro do movimento voluntário, julgamento, raciocínio e inibição de impulso.

- ✔ **O lóbulo occipital** (a parte de trás de cada um dos hemisférios) administra a percepção visual, associação e memória visual.

- ✔ **O lóbulo parietal** coleta, reconhece e organiza sensações de dor, toque, movimento e posição.

- ✔ **O lóbulo temporal** relaciona memória auditiva e visual, bem como o desenvolvimento da linguagem.

No meio do cérebro, há espaços chamados *ventrículos*. Esses espaços contêm fluido aquoso que escoa através do cérebro e ao redor da medula espinhal, chamado *fluido cerebrospinal ou líquido cefalorraquidiano (LCR)*. Ele protege o cérebro e a medula espinhal de choques, agindo como uma almofada. O LCR pode ser retirado para propósitos de diagnóstico ou para aliviar a pressão no cérebro.

O *cerebelo*, localizado na parte posterior do cérebro, funciona para auxiliar a coordenação dos movimentos voluntários do corpo e manter o equilíbrio corporal. O tronco cerebral é uma porção do cérebro semelhante a um tronco que conecta o cérebro à medula espinhal. A *ponte* conecta o cérebro ao cerebelo e o tronco cerebral. O *tálamo* age como uma estação de retransmissão para as sensações corporais, tais como dor, e o *hipotálamo* controla a temperatura corporal, sono, apetite e a glândula pituitária.

A *medula oblonga*, localizada entre a ponte e a medula espinhal, regula os centros que controlam a respiração, frequência cardíaca, vasos sanguíneos e o sistema respiratório. Ela também é conhecida como *bulbo raquidiano*. É a última parte do cérebro a se desligar na morte.

Medula espinhal

A *medula espinhal* passa através do canal vertebral a partir da medula oblonga até a segunda *vértebra lombar*. A medula espinhal conduz impulsos nervosos para e a partir do cérebro. Ela carrega todos os nervos que afetam os membros e a parte inferior do corpo e é uma passagem para impulsos entrando e saindo do cérebro.

Um corte transversal da medula espinhal mostra uma seção interna de massa cinzenta que contém corpos celulares e dendritos de nervos periféricos, e uma região externa de substância branca que contém fibra nervosa, envolta em bainhas de *mielina*, conduzindo impulsos para e a partir do cérebro.

Meninges são três camadas de membrana de tecido conectivo circundando o cérebro e a medula espinhal. A membrana externa, a *dura-máter*, é uma membrana espessa e resistente que contém canais para o sangue vir para o tecido cerebral. A segunda camada ao redor do cérebro e da medula espinhal, a *membrana aracnoide* (*aracnoide* significa "semelhante a aranha"), é presa de forma folgada a outras meninges. O *espaço subdural* é um espaço potencial entre a dura-máter e a aracnoide que contém vasos sanguíneos. Um espaço entre as fibras e a terceira membrana é chamado de *espaço subaracnoide*, e contém o *fluido cerebrospinal*. Uma terceira camada de meninges, mais próxima do cérebro e da medula espinhal, chamada de *pia-máter*, é composta de tecido conectivo delicado com um rico suprimento de vasos sanguíneos.

A tradução Latina de *dura-máter* significa "mãe dura", enquanto *pia-máter* significa "mãe suave". *Meninge* foi o nome dado por um médico persa no século X. Quando traduzido para o Latim, foi mudada para *dura mater*. *Mater* foi usada porque os persas pensavam que as meninges eram a mãe de todas as outras membranas corporais.

Sistema Nervoso Periférico

Vale a pena mencionar aqui que o sistema nervoso é um grande sistema subdividido em sistema nervoso central (o que acabamos de ver) e sistema nervoso periférico. Esse último divide-se em duas partes: o sistema somático e o sistema autônomo. O sistema autônomo ainda divide-se para incluir os sistemas simpático e parassimpático. Todas essas subdivisões conectam-se de alguma maneira para realizar suas funções, mas todas elas permanecem parte do sistema nervoso central.

O sistema nervoso periférico consiste do sistema somático, ou sistema nervoso voluntário, cujas ações controlamos conscientemente. Depois há grupos e nervos que funcionam involuntariamente ou automaticamente, sem controle consciente. Esses nervos compõem o *sistema nervoso autônomo*. Esse sistema é formado por fibras nervosas e carrega impulsos do sistema nervoso central para as glândulas, coração, vasos sanguíneos e músculos involuntários, tais como aqueles encontrados nas paredes dos intestinos e órgãos ocos — o estômago e a bexiga, por exemplo.

Nervos periféricos têm diferentes nomes, dependendo da direção do impulso que carregam. *Nervos aferentes* carregam impulsos para o cérebro e medula espinhal de receptores como a pele, olhos, ouvidos e nariz. *Nervos eferentes* carregam impulsos do sistema nervoso central para órgãos que produzem uma reação.

O sistema nervoso autônomo é dividido ainda em *simpático* e *parassimpático*. Alguns dos nervos autônomos são chamados *nervos simpáticos*. Os nervos simpáticos estimulam o corpo nas horas de estresse e crise, aumentando a frequência cardíaca, dilatando as vias aéreas para fornecer mais oxigênio e aumentar a pressão sanguínea. Reciprocamente, os nervos parassimpáticos relaxam os nervos involuntários para acalmar.

Raízes dos Termos do Sistema Nervoso

Agora você conhece os principais jogadores do sistema nervoso. É difícil de acreditar que o cérebro e a medula espinhal tenham tanta responsabilidade pelo modo como o seu corpo inteiro funciona. E como um supercomputador, uma pequena falha em como os neurônios disparam impulsos ou como as mensagens são enviadas para a medula espinhal pode fazer a diferença entre, vamos dizer, caminhar e ficar confinado a uma cadeira de rodas.

Agora vamos começar a construir algum vocabulário. A Tabela 20–1 lista os prefixos e sufixos associados ao sistema nervoso.

Tabela 20–1	Relaxe com Prefixos e Sufixos Nervosos
Prefixo	*O Que Significa*
Hemi-	Metade
Para-	Além, em torno, ao lado
Polio-	Cinza
Quadri-	Quatro
Sub-	Abaixo, sob
Sufixo	*O Que Significa*
-algia	Dor
-ite	Inflamação
-malacia	Amolecimento
-parese	Paralisia leve
-plegia	Paralisia
-squise	Fenda ou divisão
-tenia	Falta de resistência
-us	Condição

A Tabela 20–2 lista as raízes nervosas e formas combinadas.

Tabela 20–2	Raízes Estressantes
Raiz	*O Que Significa*
Algesi/o	Sensibilidade excessiva à dor
Cerebel/o	Cerebelo
Cerebr/o	Cérebro
Cinesi/o	Movimento
Dur/o	Dura-máter
Ec/o	Som
Encefal/o	Cérebro
Estese/o	Sensação, nervoso
Fas/o	Fala
Gli/o	Cola
Mening/o	Membrana
Meningi/o	Meninges
Ment/o, fren/o	Mente
Miel/o	Medula espinhal
Mi/o	Músculo
Neur/o	Nervo
Psic/o	Mente
Talam/o	Tálamo
Ventricul/o	Ventrículo

Está Tudo Relacionado: Mais Termos Estressantes

Então, aqui está: o pot-pourri de miscelâneas, o grande caldo dos termos do sistema nervoso. Essas são algumas das frases mais comuns que você ouvirá no consultório médico e no hospital:

- **Anestesia:** Sem sensações ou perda dos sentidos
- **Anestesiologista:** Médico que administra um *anestésico* (um medicamento que reduz a sensibilidade)
- **Ataxia:** Falta de coordenação muscular
- **Coma:** Estado de inconsciência profunda

- **Convulsão:** Contrações involuntárias repentinas de um grupo de músculos

- **Demência:** Declínio mental

- **Desorientação:** Estado de confusão em relação a tempo, espaço ou identidade

- **Marcha:** Uma forma ou estilo de caminhar

- **Monoplegia:** Paralisia de um membro

- **Neurologista:** Médico especializado em *neurologia*, o estudo científico do sistema nervoso

- **Neurologia:** Ramo da medicina que lida com o estudo do sistema nervoso, funções e desordens

- **Paraplegia:** Paralisia da metade inferior do corpo

- **Período pós-ictal ou pós-comicial:** Período após uma convulsão ou ataque epilético

- **Psiquiatra:** Médico que trata de doenças mentais

- **Psicogênico**: Produzido ou causado por fatores psicológicos

- **Psicogenético:** Originário na mente

- **Psicólogo:** Especialista em psicologia

- **Psicologia:** O estudo da mente, processos mentais e comportamento

- **Psicossomático:** Referente à mente e ao corpo

- **Quadriplegia (ou tetraplegia):** Paralisia dos quatro membros

Problemas Comuns do Sistema Nervoso

Como o sistema nervoso está envolvido em tantos aspectos do funcionamento do seu corpo, as doenças que o afetam pode ter implicações duradouras em todos os sistemas corporais. Vamos dar uma olhada em algumas das patologias referentes ao sistema nervoso central:

- **Afasia** envolve perda ou dano na habilidade de falar.

- **Acidente vascular cerebral** (AVC) é também conhecido como *derrame*. Pode ser uma ruptura (*derrame hemorrágico*) ou obstrução de uma artéria (*derrame isquêmico*), produzindo dor de cabeça, náusea, vômito, possivelmente coma, paralisia e afasia.

- **Coma** é um estado de inconsciência no qual uma pessoa não pode ser despertada

- **Coma irreversível** é um coma no qual não há reação a estímulos, nenhum movimento espontâneo e um *eletroencefalograma* (registro da atividade do cérebro) plano ou inativo.

- **Concussão** é uma disfunção temporária depois de um ferimento, normalmente melhorando depois de 24 horas. É basicamente um machucado no cérebro.

- **Disfasia** é a condição de ter dificuldade de falar.

- **Epilepsia** refere-se a um distúrbio repentino do funcionamento do sistema nervoso devido a uma atividade elétrica anormal do cérebro. Pode se manifestar por uma grande (*grand mal*) convulsão, com perda de consciência, contrações nos membros e incontinência. Pode ser também tão pequena como uma crise de ausência, na qual a pessoa parece ficar fora do ar por um momento.

O Grego *epilepsia* significa "convulsão" e é derivada de *epi*, que significa "sobre" e *lambancia*, que é "agarrar". Oficialmente, o termo significa "ser apoderado".

Grandes convulsões (*grand mal*) (também chamadas convulsões tônico-clônicas) são caracterizadas por convulsões graves e inconsciência. Pequenas convulsões (*petit mal*) (também chamadas de *crises de ausência*) consiste em lapsos momentâneos de consciência.

- **Hematoma subdural** é um tumor sanguíneo abaixo da dura-máter, produzido pela coleta de sangue no tecido ou em uma cavidade.

- **Hemiparesia** é a leve paralisia de metade (tanto do lado direito, quanto do esquerdo) do corpo.

- **Hemiplegia** é a paralisia do lado direito ou esquerdo do corpo ocorrida com frequência após um derrame.

- **Herpes-zóster** é uma doença viral que afeta os nervos periféricos. Bolhas e dor se espalham em um padrão de faixa seguindo a rota dos nervos periféricos afetados.

- **Hidrocefalia** refere-se a um acúmulo anormal de fluido nos ventrículos do cérebro.

- **Meningocele** é a saliência das meninges através de um defeito no crânio ou na coluna vertebral.

- **Miastenia grave** é uma fraqueza muscular marcada pela paralisia progressiva que pode afetar qualquer músculo do corpo, mas principalmente aqueles da face, língua, garganta e pescoço.

- **Neuralgia** significa dor no nervo.

- **Neuroma** é um tumor composto de células nervosas.

✔ **Neurose** é uma doença emocional envolvendo uma forma ineficaz de lidar com a ansiedade.

✔ **Paralisia:** Um dos tipos mais comuns é a *paralisia cerebral*, uma paralisia parcial e falta de coordenação muscular devido a dano no cérebro do feto durante a gravidez.

Paraplegia: O Grego *para* significa "ao lado de" e *plegia* significa "paralisia".

Paralisia de Bell envolve paralisia facial devido a uma complicação no nervo facial; a causa é desconhecida, mas é possível a recuperação completa.

✔ **Polineurite** é a inflamação de muitos nervos.

✔ **Psicose** refere-se a uma séria doença mental caracterizada por uma perturbação extrema, com frequência acompanhada de delírios e alucinações.

✔ **Síncope** significa desmaio ou perda repentina da consciência.

Achando o Culpado: Doenças do Sistema Nervoso e Sua Patologia

As doenças e patologias mais sérias do sistema nervoso, novamente, têm grandes implicações sobre a forma como funciona o resto do seu corpo. Do modo como seus músculos se movem até a coordenação de reflexos involuntários, seu sistema nervoso pode estar sujeito a uma ampla gama de problemas patológicos sérios. Aqui estão apenas alguns deles:

✔ **Ataque isquêmico transitório (AIT):** Deficiência repentina do suprimento de sangue para o cérebro durante um curto espaço de tempo.

✔ **Esclerose lateral amiotrófica (ELA):** Também chamada *doença de Lou Gehrig*, uma atrofia muscular progressiva ou definhamento, causada pelo endurecimento do tecido nervoso na medula espinhal.

✔ **Esclerose múltipla (EM):** Destruição da bainha de mielina ao redor das fibras nervosas; há a formação de cicatriz que impede a condução de impulsos nervosos, causando fraqueza muscular e paralisia.

✔ **Espinha bífida:** Defeito congênito da coluna vertebral devido à má junção das partes vertebrais.

Tumores: Hóspedes indesejáveis

Tumores são um outro problema patológico sério que afeta o sistema nervoso. Trabalhando da mesma forma que um vírus ataca um computador, tumores atacam, crescem e causam destruição geral em tudo o que tocam.

Um *glioma* ocorre no tecido cerebral, enquanto um *meningioma* nasce das meninges. Gliomas são tumores altamente malignos que quase nunca entram em metástase ou se espalham. Um exemplo de um glioma é o *astrocitoma*, um tumor composto de *astrócitos*. Gliomas são normalmente removidos cirurgicamente. Meningiomas são, em sua maioria, benignos e cercados por uma cápsula, mas podem causar compressão ou distorção do cérebro.

Outro tipo de tumor é o neuroblastoma, um tumor maligno que surge nas células nervosas. Pode ser hereditário e ocorre com mais frequência nas glândulas adrenais; ocorre na infância e é tratado com uma combinação de cirurgia e quimioterapia.

- **Espinha bífida oculta:** Lesão vertebral coberta com pele e não vista; evidente apenas no exame de raio X.

- **Mal de Alzheimer:** Doença cerebral marcada pela deterioração da capacidade mental, causada pela atrofia (redução do volume) das células cerebrais; desenvolve-se gradualmente; os primeiros sinais são perda da memória para eventos recentes e diminuição de julgamento e compreensão.

- **Mal de Parkinson:** Degeneração dos nervos do cérebro; ocorre na vida adulta, levando a tremores, fraqueza dos músculos e lentidão de movimento; uma condição progressiva que leva à rigidez muscular, andar arrastado (modo de caminhar) e postura inclinada para a frente.

  O médico inglês James Parkinson descreveu o mal em 1817. Também é chamado de *parkinsonismo*.

- **Meningite:** Inflamação das meninges causada por bactérias (*meningite bacteriana*) ou um vírus (*meningite viral*), uma infecção dos espaços subaracnoides.

- **Síndrome de Reye:** Doença do cérebro e outros órgãos, tais como fígado; afeta crianças na adolescência; a causa é desconhecida, mas tipicamente segue-se a uma infecção viral.

Testando, Testando: Radiologia e Testes de Diagnóstico para o Sistema Nervoso

Agora que você leu sobre algumas das patologias e doenças do sistema nervoso, aqui está um pouco sobre como diagnosticá-los. Como muitos dos exames seguintes lidam com partes delicadas, como a medula espinhal e o cérebro, médicos tentam usar o mínimo de medidas invasivas. É certamente uma boa ideia achar um laboratório sólido e respeitável, que você se sinta confortável, em vez de ir a qualquer fundo de quintal que faça imagens de ressonância magnética.

E agora, aos exames:

- **Análise de líquido cerebrospinal (ou cefalorraquidiano)** analisa a contagem celular, manchas bacterianas e culturas de fluido cerebrospinal quando há suspeita de doença das meninges ou do cérebro.

- **Angiografia cerebral:** Um *contraste* (como um corante) é injetado na artéria e raios X são tirados do sistema de vasos sanguíneos do cérebro. É também chamada *arteriografia*.

- **Eletroencefalografia (EEG)** é um registro de uma atividade elétrica do cérebro, realizado para diagnosticar epilepsia.

- **Mielograma** é um procedimento no qual contraste é injetado no fluido cerebrospinal e são tirados raios X da medula espinhal.

- **Punção lombar ou espinhal** é quando o fluido cerebrospinal (ou cefalorraquidiano) é retirado para análise do meio de duas vértebras lombares. Contraste pode ser administrado via procedimento de punção lombar para estudos de raio X, tais como um *mielograma* ou *injeção intratecal*.

- **Ressonância Magnética (RM)** é uma técnica não invasiva que produz imagens transversais e verticais dos tecidos moles do cérebro, pelo uso de ondas magnéticas. Ao contrário da tomografia computadorizada, a RM produz imagens sem o uso de radiação ou contraste. É usada para visualizar tumores, edema e para confirmar esclerose múltipla.

- **Tomografia computadorizada (TC)** é realizada no cérebro para localizar um tumor, matéria estranha ou vaso bloqueado.

- **Tomografia por emissão de positrôns (PET)** é uma técnica que permite visualizar uma fatia do cérebro e dá informação sobre o seu funcionamento, tais como fluxo sanguíneo.

Chamando o Dr. Terminologia: Cirurgias e Procedimentos no Sistema Nervoso

A maioria das cirurgias deste sistema envolvem a remoção de tumores no cérebro, sejam malignos ou benignos. Tumores da medula espinhal também podem ser removidos cirurgicamente. A cirurgia do cérebro e da medula espinhal, como você deve imaginar, são muito minuciosas e detalhadas devido à complexidade dos nervos e dos tecidos envolvidos. Então, novamente, pense em instituições respeitáveis e não no Mercado de Craniotomia.

Mas acabamos divagando. Vamos começar entrando na sua cabeça, literalmente:

- **Craniotomia:** Corte cirúrgico para realizar uma abertura do crânio e obter acesso ao tecido cerebral para cirurgia
- **Laminectomia:** Excisão do arco posterior de uma vértebra
- **Neurectomia:** Excisão de um nervo
- **Neuroplastia:** Reparo cirúrgico de um nervo

Raio X Terminológico: Farmacologia para o Sistema Nervoso

Agora é hora de tratá-lo com alguns remédios. Aqui estão alguns tipos comuns de medicamentos usados para tratar complicações e doenças do sistema nervoso:

- **Anticonvulsivos, hipnóticos e sedativos** são usados para tratar vários tipos de convulsões.
- **Estimulantes do SNC (sistema nervoso central)** são usados para tratar transtornos de déficit de atenção e hiperatividade (TDAH).
- **Hipnóticos** são usados para tratar transtornos do sono; exemplos incluem barbitúricos e não barbitúricos.
- **Terapia adjuvante cognitiva** é usada para tratar o mal de Alzheimer.

A raiz Grega de *hipnótico, hypos,* significa "dormir".

Parte V
Identifique Aquele Encanamento

"Em resumo, vamos estimular seus ovários com medicação diária e hormônios, realizar a retirada de óvulos no hospital, incubá-los em uma placa de Petri no laboratório e, então, sentar e deixar a natureza agir."

Nesta parte . . .

Os sistemas urinário e reprodutivo são tão vitais à nossa forma de viver e manter a vida que eles têm sua própria parte, mesmo que curta. O Capítulo 21 cobre tudo o que você precisa saber sobre como seu corpo faz xixi. Os Capítulos 22 e 23, respectivamente, entram em detalhes sobre os sistemas reprodutivos masculino e feminino, respondendo aquela velha questão: "Mamãe, de onde vêm os bebês?".

Capítulo 21

Quando a Coisa Aperta: O Sistema Urinário

* *

Neste Capítulo

▶ Descubra como funciona o sistema urinário

▶ Confira as raízes, prefixos e sufixos próprios deste sistema

▶ Use a terminologia do sistema urinário para discutir condições e doenças comuns

▶ Encontre os termos certos para usar no diagnóstico de problemas

* *

*V*ocê provavelmente não dá muito atenção a como seu encanamento urinário funciona cada vez que usa o banheiro. Entretanto, isso se torna uma grande preocupação no minuto em que sua, hummm, produção não está saindo como deveria. Bem-vindo ao maravilhoso mundo do sistema urinário! Dos rins à bexiga, seu corpo é cheio de toda sorte de partes cujo único propósito é limpar seu sistema das toxinas por meio da criação de urina.

Acredite ou não, todo ramo da profissão médica é dedicado a ajudá-lo a dar sua contribuição ao vaso sanitário de forma regular. O urologista é, então, uma espécie de encanador humano do gênero. Vamos dar uma olhada no que ocupa tanto tempo do trabalho dele.

Como Funciona o Sistema Urinário

O sistema urinário é composto dos *rins* (você tem dois), *ureteres* (também dois), *bexiga* e *uretra* (uma de cada). A principal função desse sistema é remover a ureia, o resíduo do metabolismo, da corrente sanguínea e excretar a ureia (na urina) do corpo.

Então, como aquele grande bife do jantar da noite passada se transforma naquilo que sairá em forma de urina na manhã seguinte? Bem, comida e oxigênio combinam-se nas células para produzir energia, em um processo chamado *catabolismo*. No processo, comida e oxigênio não são destruídos, mas as pequenas partículas que os formam são rearranjadas em novas combinações, e parte do resultado é produto residual. Resíduos em forma de gases (dióxido de carbono) são removidos do corpo pela exalação através dos pulmões. O resíduo *nitrogenado* (o subproduto dos alimentos de proteína) é mais difícil de excretar do corpo do que gases. Esse tipo de resíduo é secretado como um solúvel dissolvido em água, uma substância residual chamada urina. A principal função do sistema urinário é remover a ureia da corrente sanguínea.

A ureia é formada no fígado a partir da *amônia* (que é, acredite ou não, basicamente a mesma substância de alguns produtos de limpeza). A corrente sanguínea carrega a amônia (da mesma maneira que com os hormônios e a linfa) para os rins, onde ela passa juntamente com água, sais e ácidos para fora da corrente sanguínea em direção aos rins. Eles removem os resíduos produzindo a urina, que viaja através de cada ureter em direção à bexiga. A urina é, então, excretada da bexiga via uretra. Magicamente (ou ao menos parece ser), o bife do seu jantar transformou-se em xixi!

A Figura 21–1 mostra o sistema urinário.

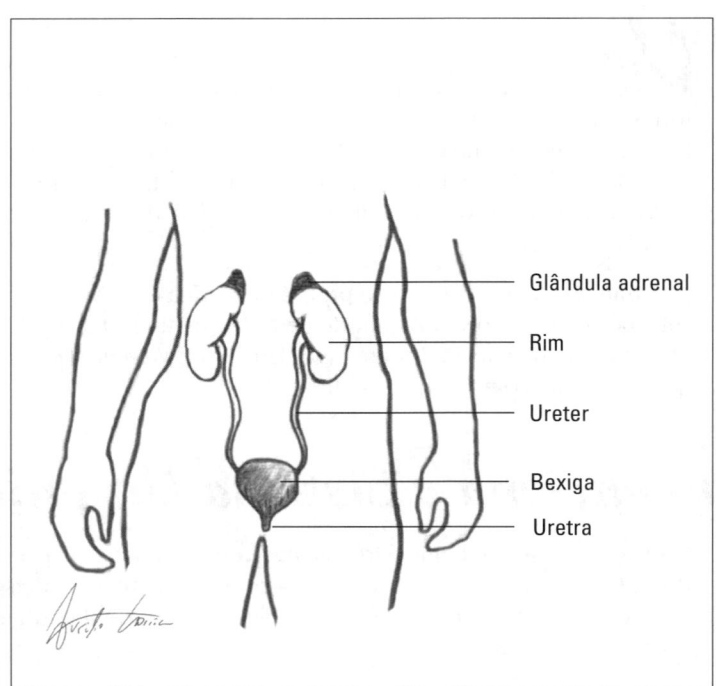

Glândula adrenal

Rim

Ureter

Bexiga

Uretra

Figura 21-1:
O sistema
urinário.

Rins

Você tem dois rins, a menos que tenha removido um. *Rins* são órgãos em forma de feijão, de cor marrom avermelhado escuro, localizados atrás da cavidade abdominal em cada lado da coluna, na região lombar. Eles estão embutidos em uma almofada de tecido *adiposo* (gordura) e cercados por tecido conectivo, para apoio. Cada rim tem o tamanho aproximado de um punho e pesa mais ou menos 220g. O rim esquerdo é um pouco maior e está um pouco mais alto do que o direito.

Cada rim consiste de um *córtex* externo e uma zona *medular* interna. O córtex contém milhões de *néfrons* e a zona medular contém uma coleção de *túbulos* (pequenos tubos). Um segmento da borda medial de cada rim, chamado *hilo*, permite aos vasos sanguíneos, nervos e ureter passarem através. O *néfron* é a unidade funcional e estrutural do rim, ou os "cérebros" do rim. Cada um é uma estrutura microscópica produtora de urina, que consiste de um corpúsculo renal e um túbulo renal.

O significado em Latim de *hilo* é "coisa pequena ou uma insignificância". Esse é o termo para uma depressão ou fenda em um órgão por onde vasos e nervos entram.

Glomérulos são cachos de *capilares* (pequenos vasos) na entrada de cada néfron. Eles ajudam a filtrar o sangue, começando o processo de produção de urina. No processo de filtragem do sangue, a água e os solutos do sangue nos glomérulos passam através dos capilares e das paredes que os formam, em direção aos túbulos, que têm a capacidade de remover substâncias que seu corpo precisa e devolvê-las ao sangue.

A palavra Grega *pyelos* significa "vaso em forma de banheira", que descreve a forma de cada rim.

A história por trás do que está no vaso sanitário

Aqui estão estatísticas vitais do seu xixi. A urina normal tem cor âmbar pálido translúcido, com o odor típico que você já está familiarizado. Ela é formada de 95% de água com substâncias dissolvidas, resíduo nitrogenado, pigmentos, toxinas, hormônios e, algumas vezes, substâncias anormais como sangue, glicose (açúcar) e albumina. Naturalmente, se você consegue ver sangue na sua urina a olho nu, é hora de chamar seu médico.

A média de urina liberada em um período de 24 horas é aproximadamente 1000–2000 ml (mililitros). A *densidade normal* da urina está entre 1.015 e 1.025. Densidade é o peso de uma substância comparado com o peso de alguma outra substância tomada como padrão. A água é o padrão normal para líquidos. A densidade da água é 1. Se a urina apresenta uma densidade de 1.025, significa que ela é 1.025 vezes mais pesada do que a água.

Fique atento à urina amarelo escuro. Isso significa que o seu xixi está excessivamente concentrado, o que pode indicar um grau de desidratação.

Ureteres

Você tem dois ureteres (direito e esquerdo). Eles são tubos musculares com aproximadamente 40cm de comprimento, revestidos com membrana mucosa, estendendo-se da pelve renal até a bexiga. O ureter esquerdo é maior porque o rim esquerdo está em uma posição mais alta. A urina entra na bexiga em jorros através de cada ureter, em média a cada 20 segundos.

Na bexiga, a entrada é o *orifício uretral* (abertura) que abre-se para permitir que a urina chegue na bexiga a partir de cada ureter. O orifício trabalha em sequência com a ação *peristáltica* (como ondas), que impulsiona a urina através do ureter. Essa ação impede que a urina volte ao ureter quando a bexiga se contrai.

Bexiga

A *bexiga* é um saco muscular oco muito elástico na cavidade pélvica. Ela age como um reservatório temporário, ou "tanque de armazenamento", para a urina. Ela tem duas aberturas para receber a urina que vem de cada ureter. Uma outra abertura, a uretra, fornece uma rota de saída para a urina em direção ao exterior do corpo. O *trígono* é um espaço triangular na base da bexiga por onde os ureteres entram.

Uma bexiga média mantém mais de 250ml de urina antes de produzir o desejo de urinar.

A contração da bexiga e o *esfíncter interno* é uma ação involuntária, enquanto que a ação do *esfíncter externo* é controlada por você. O ato de evitar ou concluir a micção (ato de urinar) é uma ação aprendida e voluntária em um corpo saudável.

Uretra

A uretra é um tubo membranoso que carrega a urina da bexiga para o exterior do corpo. O processo de expelir ou liberar a urina é tecnicamente chamado de *micção*. A abertura externa da uretra é o *meato uretral* ou *meato urinário*. A uretra feminina tem aproximadamente 3,5cm de comprimento e sua única função é a micção. No homem, tem aproximadamente 20cm. Ela estende-se do colo vesical, através da próstata e através do pênis. A uretra masculina carrega a urina e as secreções do órgão reprodutivo (veja Capítulo 22). Graças à Mãe Natureza, a uretra não pode misturar esperma e urina, então é difícil urinar com uma ereção. Isso com certeza previne constrangimentos não desejados naqueles momentos delicados.

Filtração, reabsorção e secreção... Nossa!

À medida que o sangue passa através dos glomérulos de cada rim, o processo de produção da urina começa. Há três passos para esse processo: filtração, reabsorção e secreção. As paredes glomerulares são finas para permitir que a água, sal, açúcar e resíduo nitrogenado — como ureia, creatinina e ácido úrico — sejam filtrados do sangue. Cada rim é cercado por uma estrutura em forma de taça que coleta as substâncias, filtrando-as do sangue. Essa estrutura é chamada de *cápsula de Bowman*.

Se o processo de produção de urina parasse aqui, o corpo perderia uma grande quantidade da água, açúcar e sais necessários, que seriam filtrados do sangue com os resíduos. Cada cápsula de Bowman é conectada a um longo tubo retorcido chamado *túbulo renal*. Como a água, sais e resíduos passam através desse túbulo, os materiais de que o corpo necessita são capazes de reentrar na corrente sanguínea através de minúsculos capilares. Na hora em que o material filtrado alcança a extremidade dos túbulos renais, os materiais de que o corpo precisa manter foram reabsorvidos.

O resíduo, junto com um pouco de água, sais e ácidos, passa do túbulo renal em direção à área de coleta central do rim. Milhares de túbulos depositam a urina na pelve renal central, um espaço que ocupa a maior parte da zona medular do rim. As divisões em formato de taça da pelve renal, chamadas cálices, recebem a urina, que é (como mencionamos antes) composta de 95%, mais 5% de ureia, creatinina, ácidos e sais. A pelve renal estreita-se em direção ao ureter, que carrega a urina para a bexiga, onde é temporariamente armazenada. Quando a bexiga alcança a sua capacidade, o impulso ou necessidade de urinar é sentida e a urina é expelida da bexiga via uretra. Então, é direto para o banheiro que você vai!

Cateter vem do Grego *catheter*, que significa "uma coisa que escorre". Um cateter conduz a urina da bexiga.

Urinar vem do Latim *mictus*, que significa "fazer água". É daí que vem o substantivo *micção*.

Raízes dos Termos do Sistema Urinário

Agora é hora de ligar o fluxo (trocadilho totalmente intencional) de prefixos, sufixos e raízes. No caso dos prefixos e sufixos, você achará que esses inícios e finais das palavras urinárias tendem a aludir a algum tipo de doença ou estado do sistema urinário. A Tabela 21–1 vai introduzi-lo nos prefixos e sufixos.

Tabela 21–1	Começando e Parando o Fluxo: Prefixos e Sufixos Urinários
Prefixo	*O Que Significa*
An-	Sem
Dis-	Difícil, doloroso
Poli	Muitos, muito
Trans-	Através ou transversal
Sufixo	*O Que Significa*
-continencia	Parar
-emia	Doença sanguínea
-grafia	Processo de gravação
-iase	Doença
-ite	Inflamação
-lise	Afrouxamento, separação
-megalia	Aumento
-ptose	Inclinação, flacidez, queda
-tripsia	Esmagamento cirúrgico
-uria	Micção, urina

Agora que você conhece os prefixos e sufixos urinários de trás para frente, você pode ir ao coração dessas palavras. A Tabela 21–2 é uma lista das raízes e formas combinadas mais comuns no mundo das coisas urinárias.

Tabela 21–2	Urinar ou Não Urinar: Raízes Urinárias
Raiz	*O Que Significa*
Albumin/o	Albumina
Bacteri/o	Bactérias
Cortic/o	Córtex (o córtex renal é a seção externa do rim)
Cript/o	Escondido
Cist/o	Bexiga
Dips/o	Sede
Glomerul/o	Glomérulos (cachos de pequenos vasos)
Hidr/o	Água
Lit/o	Pedra
Meat/o	Meato
Medul/o	Medula, medular (zona interna do rim)

Raiz	O Que Significa
Nefr/o	Rim
Not/i	Noite
Olig/o	Escasso
Piel/o	Pelve renal
Pi/o	Pus
Ren/o	Rim
Trigon/o	Trígono
Ur/o, urin/o	Urina, ureia, trato urinário
Ureter/o	Ureter (você tem dois)
Uretr/o	Uretra (você tem uma)

Para manter sua uretra e ureteres em forma, lembre-se de que ureter tem dois *es* e uretra, apenas um *e*. Você tem dois ureteres e uma uretra.

Problemas Urinários Comuns

Ah, o sistema urinário. Tão poucas partes, tantas coisas possíveis que podem dar errado. Quem nunca experimentou alguns dias de dieta específica graças a uma inconveniente e dolorosa infecção da bexiga? E quem poderia esquecer as alegrias de passar pela boa e velha pedra no rim? Bons tempos — nem tanto.

Quando se trata de problemas comuns, lembre-se de que inflamação é a arquirrival do sistema urinário. Quando suas partes urinárias estão inflamadas, as bactérias têm um lugar perfeito para crescerem em meio a um sistema que transporta resíduos. Isso resulta em infecção e uma grande dose de desconforto. Aqui estão alguns dos suspeitos habituais:

- **Cistite:** Inflamação da bexiga
- **Infecção do trato urinário (ITU):** Infecção de um ou mais órgãos do trato urinário
- **Ureterite:** Inflamação de um ureter
- **Uretrite:** Inflamação da uretra

Achando o Culpado: Doenças Urinárias e Sua Patologia

Embora as condições urinárias típicas possam causar inconvenientes e desconforto, elas são, algumas vezes, sinais para doenças e condições patológicas mais sérias. Esses problemas mais sérios estendem-se desde doenças que afetam o funcionamento do rim até vários tipos de câncer:

- **Cálculos renais:** Pedras no rim

- **Carcinoma de células renais:** Malignidade do rim envolvendo o parênquima renal (todas as suas partes essenciais)

- **Carcinoma de células transicionais:** Malignidade que afeta a bexiga, ureteres e pelve renal

- **Cistocele** (bexiga caída)**:** Saliência ou flacidez da bexiga

- **Cólica renal:** Dor devido ao bloqueio durante a passagem de uma pedra no rim

- **Doença renal policística:** Múltiplos sacos cheios de fluido (cistos) nos rins

- **Doença Renal Crônica (DRC):** Falência renal irreversível crônica

- **Epispádia:** Defeito congênito no qual o meato urinário está localizado na superfície superior do pênis; normalmente corrigido cirurgicamente logo após o nascimento

- **Glomerulonefrite:** Inflamação dos glomérulos do rim causada por inúmeras razões, incluindo doenças do tecido conectivo, como lúpus, doenças endócrinas, como diabetes, ou infecção bacteriana, como *Streptococcus Beta Hemolítico do Grupo A*

- **Hidronefrose:** Distensão de água ou fluido na pelve renal causada por obstrução do ureter

- **Hidroureter:** Distensão do ureter com urina devido a bloqueio

- **Hipernefroma:** Câncer renal em adultos

- **Hipertensão essencial:** Pressão sanguínea alta sem causa aparente

- **Hipertensão renal:** Pressão sanguínea alta resultante de doença renal (hipertensão secundária)

- **Hipospádia:** Defeito congênito no qual o meato urinário está localizado do lado de baixo do pênis, normalmente corrigido cirurgicamente também

- **Incontinência:** Incapacidade de evitar o escoamento da urina

- **Incontinência urinária:** Incapacidade de segurar a urina na bexiga

- **IRC (insuficiência renal crônica):** Quando o funcionamento do rim não é suficiente, levando à diálise ou transplante

- **Nefrite:** inflamação do rim

- **Nefroblastoma:** Tumor renal contendo desenvolvimento de células (*tumor de Wilms*)

- **Nefrolitíase:** Pedras no rim ou cálculos renais

- **Nefroma:** Tumor do rim

- **Nefromegalia:** Aumento do rim

- **Nefroptose:** Rim inclinado ou caído

- **Nefrose:** Qualquer doença do rim

- **Pielite:** Inflamação da pelve renal

- **Pielonefrite:** Inflamação da pelve renal

- **Retensão urinária:** Bloqueio na passagem da urina ou problemas no controle muscular levando a uma micção incompleta com o mesmo resultado

- **Síndrome nefrótica:** Condição de perda excessiva de proteína na urina

- **Tumor de Wilms:** Tumor renal maligno, ocorre na infância: também conhecido como adenomiossarcoma

Testando, Testando: Radiologia e Testes de Diagnóstico Urinários

Testar o sistema urinário para doenças e patologias envolve um pouco mais do que urinar em um frasco e enviar a amostra para o laboratório. Médicos podem prescrever todo tipo de exames para extirpar o problema que afeta seu encanamento.

Primeiro, vamos começar com alguns exames que envolvem a velha confiável amostra de urina. Esses exames são parte de um *exame de urina* total (análise microscópica da urina), ou um processo de triagem sanguínea para avaliar o funcionamento adequado do sistema urinário:

- ✔ **BUN (sangue, ureia e nitrogênio**, do inglês**):** Mede a quantidade de ureia no sangue; quando o rim está doente ou em falência, acumula ureia levando a um estado de inconsciência e morte

- ✔ **Contagem de Addis:** Exame de urina para determinar doença do rim; a medição do volume total de urina expelida no período de 24 horas é usada para avaliar o funcionamento do rim

  Bilirrubinas excessivas podem causar *icterícia* em recém-nascidos.

- ✔ **Depuração de creatinina:** Mede a capacidade do rim de remover a *creatinina*, um composto cristalizado e branco do sangue

- ✔ **Fenilcetonúria:** Substância encontrada na urina de recém-nascidos indicando problemas congênitos (exame realizado rotineiramente em recém-nascidos)

Os médicos devem também recomendar diagnóstico por imagem ou raio X do sistema urinário. Esses procedimentos de imagem são, na maior parte, não invasivos, com a exceção de ter que adicionar um *contraste* (geralmente um corante) ao corpo, para que os problemas apareçam no raio X. Alguns procedimentos de diagnóstico por imagem incluem os seguintes:

- ✔ **Cistograma:** Exame de raio X da bexiga

- ✔ **Cistograma miccional:** A bexiga é enchida com contraste; raios X são tirados da bexiga e uretra à medida que a urina é expelida

- ✔ **Cistopielograma:** Raio X da bexiga e pelve renal

- ✔ **Cistouretrograma:** Exame de raio X da bexiga e uretra

- ✔ **KUB (rins, ureteres e bexiga,** do inglês**):** Demonstra o tamanho e localização dos rins em relação a outros órgãos nas regiões abdominal e pélvica

- ✔ **Nefrograma:** Raio X do rim

- ✔ **Pielograma:** Raio X da pelve renal

- ✔ **Pielograma retrógrado:** Um contraste é injetado na bexiga e ureteres através de um cistoscópio; raios X são tirados para determinar a presença de pedras ou obstrução

- ✔ **PIV (pielograma intravenoso):** Injeção de um contraste em uma veia que viaja para os rins, onde é filtrado na urina; o raio X mostra o corante preenchendo os rins, ureteres, bexiga e uretra para diagnosticar pedras, tumores e cistos

- ✔ **TAC:** Significa *tomografia axial computadorizada*, um raio X transverso dos rins para diagnosticar tumores, cistos, abscessos e hidronefrose

- ✔ **Ultrassonografia (ultrassom):** Tamanho do rim, tumores, hidronefrose, rim policístico e obstruções ureterais e da bexiga são algumas das condições diagnósticas usando ondas sonoras

E agora a parte divertida — endoscopia! Embora os procedimentos a seguir possam criar algum constrangimento, lembre-se de que se o seu médico não pode diagnosticar adequadamente, também não pode tratá-lo. Então, anime-se, aja como gente grande e supere seu medo do aparelho. Alguns dos procedimentos endoscópicos urinários mais comuns são esses:

- **Cistoscópio:** Instrumento usado para exame visual da bexiga

- **Cistoscopia:** Exame visual da bexiga

- **Nefroscopia:** Exame visual do rim

- **Uretroscópio:** Instrumento usado para exame visual da uretra

- **Uretroscopia:** Exame visual da uretra

- **Ureteroscópio:** Instrumento usado para exame visual do ureter

- **Ureteroscopia:** Exame visual do ureter

- **Urinômetro:** Instrumento usado para media a densidade da urina

Chamando o Dr. Terminologia: Cirurgias e Procedimentos Urinários

Uma imensidão de cirurgias e procedimentos estão disponíveis para ajudar a tratar transtornos e doenças. Como os procedimentos para outros sistemas do corpo, estes mais frequentemente envolvem excisões, incisões e reparos. Pense no seu cirurgião como o encanador mestre dos canos humanos. Esses são alguns procedimentos típicos usados para arrumar as suas partes urinárias:

- **Biópsia renal:** Biópsia de um rim realizada na hora da cirurgia ou através da pele (subcutâneo ou fechado), na qual uma agulha é inserida com orientação de ultrassom; o tecido é obtido e mais tarde usado para diagnosticar doenças desde câncer até danos da diabetes

- **Cistectomia:** Excisão cirúrgica da bexiga

- **Cistoplastia:** Reparo cirúrgico da bexiga

- **Cistostomia:** Criação de uma abertura artificial na bexiga

- **Cistotomia:** Incisão na bexiga

- **Diálise:** Faz o trabalho que um rim em mal funcionamento não pode fazer, remove resíduos, tal como ureia, da corrente sanguínea

- **Diálise peritoneal:** O resíduo é removido do sangue via troca de fluidos através da cavidade peritoneal

- **Fulguração:** Destruição do tecido vivo com faíscas elétricas, usado para remover um aumento da bexiga ou pequeno tumor

- **Hemodiálise:** Uma máquina renal artificial filtra os resíduos do sangue

- **LECO:** Litotripsia extracorpórea (lado de fora do corpo) por ondas de choque

- **Litotripsia:** Desintegração ou esmagamento de pedras renais de forma cirúrgica ou por ondas de choque

- **Nefrectomia:** Excisão cirúrgica de um rim

- **Nefrólise:** Separação dos rins de outras estruturas do corpo

- **Nefrolitotomia:** Remoção cirúrgica de uma pedra no rim através de incisão no órgão

- **Nefropexia:** Fixação cirúrgica de um rim

- **Pielolitotomia:** Incisão na pelve renal para remover pedras

- **Pieloplastia:** Reparo cirúrgico da pelve renal

- **Suspensão uretrovesical:** Suspensão cirúrgica da bexiga e uretra

- **Transplante renal:** Implante cirúrgico de um rim para substituir um rim que não está funcionando; já que cada rim realiza a mesma função, o corpo pode viver com apenas um

- **Ureterectomia:** Excisão cirúrgica do ureter

- **Ureterostomia:** Criação de uma abertura artificial no ureter; normalmente usada para criar uma abertura do ureter para a pele, de forma que a urina possa ser coletada em uma bolsa

- **Ureterotomia:** Incisão em um ureter

- **Uretropexia:** Fixação cirúrgica da uretra

Raio X Terminológico: Farmacologia para o Sistema Urinário

Os medicamentos usados com mais frequência no tratamento das condições e doenças urinárias são usados para muitos outros problemas do corpo. Sem dúvida você reconhecerá essas famílias de remédios, já que atravessam vários sistemas.

Antibióticos tradicionais são tipicamente usados para tratar infecções do trato urinário. Esses remédios são mais efetivos contra organismos E. Coli gram-negativos, os famosos culpados das ITU (infecções do trato urinário). *Gram-negativo* é uma reação negativa ao *exame de Gram*, um método de detectar micro-organismos. Embora tomar muito suco de cranberry seja útil quando você tem uma ITU desconfortável, ele não funciona para tudo. Confie em antibióticos prescritos para realmente destruir a infecção e ter o seu fluxo de urina novamente restaurado. Outro tipo de remédio comum no tratamento das infecções do trato urinário é a família das *sulfonamidas*.

Diuréticos, normalmente tomados para hipertensão, fazem os rins trabalharem em regime de hora extra. O suplemento de potássio (K) costuma ser dado para manter os níveis de potássio no sangue. Um diurético aumenta a excreção de urina, deixando todo o sistema urinário esgotado, o que não é bom para os rins ou para os níveis de sódio e potássio. É por causa disso que toma-se muito cuidado na prescrição desses remédios, e todos dessa família são vendidos apenas sob prescrição. Há alguns itens comuns do dia a dia que têm efeitos diuréticos, tais como a cafeína do seu café ou do refrigerante.

Curiosidades urinárias: Vocabulário adicional

Não poderíamos concluir este capítulo sem incluir alguns termos úteis que não necessariamente se encaixam em nossas categorias normais. Rufem os tambores, por favor... Apresentamos a você um saco de surpresas urinárias (não confundir com um saco de cateter urinário). Pratique esse pot-pourri de palavras urinárias para memorizar, e você será a estrela do consultório médico:

- **Anúria:** ausência de urina

- **Azotemia:** ureia e nitrogênio excessivos no sangue

- **Azotúria:** ureia e nitrogênio excessivos na urina

- **Cateter:** um instrumento em forma de tubo, flexível, para retirar ou instilar fluido

- **Cateterização urinária:** passagem de um cateter através da uretra em direção à bexiga para retirar urina

- **Diurese:** aumento de excreção da urina

- **Diurético:** um agente ou medicamento usado para aumentar a quantidade de produção de urina

- **Disúria:** micção dificultosa ou dolorosa

- **Enurese:** incontinência urinária

- **Glicosúria:** açúcar ou glicose na urina

- **Hematúria:** sangue na urina

- **Nefrologista:** médico especializado em doenças do rim

- **Nefrologia:** estudo do rim, sua anatomia e funções

- **Noctúria:** micção noturna

- **Oligúria:** micção escassa

- **Poliúria:** micção excessiva

- **Piúria:** pus na urina

- **Urinário:** referente à urina

- **Urologista:** médico especializado em tratar doenças do sistema urinário masculino e feminino e do sistema reprodutivo masculino

- **Urologia:** estudo do sistema urinário masculino e feminino e do sistema reprodutivo masculino

Capítulo 22

Cheque o Encanamento: O Sistema Reprodutor Masculino

Dizem que uma andorinha só não faz verão. Você não pode criar vida sem a participação de ambos os órgãos reprodutores masculino e feminino. Os dois são igualmente importantes no processo de fazer um bebê, é por isso que cada um tem seu próprio capítulo neste livro. Normalmente, nós diríamos, "primeiro as damas", mas neste caso vamos começar nossa discussão reprodutiva com os garotos, que doam os "pequenos soldados" responsáveis pela fertilização do óvulo.

Como Funciona o Sistema Reprodutor Masculino

O sistema reprodutor no homem tem duas funções principais, produzir *espermatozoides*, as células reprodutoras masculinas, e secretar *testosterona*, o hormônio masculino. Os órgãos reprodutores masculinos, ou gônadas, são os *testículos*. Eles são auxiliados por órgãos acessórios, dutos e glândulas. Os dutos incluem os *canais deferentes*, *epidídimo*, *ductos ejaculatórios* e a *uretra*. As glândulas incluem as *vesículas seminais*, *próstata* e *glândulas bulbouretrais* (ou *glândulas de Cowper*). As estruturas de apoio incluem o *pênis*, *escroto* e *cordões espermáticos*.

O espermatozoide é uma célula microscópica, cem mil vezes menor do que o tamanho do *óvulo* feminino. Sua estrutura é descomplicada, composta de uma região da cabeça, que contém o material hereditário, ou *cromossomos*, e uma cauda. Essa região da cauda, chamada flagelo, é uma estrutura semelhante a um fio de cabelo que deixa o *espermatozoide móvel* (capaz de se mover sozinho), assemelhando-se a um girino.

O esperma contém pouca comida e citoplasma, porque ele apenas precisa viver o suficiente para viajar do seu ponto de lançamento, no homem, até onde está o óvulo, na mulher, na *trompa de Falópio*. Apenas um espermatozoide pode penetrar um único óvulo e realizar a fertilização. Imagine, de aproximadamente 400 *milhões* de espermatozoides que podem ser lançados em uma simples ejaculação, apenas um completa o processo de fertilização.

O sistema reprodutor masculino produz 100 milhões de espermatozoides por dia (que é uma taxa de 1.000 a cada batida do coração), da puberdade até a morte! Os órgãos do sistema reprodutor masculino produzem e lançam bilhões de espermatozoides ao longo de toda a vida do homem.

Além disso, o sistema reprodutor masculino secreta o hormônio masculino (ou *andrógeno*) testosterona. Esse hormônio é necessário para o adequado desenvolvimento das gônadas masculinas desde o estágio fetal através da idade adulta, para os testículos e órgãos acessórios dos testículos, a glândula próstata e as vesículas seminais. A testosterona é responsável também pela produção de características corporais secundárias do homem, tais como pelo facial e a voz mais grossa. A próstata e as vesículas seminais secretam fluido para garantir a lubrificação e *viabilidade* (habilidade de viver) dos espermatozoides.

A Figura 22–1 dá uma olhada na anatomia deste sistema e nos órgãos e partes que o compõem.

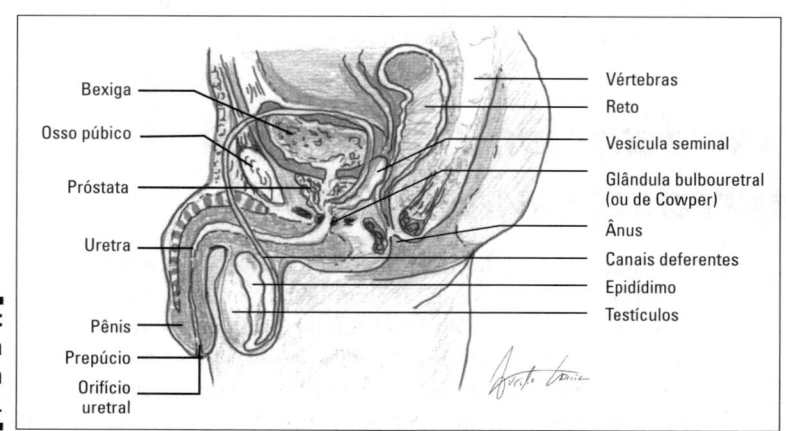

Figura 22-1:
A anatomia reprodutiva masculina.

Bexiga

Osso púbico

Próstata

Uretra

Pênis

Prepúcio

Orifício uretral

Vértebras

Reto

Vesícula seminal

Glândula bulbouretral (ou de Cowper)

Ânus

Canais deferentes

Epidídimo

Testículos

Testículos

As *gônadas* masculinas consistem de dois *testículos*, glândulas em formato de ovos que se desenvolvem na região renal antes de descer para o escroto, antes do nascimento.

O interior de um testículo é composto de uma grande massa de estreitos túbulos enrolados chamados de *túbulos seminíferos*. Eles contêm células que produzem espermatozoides. Esses túbulos são o *tecido parenquimatoso* dos testículos, o que significa que eles realizam o trabalho essencial do órgão. Outras células dos testículos, chamadas *células intersticiais* (ou células de Leydig), produzem o hormônio masculino testosterona. Esses túbulos se reúnem e entram pela parte superior do *epidídimo*.

O *escroto* é uma bolsa delimitando os testículos do lado de fora do corpo. O escroto fica entre as coxas, a fim de expor os testículos a uma temperatura menor do que se eles estivessem dentro do corpo. Essa temperatura mais baixa é necessária para a adequada maturação e desenvolvimento dos espermatozoides.

Entre o ânus e o escroto, no fundo da cavidade pélvica, está o *períneo*, que é similar à região perineal na mulher.

Ductos

Uma vez formados, os espermatozoides movem-se através de túbulos seminíferos e são coletados por ductos, que os conduzem a um grande tubo na parte superior de cada testículo, o *epidídimo*. O espermatozoide torna-se móvel e vai em direção ao epidídimo, onde são armazenados.

O epidídimo envolve o comprimento de cada testículo, aproximadamente de seis metros quando esticado, e é a passagem para o espermatozoide dos testículos para o exterior do corpo. Ele armazena os espermatozoides antes da ejaculação e secreta o *fluido seminal* (sêmen ou esperma).

Os canais deferentes são um par de tubos de aproximadamente 0,3cm de diâmetro e 60cm de comprimento. Os tubos, uma continuação do epidídimo, carregam os espermatozoides para a região pélvica e ao redor da bexiga, onde se conectam com os ductos da vesícula seminal para formar o ducto ejaculatório. São os canais deferentes que são cortados ou amarrados quando um procedimento de esterilização masculina é realizado, chamado *vasectomia*.

Os *ductos ejaculatórios* são formados pela junção de canais deferentes com os ductos da *vesícula seminal*, que estão localizados na base da bexiga e desembocam nos canais deferentes, uma vez que se juntam à uretra. Essas vesículas secretam uma substância amarela espessa, o fluido seminal, que nutre os espermatozoides e compõe o sêmen ejaculado ou fluido seminal.

Uretra

O sêmen é uma combinação de fluido e espermatozoides, ejetados do corpo através da *uretra*. No homem, o *orifício genital* (abertura) é o mesmo que a abertura do uretral urinário. A uretra masculina é parte do sistema urinário bem como do sistema reprodutor, porque permite a saída tanto da urina, quanto do sêmen.

As glândulas de Cowper, ou bulbouretrais, estão exatamente abaixo da próstata e também secretam fluido para dentro da uretra. A uretra passa pelo pênis para sair do corpo.

Próstata

Na região onde os canais deferentes entram na uretra, e quase cercando a extremidade superior dela, está a *próstata*. Essa glândula secreta um fluido alcalino espesso que, como parte do fluido seminal, ajuda na mobilidade do esperma. Ela é também provida de tecido muscular que ajuda na expulsão do esperma durante a ejaculação. O alcalino também protege o esperma da presença ácida na uretra masculina e na vagina das mulheres.

Próstata vem do Grego *pro*, que significa "antes". *Statis* significa "de pé"; pela anatomia, é a glândula que fica levemente de pé antes e abaixo da bexiga.

Pênis

O pênis é composto de três massas arredondadas de tecido erétil e sua ponta expande para formar uma região sensível e macia chamada *glande*. A glande é coberta com uma dobra de pele dupla retrátil chamada *prepúcio*. O pênis contém a uretra, que carrega tanto o fluido seminal quanto a urina. É o órgão por meio do qual o esperma é ejetado dentro da vagina feminina.

Raízes dos Termos do Sistema Reprodutor Masculino

Forçando uma metáfora, como a raça humana precisa dos órgãos reprodutores masculino e feminino para sobreviver, criando uma nova vida, os termos médicos associados ao sistema reprodutor masculino precisam de prefixos e sufixos para criarem novas palavras.

A Tabela 22–1 lista um prefixo e alguns sufixos para se conhecer quando se trata de terminologia reprodutiva masculina.

Tabela 22–1	Fazendo Palavras–Bebês: Prefixos e Sufixos Reprodutores Masculinos
Prefixo ou Sufixo	*O Que Significa*
-ism	Estado de
-ectomia	Remoção cirúrgica de
-pexia	Fixação cirúrgica
-ite	Inflamação
-orreia	Descarga excessiva
-plastia	Reparo cirúrgico de
Trans-	Através, atravessado, além

E agora, a cola que segura esses termos médicos juntos. Dê uma olhada nas raízes e formas combinadas que pertencem a esse sistema, mostradas na Tabela 22–2.

Tabela 22–2	Força da Vida: Raízes do Sistema Reprodutor Masculino
Raiz	*O Que Significa*
Andr/o	Masculino
Balan/o	Glande
Cri/o	Frio
Epididim/o	Epidídimo
Orq/o, orqui/o, orquid/o	Testículos
Prostat/o	Próstata
Sperm/o	Espermatozoide
Spermat/o	Espermatozoides
Test/o	Testículos
Vas/o	Vasos ou ductos
Vesicul/o	Vesícula seminal

Problemas Comuns do Sistema Reprodutor Masculino

A composição do sistema reprodutor masculino, com todos os seus tubos e ductos, pode ser complicada e sujeita a vários tipos de problemas. Aqui estão algumas das patologias associadas ao sistema reprodutor masculino:

- **Adenocarcinoma:** Tumor maligno da próstata; segunda maior causa comum de morte por câncer em homens acima de 50 anos; o tratamento mais comum é a prostatectomia radical (completa) junto com radiação e quimioterapia

- **Andropatia:** Doenças do homem

- **Anorquidismo:** Ausência de testículo, um ou os dois

- **Aspermia:** Ausência de esperma

- **Balanocele:** Saliência da glande (através de ruptura de prepúcio)

- **Balanite:** Inflamação da glande

- **Balanorreia:** Descarga excessiva proveniente da glande do pênis, com frequência o primeiro sintoma de uma doença sexualmente transmissível

- **Carcinoma testicular:** Tumor maligno dos testículos, classificado de acordo com o tipo de tecido envolvido; exemplos: *seminoma*, *carcinoma embrionário* e *teratocarcinoma* (um *teratoma* maligno); comumente tratado com cirurgia: orquidectomia, radiação e quimioterapia

- **Criptorquidia:** Testículos que não desceram (*cript* significa "escondido"); dois meses antes do nascimento, os testículos devem descer para o saco escrotal

- **Disfunção erétil:** Inabilidade do homem em atingir ou manter uma ereção para realizar relações sexuais

- **Epididimite:** Inflamação do epidídimo

- **Epispádia:** Abertura congênita (presente no nascimento) da uretra masculina na superfície superior do pênis

- **Fimose:** Estreitamento da abertura do prepúcio sobre a glande que não permite que ele seja recolhido, obstruindo a micção e causando secreções acumuladas debaixo do prepúcio, levando a infecção

- **HBP (hipertrofia/hiperplasia benigna da próstata):** Aumento ou desenvolvimento excessivo da próstata em homens acima de 60 anos, pode causar uma obstrução urinária com inabilidade de esvaziar a bexiga completamente de uma vez; o tratamento cirúrgico é a *prostatectomia*

- **Hidrocele:** Hérnia ou bolsa de fluido nos testículos ou em um tubo que leva aos testículos, pode ocorrer na infância e normalmente desaparece durante o primeiro ano de vida

- **Hipospádia:** Abertura congênita da uretra masculina abaixo da superfície do pênis (presente no nascimento)

- **Impotência:** Incapacidade para atingir a ereção ou copular

- **Prostatalitíase:** Pedra na próstata

- **Oligospermia:** Condição de escassez de espermatozoide (no fluido seminal)

- **Orquite:** Inflamação dos testículos

- **Priapismo:** Ereção anormal prolongada do pênis com dor e sensibilidade

- **Prostatite:** Inflamação da próstata

- **Prostatocistite:** Inflamação da próstata e bexiga

- **Prostatorreia:** Descarga excessiva da próstata

- **Torção testicular:** Torção do cordão espermático, causando diminuição do fluxo sanguíneo no testículo; ocorre mais frequentemente durante a puberdade; considerada uma emergência cirúrgica

- **Varicocele:** Veias próximas aos testículos inchadas, grandes e com hérnia, associada a *oligospermia* (quantidade abaixo do normal de esperma) e infertilidade.

Achando o Culpado: Doenças do Sistema Reprodutor Masculino e Sua Patologia

Infelizmente, algumas das doenças mais comuns do sistema reprodutor masculino são o tipo que vira manchete, e não de uma forma boa. Doenças sexualmente transmissíveis são muito sérias, altamente contagiosas e podem afetar tudo, desde sua fertilidade até seus relacionamentos com futuros parceiros sexuais.

Também conhecidas como *doenças venéreas*, as seguintes condições ocorrem tanto nos homens, quanto nas mulheres, e estão entre as doenças mais transmissíveis do mundo, passadas através de relações sexuais sem proteção, via fluidos corporais. Aqui estão alguns dos suspeitos comuns:

- **AIDS (Síndrome da Imunodeficiência Adquirida)** é uma doença sexualmente transmissível pela troca de fluidos corporais durante o ato sexual ou pelo uso de agulhas contaminadas e transfusão de sangue contaminado, afetando o sistema imunológico. É causada pelo HIV (vírus da imunodeficiência humana).

✔ **Clamídia**, a bactéria Chlamydia trachomatis é o agente causador; inclui doenças do olho e trato genital. Causa corrimento, nos homens, e coceira genital e corrimento vaginal, nas mulheres. Pode causar infertilidade nas mulheres e se espalhar para os ovários e útero, e causa cicatrizes pélvicas secundárias à infecção.

✔ **Gonorreia** é uma inflamação contagiosa das membranas mucosas do trato genital devido a infecção com uma bactéria conhecida como Gonococo. Outras áreas do corpo, como o olho, boca, reto e articulações podem ser afetadas. Os sintomas incluem *disúria* (micção dolorosa) e corrimento da uretra. Muitas mulheres podem carregar essa doença sem os sintomas, mas outras têm dor e corrimentos vaginal e uretral. O tratamento é com penicilina. Dados existentes do Centro de Controle de Doenças dos Estados Unidos demonstram que as infecções de gonorreia ficaram resistentes a antibióticos do tipo fluoroquinolona, como a ciprofloxacina e a ofloxacina. Como consequência, desde 2007 essa classe de antibióticos não é mais recomendada para o tratamento de gonorreia nos Estados Unidos. O tratamento mais comumente recomendado é uma injeção de um antibiótico da classe da cefalosporina, chamado ceftriaxona.

✔ **Herpes genital** é a infecção da pele e membranas mucosas dos genitais, causada pelo Herpesvírus hominus tipo 2. Os sintomas incluem vermelhidão da pele com pequenas bolhas cheias de líquido e úlceras. Ocorrem períodos de redução e recaída e não existe nenhum medicamento efetivo para a cura.

✔ **Sífilis** é uma doença infecciosa crônica que afeta qualquer órgão do corpo e é causada por uma bactéria em forma de espiral. Um *cancro*, ou úlcera dura, normalmente aparece poucas semanas após a infecção, mais frequentemente nos genitais externos, mas também podem estar no lábio, língua ou ânus, com aumento dos nódulos linfáticos. A infecção pode espalhar-se para órgãos internos e estágios avançados incluem dano ao cérebro, medula espinhal e coração. A sífilis pode ser *congênita* (existir no nascimento) em um recém-nascido se transmitida da mãe durante a gravidez através da placenta. A penicilina é o método de tratamento mais usual.

✔ **Tricomoníase** significa infecção do trato urinário de ambos os sexos e é causada pelo organismo unicelular Trichomonas. Os homens podem não ter sintomas ou desenvolverem *uretrite* (inflamação da uretra), ou aumento da próstata. As mulheres desenvolvem coceira, disúria e corrimento vaginal.

✔ **Vírus da imunodeficiência humana (HIV)** é o retrovírus que causa a AIDS. O HIV infecta as células-T, ajudantes do sistema imune, permitindo infecções oportunistas como candidíase, P. Carinii, pneumonia, tuberculose e sarcoma de Kaposi.

✔ **Vírus do papiloma humano (HPV)** é uma doença sexualmente transmissível que causa tumores benignos ou cancerosos nos genitais masculino e feminino (verrugas venéreas). *Verrugas venéreas* são também conhecidas como *condiloma acuminado*.

Venéreo é derivado de Vēnus, a deusa do amor. Pensava-se, nos tempos antigos, ser um dos infortúnios do amor.

Testando, Testando: Radiologia e Testes de Diagnóstico do Sistema Reprodutor Masculino

É hora de testar aqueles testículos! Tudo bem, péssimo trocadilho, mas você entendeu. Embora não haja toneladas de exames de laboratório e procedimentos diagnósticos usados para esse sistema, continuam sendo métodos importantes para ajudar homens de todas as idades a encontrarem paz quando se trata de questões de interesse relacionadas à saúde sexual.

Um dos exames mais comuns é a *análise do sêmen*. Esse teste é realizado como parte de estudos de fertilidade e também para estabelecer a situação da fertilidade. Algumas vezes é realizado para determinar a viabilidade espermática para casais que têm dificuldade para terem filhos. Também é realizado em seguida a uma vasectomia para assegurar que o procedimento foi bem-sucedido. Nesse caso, o sêmen é coletado em um recipiente esterilizado e analisado microscopicamente; espermatozoides são contados e examinados para verificar motilidade e formato. A análise é feita também seis semanas após a vasectomia e, novamente, três meses depois, para se estabelecer a aspermia.

Um outro teste comum para homens é o de *Clamídia*, realizado pela inserção de um pequeno cotonete na abertura da uretra para obter uma amostra, que é então testada para gonorreia e Clamídia.

Uma *cultura viral* geral é o teste para herpes e HIV, e é realizada simplesmente esfregando uma ferida aberta.

No *VDRL*, do inglês, *Laboratório de Investigação de Doenças Venéreas*, o sangue é testado para diagnosticar sífilis. Como o antígeno da sífilis permanece no sangue por toda a vida, pode ter efeitos de longo alcance.

O *PSA (prova do antígeno prostático, em inglês)* é recomendado para ser feito anualmente nos homens acima de 50 anos. É um mecanismo de pré-triagem para condições pré-cancerosas da próstata. Qualquer elevação ou aumento do nível de *PSA* é seguido por outras investigações.

O *carcinoma de próstata* é sério e assustador. Toda vez que uma doença, particularmente câncer, é associada ao sistema reprodutor, pode causar mais do que apenas sintomas físicos. Pode ser emocionalmente e mentalmente devastadora, porque associamos nossas identidades sexuais com nossos sistemas sexuais. Tanto quanto uma mulher se sente devastada pelo câncer de mama, um homem pode sentir-se igualmente devastado por um câncer afetando sua saúde sexual. O câncer de próstata é um dos cânceres mais comuns associados ao sistema reprodutor masculino.

Aqui estão algumas investigações típicas do carcinoma de próstata:

- **Exame retal** da próstata, ou toque retal
- **Prova do Antígeno Prostático (PSA):** Exame de sangue
- **Ultrassom transretal** da próstata através do reto usando ondas sonoras

Chamando o Dr. Terminologia: Cirurgias e Procedimentos do Sistema Reprodutor Masculino

Você achou o problema, agora é hora de chamar o encanador ou, nesse caso, o urologista. Dê uma olhada em alguns dos termos processuais que você precisará saber sobre todas as coisas masculinas:

- **Balanoplastia:** Reparo cirúrgico da glande
- **Circuncisão:** Cirurgia para remover o prepúcio do pênis; normalmente realizada em recém-nascidos, mas também pode ser feita em adultos, para *fimose* (estreitamento da abertura do prepúcio sobre a glande obstruindo a micção e causando secreções que se acumulam abaixo do prepúcio, levando à infecção)
- **Hidrocelectomia:** Remoção cirúrgica da hidrocele
- **Implante peniano:** Implante cirúrgico de uma prótese peniana para corrigir desfunção erétil (*prótese* significa "parte artificial do corpo")
- **Orquidectomia:** Remoção cirúrgica de um ou ambos os testículos (vulgarmente conhecida como *castração*)
- **Orquidopexia:** Fixação cirúrgica ou "costura no lugar" de um testículo
- **Orquidoplastia:** Reparo cirúrgico dos testículos

- **Prostatectomia:** Excisão da próstata

- **TUMT (termoterapia transuretral por micro-ondas**, em inglês**):** Um prostatron é usado para transmitir micro-ondas que aquecem a área por uma hora, a fim de eliminar tecido excessivo em BHP; não é necessária anestesia

- **TURP (ressecção transuretral da próstata**, do inglês**):** *Ressecção* (remoção de parte ou toda a glande) através da uretra; corte ou remoção da próstata se o seu aumento interferir na micção

---

Tudo o que você sempre quis saber sobre vocabulário reprodutivo masculino mas tinha medo de perguntar

Para o impulso final deste capítulo, nós extravasamos um pouco o vocabulário adicional de palavras que você pode saber para falar em definitivo sobre o sistema reprodutor masculino, enquanto refrescamos sua memória com algumas outras. Aqui está uma louca mistura de palavras que vão ajudar você a entender esse sistema:

- **Aspermia:** ausência de esperma

- **Coito/copulação:** relação sexual entre um homem e uma mulher

- **Ejaculação:** orgasmo masculino, ejeção de fluido seminal a partir da uretra masculina

- **Esterilização:** processo que torna a pessoa incapaz de produzir descendentes

- **Genitália:** órgãos reprodutivos

- **Gônadas:** glândulas sexuais masculina e feminina; no homem, testículos, na mulher, ovários

- **Heterossexual:** uma pessoa que é atraída pelo sexo oposto

- **Homossexual:** uma pessoa que é atraída pelo mesmo sexo

- **Impotência:** incapacidade de alcançar ou manter uma ereção ou copular

- **Inseminação artificial:** introdução de sêmen na vagina por meios artificiais

- **Oligospermia:** quantidade escassa de esperma no fluido seminal

- **Orgasmo:** clímax da relação sexual

- **Pênis:** órgão masculino de cópula ou relação sexual e o meio pelo qual o esperma viaja do homem para a mulher; considerado um órgão acessório do sistema reprodutor

- **Poliorquidismo:** presença de mais do que dois testículos

- **Preservativo:** cobertura protetora para o pênis, usado durante a relação sexual

- **Puberdade:** período quando as características sexuais secundárias desenvolvem-se e a capacidade de reproduzir-se sexualmente começa

> ✔ **Vasectomia**: Excisão de uma porção dos canais deferentes para realizar esterilização masculina; canais deferentes de cada lado são cortados, uma porção removida e as extremidades livres são amarradas ou grampeadas, feita através de uma incisão no escroto; esteriliza o homem de forma que o esperma não é lançado com o fluido seminal; não interfere com os nervos ou suprimento de sangue para os testículos ou pênis; a secreção de hormônios, desejo sexual e potência não são afetados

Raio X Terminológico: Farmacologia para o Sistema Reprodutor Masculino

Acredite ou não, há mais farmacologia do sistema reprodutor masculino do que aquelas pílulas infames para ajudar na *disfunção erétil*. Entretanto, aquelas pílulas são certamente legais, e você vai surpreender todos os seus amigos por saber o nome genérico oficial, que é *citrato de sildenafila*. *Vasodilatadores* como esse mantêm as coisas quentes no quarto para aqueles que estão passando por dificuldade.

O procedimento comum para qualquer inflamação são os antibióticos, e não é diferente para o sistema reprodutor masculino.

Finalmente, de forma mais grave, *amebicidas*, *antifúngicos*, bem como a boa e velha penicilina, são usados para tratar a família DST de bactérias. Amebicidas tratam infecções amebianas, quase sempre dos intestinos; fungicidas tratam fungos, mais comumente *tinea cruris*, ou micose da virilha; e a penicilina é ainda o tratamento para sífilis.

Capítulo 23

Uma Força Vital: O Sistema Reprodutor Feminino

Se você pensou que o sistema reprodutor masculino era complicado, você ainda não viu nada! Não apenas o sistema feminino é a outra metade do quebra-cabeça reprodutivo que ajuda a criar a vida humana, como é também o recipiente que abriga aquela pequena vida nos nove meses que antecedem o nascimento. É o local de conexão — onde o esperma e o óvulo se encontram — e o estabelecimento de abrigo para o produto final. Há muita pressão em cima de um único sistema — criar vida, abrigar a nova vida e alimentá-la. Ah, sim, sem mencionar a questão de empurrar algo do tamanho de um melão para fora de algo do tamanho de uma manga.

Como Funciona o Sistema Reprodutor Feminino

O sistema reprodutor feminino produz a célula reprodutora feminina, ou célula sexual, secreta os hormônios estrogênio e progesterona e fornece as condições para estabelecer uma gravidez, junto com o fornecimento de um lugar seguro para a gravidez se desenvolver e crescer.

As *gônadas* (os *ovários*, na mulher), junto com os órgãos acessórios internos que consistem das *trompas de Falópio (uterinas), útero, vagina, genitália externa* e *seios (glândulas mamárias),* formam o sistema reprodutor na mulher. A reprodução é alcançada pela união da célula reprodutora feminina, um *óvulo*, e da célula reprodutora masculina, um *espermatozoide*, resultando na *fertilização*.

A *ginecologia* é o estudo dos órgãos, hormônios e doenças do sistema reprodutor feminino. *Obstetrícia* é a especialidade que lida com o cuidado da mulher durante a gravidez e o parto do recém-nascido, incluindo o período de 6 a 8 semanas após o parto.

As células sexuais feminina e masculina (óvulo e espermatozoide) diferem das células normais do corpo. Cada célula sexual, também chamada *gameta*, é uma célula especializada, contendo metade do número de cromossomos (23) de uma célula corporal normal (46). Como o óvulo e o espermatozoide se unem, a célula resultante produzida, chamada de *zigoto*, contém metade do material genético da célula sexual feminina e metade do material da célula sexual masculina. Essa combinação proporciona todo um complemento normal de material hereditário.

Agora dê uma olhada mais de perto nas peças do sistema feminino na Figura 23–1.

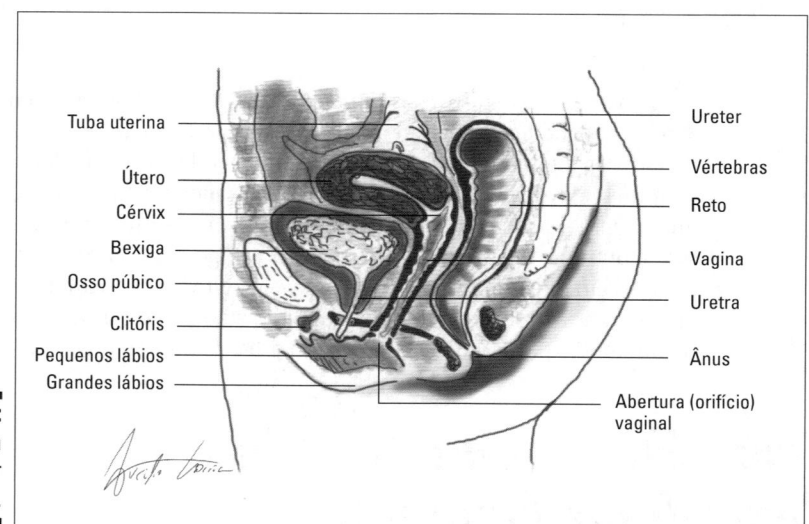

Tuba uterina

Útero

Cérvix

Bexiga

Osso púbico

Clitóris

Pequenos lábios

Grandes lábios

Ureter

Vértebras

Reto

Vagina

Uretra

Ânus

Abertura (orifício) vaginal

Figura 23-1:
O sistema reprodutor feminino.

Ovários

Os *ovários* são duas glândulas em formato de amêndoa, localizados em cada lado do útero na cavidade pélvica. Eles são mantidos no lugar e conectados ao útero pelos *ligamentos largos do ovário*. Esses órgãos têm duas funções: primeiro, eles lançam um óvulo maduro a cada mês, em um processo conhecido como ovulação. Eles também produzem e secretam os hormônios sexuais, estrogênio e progesterona. A secreção do *estrogênio* inicia o desenvolvimento das características sexuais secundárias femininas, bem como administra o ciclo ou mudanças menstruais no útero, preparando-o para um óvulo fertilizado. A *progesterona* é produzida pelo *corpo lúteo* do ovário e na placenta, a fim de auxiliar e alimentar um óvulo fertilizado.

Cada ovário contém milhares de bolsas chamadas folículos de Graaf. Cada um desses folículos contém um óvulo. À medida que um óvulo amadurece, o folículo rompe a superfície e o óvulo deixa o ovário. O folículo rompido enche-se de sangue e material amarelo e torna-se um *corpo lúteo*. Perto de cada ovário está um tubo parecido com um ducto, chamado trompa de Falópio. As trompas de Falópio e ovários são chamados de *anexos*, ou estruturas acessórias do útero.

O folículo de Graaf foi nomeado em homenagem a Reinier de Graaf, um anatomista holandês que descobriu os folículos em 1672.

A Figura 23–2 mostra o ciclo menstrual.

Trompas de Falópio

As *trompas de Falópio* saem de cada ovário em direção ao útero.

O óvulo, depois de lançado, é pego pelas *fímbrias*, saliências em formato de dedos na extremidade da trompa de Falópio. A trompa é revestida por pequenos pelos que, por meio de seu movimento, varrem o óvulo em um processo que leva, aproximadamente, cinco dias para permitir que ele passe através da trompa. A fertilização acontece dentro da trompa de Falópio, se o espermatozoide estiver presente. Se a relação sexual acontece próximo ao momento da ovulação e nenhum contraceptivo é usado, os espermatozoides estarão na trompa quando o óvulo passar através dela. Se a relação não acontece e o óvulo não é fertilizado, ele se desintegrará.

Trompas de Falópio foram nomeadas em homenagem ao anatomista italiano Gabriele Falloppio (1523–1562). Ele também foi responsável por nomear a vagina e a placenta. Certamente não iríamos querer ser seu filho. Só Deus sabe que nome ele poderia lhe dar.

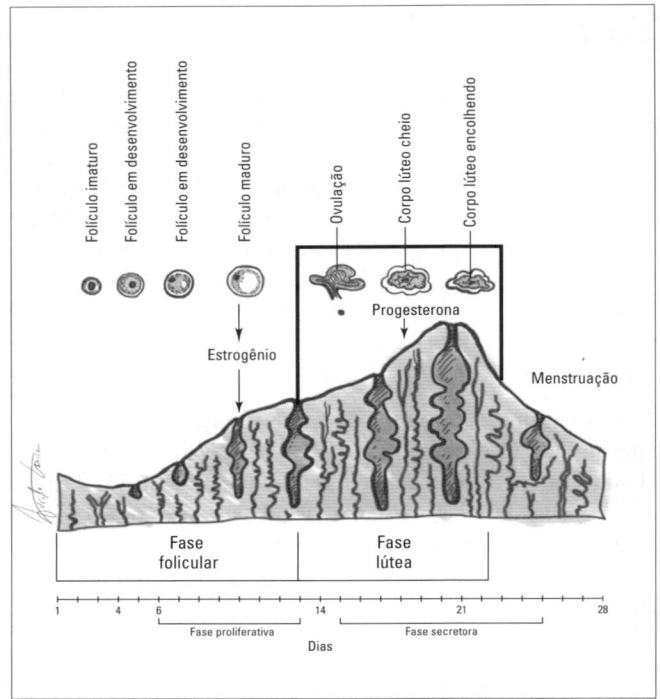

Figura 23-2:
O ciclo
menstrual.

Útero

Quando ocorre a fertilização, em qualquer tempo entre a puberdade e a menopausa, o óvulo fertilizado crescerá e se desenvolverá no *útero*. Os hormônios (estrogênio e progesterona) são secretados pelo ovário, e o hormônio gonadotrofina coriônica (HCG) é secretado pela placenta, aquele órgão cheio de vasos sanguíneos que cresce na parede do útero durante a gravidez.

O *útero* é um órgão muscular localizado entre a vesícula e o reto. Ele tem a forma de uma pera, com paredes musculares e um revestimento de membrana mucosa com um rico suprimento de vasos sanguíneos. A porção arredondada superior do útero é chamada de *fundo*, e a grande porção central é chamada de *corpo*. É dentro do corpo e do fundo do útero que cresce a gravidez. A *mucosa epitelial* do útero é mais comumente chamada de *endométrio*. A camada muscular é o *miométrio*, no meio, e a camada externa de tecido membranoso o *perimétrio*. A porção estreita inferior do útero é chamada de *cérvix*, que significa "pescoço". O cérvix tem uma abertura na sua extremidade inferior, levando à vagina (canal do nascimento), que abre-se para o exterior do corpo.

Vagina

A *vagina* é um tubo muscular de aproximadamente 15cm de comprimento e revestido com uma membrana mucosa. A entrada da vagina é chamada de *introito*.

O *clitóris* está situado em frente à abertura vaginal e do *meato uretral*. O clitóris é similar em estrutura ao pênis, no homem, sendo um órgão composto de tecido sensível e erétil.

As *glândulas de Bartholin* são duas pequenas glândulas em cada lado da abertura vaginal. Elas produzem uma secreção mucosa que lubrifica a vagina.

As *glândulas de Bartholin* foram nomeadas em homenagem a Caspar Thomeson Bartholin, um anatomista dinamarquês (1655–1738).

A região entre a abertura da vagina e o ânus é chamada de *períneo*. Ele pode se rasgar durante o processo de nascimento em um parto vaginal. Para evitar uma laceração perineal, o períneo pode ser cortado antes do parto. Esta incisão é chamada de *episiotomia*.

Os órgãos genitais externos (órgãos de reprodução) da mulher estão juntos e são chamados de *vulva*. Os *grandes lábios* são os lábios externos da vagina e os *pequenos lábios*, os internos. O *hímen* é uma membrana mucosa que parcialmente cobre a entrada da vagina. O clítoris e as glândulas de Bartholin são parte da vulva.

Hora dos acessórios!

Os seios são considerados órgãos acessórios do sistema reprodutor. Eles são *glândulas mamárias*, ou produtoras de leite, compostas de tecido gorduroso, *ductos lactíferos ou transportadores de leite*, e alvéolos, que carregam o leite para a abertura ou mamilo. O mamilo é chamado de *papila mamária* e a área escura pigmentada ao seu redor é a *aréola*.

Durante a gravidez, os hormônios dos ovários e placenta estimulam o tecido glandular nos seios para o seu total desenvolvimento. Depois do parto, os hormônios da glândula pituitária estimulam a produção de leite em um processo conhecido como *lactação*.

Há dois hormônios envolvidos na produção de leite: *oxitocina* e *prolactina*. Esses dois também trabalham para auxiliar durante as dores do parto, o parto propriamente dito e a recuperação da mãe. A oxitocina estimula o útero a contrair-se, induzindo o parto. Depois do nascimento, a oxitocina ajuda na contração do útero para voltar ao seu tamanho normal. Ela também age nos seios para estimular o lançamento de leite. A prolactina estimula o desenvolvimento dos seios e a formação de leite no período pós-parto. O ato de sugar promove a produção de prolactina que, por sua vez, promove mais produção de leite.

Raízes dos Termos do Sistema Reprodutor Feminino

Então, na falta de uma metáfora melhor, prefixos e sufixos combinados com raízes são como óvulos e espermatozoides. Separadamente, não fazem muito sentido. Mas juntos produzem um ser inteiramente novo. Nesse caso, naturalmente, é uma palavra e não um bebê. Mas elas *são* fofas, não são?

A Tabela 23–1 lista alguns prefixos e sufixos pertinentes.

Tabela 23–1	Metade do Quebra-cabeça: Prefixos e Sufixos do Sistema Reprodutor Feminino
Prefixo	*O Que Significa*
Dis-	Doloroso, difícil
Hidro-	Água
Intra-	Dentro
Nuli-	Nenhum
Peri-	Ao redor
Prim-	Primeiro
Secund-	Segundo
Sufixo	*O Que Significa*
-ciese	Gravidez
-ectomia	Remoção cirúrgica de
-ite	Inflamação
-optose	Flacidez
-orrafia	Sutura
-orreia	Descarga, fluxo
-oscopia	Exame visual
-plastia	Reparo cirúrgico
-rragia	Irromper, fluxo excessivo
-salping	Trompa de Falópio
-tocia	Parto

Adicionando às raízes as formas combinadas, você começa a criar suas próprias palavras–bebês. Se você já passou algum tempo em consultórios de ginecologia-obstetrícia, mesmo como paciente, provavelmente reconhecerá muitas das raízes relacionadas à mulher mostradas na Tabela 23–2.

Tabela 23–2	Raízes Vivificantes do Sistema Reprodutor Feminino
Raiz	*O Que Significa*
Amni/o	Amniocentese
Cefal/o	Cabeça
Cervic/o	Cérvix/pescoço
Cori/o	Relacionado a uma membrana
Colp/o	Vagina
Cies/o, cies/i	Gravidez
Episi/o	Vulva
Embri/o	Embrião
Fet/o	Feto
Fimbri/o	Fímbria
Galact/o	Leite
Gravida	Gravidez
Ginec/o	Mulher, feminino
Hister/o	Útero
Lact/o	Leite
Mamm/o, mast/o	Seios
Men/o	Menstruação
Metr/o, metr/io	Útero
Mult/i	Muitos
Mi/o	Músculo
Nat/o	Nascimento
Nul/i	Nenhum
Onfal/o	Umbigo
Oofor/o	Ovário
Ov/o	Ovo, óvulo
Pelv/i, pelv/o	Pélvis
Perine/o	Períneo
Prim/i	Primeiro
Pseud/o	Falso
Puerper/o	Parto
Salping/o	Trompa de Falópio

(continua)

Tabela 23–2 (continuação)	
Raiz	*O Que Significa*
Umbilic/o	Umbigo
Uter/o	Útero
Vagin/o	Vagina
Vulv/o	Vulva

Está Tudo Relacionado: Mais Termos Anatômicos do Sistema Reprodutor Feminino

Há tantos termos médicos associados ao sistema reprodutor feminino que simplesmente não é possível, especialmente em um livro como este, classificar cada um deles. Na próxima seção, nós fornecemos um leque diversificado de palavras clínicas e anatômicas que o ajudarão a conhecer esse sistema.

- ✔ **Anexo:** Partes acessórias de um órgão

- ✔ **Anteversão:** Inclinação anormal do útero para a frente

- ✔ **Coito/cópula:** Relação sexual

- ✔ **Estrógeno:** Hormônio produzido pelos ovários, responsável pelas características sexuais femininas e pela formação do revestimento uterino durante o ciclo menstrual

- ✔ **Ginopatia:** Referente a doenças da mulher

- ✔ **Hidrossalpinge:** Água na trompa de Falópio

- ✔ **Leucorreia:** Corrimento vaginal branco, pode algumas vezes conter glóbulos brancos

- ✔ **Mastoptose:** Seios flácidos

- ✔ **Miométrio:** Camada muscular que reveste o útero

- ✔ **Oliganomenorreia:** Fluxo menstrual escasso

- ✔ **Orifício:** Abertura

- ✔ **Progesterona:** Hormônio produzido pelo corpo lúteo, no ovário, e pela placenta, durante a gravidez

Círculo completo: Os mistérios do ciclo menstrual de 28 dias revelados

O que realmente acontece, dentro de um mês, uma vez que a menstruação começa?

Na puberdade, o início da menstruação é chamado de *menarca*, que pode começar cedo, aos nove anos, ou mais tarde, aos 15, 16. Todo ciclo menstrual é dividido em aproximadamente 28 dias (mais ou menos, dependendo da composição do seu corpo), que podem ser agrupados em quatro períodos de tempo:

✔ **Dias 1–5, período menstrual:** o fluido sanguíneo contendo células *endometriais* desintegradas e células sanguíneas é eliminado através da vagina.

✔ **Dias 6–13, período pós-menstrual:** quando o período menstrual termina, o revestimento do útero começa a reparar-se à medida que o hormônio *estrogênio* é lançado pelo *folículo de Graaf* em amadurecimento.

✔ **Dias 13–14, ovulação:** o folículo de Graaf rompe-se, e o óvulo deixa o ovário e é puxado para dentro da trompa de Falópio.

✔ **Dias 15–28, período pré-menstrual:** o folículo de Graaf vazio enche-se de um material amarelo e torna-se o *corpo lúteo*. O corpo lúteo age como um órgão endócrino e secreta dois hormônios, estrogênio e progesterona, na corrente sanguínea. Os hormônios estimulam o acúmulo de revestimento do útero em preparação para o óvulo fertilizado. Se a fertilização não ocorre, o corpo lúteo para a produção de hormônio e regride. A queda nos níveis hormonais leva a uma quebra do *endométrio uterino*, e um novo ciclo menstrual começa, trazendo-o de volta ao dia 1.

Se a fertilização ocorre na trompa de Falópio, o óvulo fertilizado move-se para o útero e implanta-se no *endométrio*. O corpo lúteo continua a produzir progesterona e estrogênio, que auxiliam o desenvolvimento muscular e vascular do revestimento do útero. A *placenta*, o órgão de comunicação entre a mãe e o embrião, agora faz parte da parede uterina. Ela produz seu próprio hormônio, à medida que se desenvolve no útero, chamado *gonadotrofina coriônica humana (HCG)*. Esse é o hormônio medido na urina da mulher que suspeita de uma gravidez. Quando você urina em um teste de gravidez, é ele que faz aquele pequeno sinal de mais aparecer. Se você o vir, encha uma taça de champanhe com leite e celebre — você está grávida!

✔ **Puberdade:** Começo do período fértil, quando os gametas são produzidos e as características sexuais secundárias tornam-se evidentes.

✔ **Retroversão:** Inclinação anormal do útero para trás

✔ **Salpingite:** Inflamação da trompa de Falópio

Alguns termos médicos são específicos à natureza obstétrica desse sistema. Se você estiver passando algum tempo em um consultório de obstetrícia, seja como funcionário ou paciente, aqui estão alguns termos convenientes para saber:

- **Anomalia congênita:** Uma anormalidade ou defeito presente no nascimento
- **Anteparto:** Antes do nascimento, em relação à mãe
- **Ectópico:** Ocorrendo distante de uma posição normal
- **Embrião:** Produto da concepção até oito semanas do período de gestação
- **Feto:** O embrião a partir do segundo mês de gravidez até o parto
- **Galactorreia:** Excesso de escoamento de leite do seio
- **Grávida:** A mulher durante a gravidez
- **Gravidez ectópica:** Gravidez ocorrendo na trompa de Falópio
- **Hiperêmese gravídica:** Vômito excessivo durante a gravidez
- **Intraparto:** Durante as dores do parto e o parto propriamente dito, em relação à mãe
- **Lóquios:** Corrimento vaginal depois do nascimento da criança
- **Mecônio:** Primeiras fezes do recém-nascido
- **Multigrávida:** Mulher que esteve grávida duas ou mais vezes
- **Multípara:** Mulher que deu à luz duas ou mais vezes
- **Neonato:** Criança recém-nascida do nascimento até quatro semanas de idade
- **Neonatologista:** Médico especializado em neonatologia
- **Neonatologia:** O estudo, diagnóstico e tratamento de doenças da criança recém-nascida até um mês de idade
- **Nuligrávida:** Mulher que nunca esteve grávida
- **Nulípara:** Mulher que nunca deu à luz
- **Parto:** O ato de dar à luz
- **Pós-natal:** Período após o nascimento, referindo-se ao recém-nascido
- **Pós-parto:** Depois do parto, em relação à mãe
- **Pré-natal:** Período antes do nascimento, referindo-se ao feto

✔ **Primigrávida:** Mulher que está grávida pela primeira vez

✔ **Primípara:** Mulher que deu à luz pela primeira vez

✔ **Pseudociese:** Falsa gravidez

✔ **Puérpera:** Mulher que acabou de dar à luz

✔ **Puerpério:** Período depois do parto até os órgãos reprodutores retornarem ao normal, aproximadamente seis a oito semanas

✔ **Secundigrávida:** Mulher grávida pela segunda vez

✔ **Secundípara:** Mulher que deu à luz pela segunda vez

Problemas Comuns do Sistema Reprodutor Feminino

O sistema reprodutor feminino vai além de fazer bebês. Com todo esse equipamento, não é de se estranhar que seja um quinhão de dificuldades técnicas, que vão desde as francamente irritante (infecções fúngicas) àquelas duradouras (perda de hormônios durante a menopausa):

✔ **Amenorreia:** Ausência de período menstrual

✔ **Cervicite:** Inflamação do cérvix

✔ **Dismenorreia:** Períodos menstruais dolorosos

✔ **Dispareunia:** Dor ou dificuldade na relação sexual

✔ **Endometrite:** Inflamação do endométrio

✔ **Ginatresia (atresia):** Ausência de uma abertura normal do corpo (uma oclusão); normalmente refere-se à parte do trato genital feminino, a vagina

✔ **Hidrossalpinge:** Água na trompa de Falópio

✔ **Mastite:** Inflamação do seio ocorrendo durante a amamentação, normalmente de natureza bacteriana

✔ **Menometrorragia:** Fluxo menstrual excessivo durante e entre os períodos menstruais

✔ **Menorragia:** Período menstrual difícil

✔ **Ooforite:** Inflamação do ovário

Passos de bebê: Abreviações obstétricas

As coisas acontecem rápido em uma sala de parto, então os obstetras e seus assistentes gostam de usar abreviações para manter a conversa ao mínimo. Algumas abreviações associadas à obstetrícia e neonatologia são as seguintes:

- **AE:** aborto espontâneo
- **APPT:** ameaça de parto pré-termo
- **CST:** cesariana segmentar transversal
- **CTG:** cardiotocografia
- **CU:** contrações uterinas
- **DPN:** diagnóstico pré-natal

- **DPP:** data prevista para o parto
- **DUM:** data da última menstruação
- **EDIN:** vem do francês e significa escala de dor e desconforto do recém-nascido
- **EFNT:** estado fetal não tranquilizador
- **GE:** gravidez ectópica
- **MAU:** medição da altura uterina, uma medição feita da parte superior do osso púbico (acima da vagina) até o topo do útero; provê um registro do crescimento do fundo uterino no progresso da gravidez

---

- **TDPM (transtorno disfórico pré-menstrual):** Usada para descrever o transtorno pré-menstrual grave, que resulta em uma ou duas semanas a cada mês de depressão clínica desencadeada por hormônios

- **TPM (tensão pré-menstrual):** Transtorno cíclico envolvendo sintomas físicos e emocionais na fase pré-menstrual (imediatamente antes da fase de menstruação); os sintomas incluem fadiga, inchaço, tensão e irritabilidade

- **TRH (terapia de reposição hormonal):** Reposição de hormônios para tratar sintomas da menopausa (também chamada de *TRE: terapia de reposição de estrogênio*)

- **Vaginite:** Inflamação da vagina

Algumas condições do sistema reprodutor feminino estão relacionadas especificamente à gravidez e nascimento:

- **Aborto espontâneo:** Perda da gestação, normalmente ocorrendo antes das 12 semanas

- **Aborto retido:** A morte fetal ocorreu mas o aborto espontâneo por expulsão não aconteceu

- **Descolamento prematuro de placenta:** Separação prematura da placenta da parede uterina causando sangramento e abdômen rígido e doloroso, requer uma cesariana de emergência

✔ **Distócia:** Trabalho de parto difícil

✔ **Eclâmpsia:** Complicação grave da gravidez envolvendo convulsões e/o coma da mulher grávida

✔ **Gravidez ectópica:** Gravidez que ocorre fora do útero (*gravidez tubária*), requer cirurgia de emergência

✔ **Morte fetal intrauterina:** Morte fetal que ocorre antes da data esperada de nascimento

✔ **Natimorto:** Morte fetal que acontece exatamente antes da hora do parto

✔ **Placenta prévia:** A placenta desenvolve-se na parede uterina inferior e pode cobrir o cérvix, bloqueando o canal de nascimento e requerendo uma cesariana; pode ser diagnosticada por ultrassom

✔ **Pré-eclâmpsia:** Condição durante a gravidez ou imediatamente após o parto com alta da pressão sanguínea, *edema* (inchaço) e proteína na urina

✔ **Salpingociese:** Gravidez que ocorre na trompa de Falópio ou gravidez ectópica

Achando o Culpado: Doenças do Sistema Reprodutor Feminino e Sua Patologia

É importante notar que as patologias a seguir não apenas influenciam o trabalho do corpo, mas também a saúde mental global da mulher afetada. Assim como com o sistema reprodutor masculino, a saúde mental e sexual da mulher estão intrinsecamente entrelaçadas com a saúde física. Para muitas mulheres, questões envolvendo a saúde reprodutiva normalmente têm efeitos duradouros na identidade feminina e sexual. Isso é especialmente verdade se afetar a capacidade da mulher para ter filhos ou envolver a perda dos órgãos reprodutores, assim essas doenças e patologias devem ser tratadas com o maior cuidado e sensibilidade.

✔ **Adenomiose** refere-se ao crescimento do endométrio no miométrio do útero.

✔ **Câncer cervical** significa tumor maligno do cérvix. O exame de Papanicolau detecta a *neoplasia cervical* precoce por exame microscópico das células raspadas do *epitélio cervical*.

- **Câncer de mama** é um tumor maligno do seio. Tumores podem se espalhar para a pele, parede torácica e nódulos linfáticos localizados na axila; eles podem se espalhar (metástase) para outras partes do corpo, incluindo ossos, pulmões, fígado, cérebro e até mesmo ovários. O câncer de mama pode ser tratado de uma variedade de formas, incluindo *lumpectomia* (remoção do caroço canceroso apenas), remoção do tecido mamário, mas preservando a pele e mamilo para futura reconstrução (*mastectomia subcutânea*), remoção do seio inteiro (uma mastectomia simples ou total) ou remoção do seio, nódulos linfáticos e músculo da parede torácica adjacente em um único procedimento (mastectomia radical).

- **Câncer de ovário** significa tumor maligno do ovário (*adenocarcinoma*). Pode ser cístico ou sólido.

- **Câncer de endométrio** refere-se ao tumor maligno do útero.

- **Cisto de ovário** são coleções de fluido dentro de uma bolsa ou um cisto.

- **DIP (doença inflamatória pélvica)** refere-se à inflamação dos órgãos pélvicos femininos.

- **Doença fibrocística** é uma doença do seio. É uma condição benigna envolvendo um ou mais tumores do seio.

- **Endometriose** envolve tecido endometrial em uma localização anormal, tais como os ovários ou intestino, associada com dismenorreia, dor pélvica e infertilidade.

- **Fibroma (leiomioma)** é um tumor benigno no útero composto de tecido fibroso e músculo, pode causar dor pélvica ou menorragia.

- **Fístula vésico-vaginal** é quando há uma abertura entre a vagina e a bexiga.

- **Prolapso uterino** envolve deslocamento do útero em direção à vagina.

- **SCT (síndrome do choque tóxico)** é uma moléstia grave causada por infecção bacteriana, mais frequentemente vista em mulheres menstruadas que utilizam absorventes internos. *Staphylococcus aureus* é o culpado bacteriano.

- **Síndrome de Stein-Leventhal (síndrome do ovário policístico)** refere-se ao mal funcionamento da glândula adrenal resultando em pelo facial (*hirsutismo*), ganho de peso e períodos menstruais infrequentes, anormais ou ausentes.

Testando, Testando: Radiologia e Testes de Diagnóstico do Sistema Reprodutor Feminino

Agradeça pela existência da medicina moderna. Ela ajuda a aliviar a mente de muitas mulheres ao prover respostas para as questões reprodutivas femininas de maior pressão. A maioria das mulheres estará familiarizada com alguns desses exames anuais (ou mais frequentes, no caso de algumas) que, embora causando um pouco de desconforto na hora, dão grande conforto em longo prazo por oferecer diagnósticos para muitas doenças sérias.

- **Exame de Papanicolau:** Amostra de células do cérvix são colhidas e examinadas sob análise microscópica; a presença de câncer cervical ou vaginal pode ser detectado

- **Histerossalpingografia:** Raio X tirado do útero e trompas de Falópio depois de injetado um contraste no útero para ver se ele se move livremente através das trompas e para fora dos ovários; usado para diagnosticar bloqueios nas trompas, que podem levar à infertilidade

- **Mamografia:** Filme de raio X do seio

- **Sonohisterografia:** Gravação do útero por ondas sonoras (ultrassom)

- **Teste de gravidez:** Detecta a presença de HCG na urina ou sangue para diagnosticar gravidez

Chamando o Dr. Terminologia: Cirurgias e Procedimentos do Sistema Reprodutor Feminino

Agora que você está em sintonia com as partes do corpo e possíveis problemas envolvidos no sistema reprodutor feminino, é hora de descobrir mais sobre as coisas que seu médico pode fazer para consertar o encanamento feminino, por assim dizer. Obviamente, muitas dessas cirurgias e procedimentos envolvem a capacidade da mulher em ter filhos, seja colocando um fim a essa capacidade por meio de uma histerectomia ou ajudando a aumentar as chances de engravidar. Primeiro, vamos falar um pouco sobre procedimentos gerais.

✔ **Aborto** é o fim de uma gravidez antes de o embrião ou feto ser capaz de existir por conta própria. Um aborto espontâneo pode ocorrer em uma gravidez até, e incluindo, as 12 semanas. Um aborto induzido ou terapêutico é um término deliberado da gravidez e é mais comumente realizado durante o primeiro trimestre, entre oito e 12 semanas. No Brasil, o aborto é crime previsto no Código Penal, com pena que varia de um a dez anos de prisão, excetuando o aborto praticado por médico, se não há outro meio de salvar a vida da gestante, bem como se a gravidez for resultado de estupro e for consentido pela gestante ou seu representante legal. O Supremo Tribunal Federal também permite aborto de fetos anencéfalos.

✔ **Conização cervical** é uma biópsia em forma de cone do tecido da boca do cérvix para propósitos diagnósticos. Esse procedimento geralmente segue um exame Papanicolau com alterações.

✔ **Criocirurgia** refere-se ao uso de temperatura fria ou congelada para destruir tecido, normalmente produzida por uma sonda contendo nitrogênio líquido.

✔ **D & C** significa dilatação e curetagem. Primeiro, a *dilatação* (alargamento da abertura cervical) é realizada. A *curetagem* (raspagem) é realizada em seguida, usando uma cureta ou anel de metal para remover amostras do revestimento do útero para propósitos de diagnóstico. Realizada também para remover produtos de concepção depois de um aborto espontâneo incompleto ou para reduzir sangramento uterino.

✔ **Histeroscopia** é o exame visual do útero realizado com um *histeroscópio.*

Muitas mulheres optam por uma forma permanente de esterilização, se decidirem não mais ter filhos. Os procedimentos são muito comuns e cada um tem seu conjunto de prós e contras. As mulheres são estimuladas a escolher o método de esterilização que seja melhor para seu estilo de vida e composição física individuais. Um método muito comum é a laqueadura, um procedimento que envolve corte ou interrupção e *ligação* (amarração) das trompas de Falópio para evitar a passagem do óvulo. Esse procedimento pode ser feito por laparoscopia ou através de uma incisão abdominal:

✔ **Anel tubário:** Um anel é colocado ao redor de uma seção de cada trompa e o tecido torna-se *necrótico* (morre), proporcionando uma quebra entre as duas porções da trompa.

✔ **Grampo tubário:** Um *grampo de Filshie* é usado para grampear as trompas, similar ao método do anel tubário.

✔ **Método laparoscópico:** O laparoscópio é inserido através da parede abdominal e as trompas podem ser lacradas com faíscas de alta frequência (*cauterização*) ou queimadura.

Divertindo-se com os hormônios: Do começo ao fim e controle de natalidade no meio

A menstruação e gravidez não apenas dependem dos hormônios produzidos nos ovários, mas também dos secretados pela glândula pituitária. O *hormônio folículo-estimulante (FSH)* e o *hormônio luteinizante (LH)* ajudam a estimular o desenvolvimento do óvulo e a ovulação. Depois da ovulação, o LH influencia a manutenção do corpo lúteo e sua produção de estrogênio e progesterona.

Durante a gravidez, os altos níveis de estrogênio e progesterona afetam a própria glândula pituitária, derramando para fora sua produção de FSH e LH. Quando uma mulher está grávida, novos óvulos não amadurecem, e não pode acontecer a ovulação. Essa interação, quando hormônios agem para cortar a produção de outro grupo de hormônios, é chamado *feedback negativo*. Esse é o princípio por trás da ação das pílulas de controle de natalidade no corpo. Essas pílulas contêm quantidades variáveis de estrogênio e progesterona, aumentando os níveis de hormônio no sangue. O feedback negativo ocorre e a pituitária não lança FSH e LH. A ovulação não pode ocorrer sem esses hormônios, e a mulher não pode engravidar.

Outras medidas contraceptivas femininas incluem o DIU (dispositivo intrauterino) e o diafragma. O *DIU* é um pequeno instrumento espiralado colocado dentro do útero por um médico. Sua presença no útero (corpo estranho) irrita o revestimento uterino para prevenir a implantação de um óvulo fertilizado. Um *diafragma* é um dispositivo de borracha em forma de concha inserido sobre o exterior do cérvix, antes da relação sexual, para evitar que o espermatozoide passe e vá em direção ao útero, para as trompas de Falópio.

O final desse ciclo contínuo ocorre quando a secreção do estrogênio dos ovários diminui, menos óvulos são produzidos e a menopausa começa. A *menopausa* é o fim gradual do ciclo menstrual e o processo natural resulta do envelhecimento normal dos ovários. A menopausa prematura pode ocorrer antes dos 35 anos, enquanto a menopausa tardia pode ocorrer depois dos 55. A menopausa artificial ocorre se os ovários forem removidos cirurgicamente ou perderem sua função devido a radioterapia. A menopausa é considerada completa quando os períodos menstruais são ausentes por, ao menos, 12 meses.

A *laqueadura* surgiu na década de 1970 e a primeira *colecistectomia laparoscópica* foi realizada em 1989.

Muitos procedimentos cirúrgicos para o sistema reprodutor feminino requerem o reparo ou remoção de algumas partes do sistema. Na maioria dos casos sérios (com frequência envolvendo câncer), o útero inteiro e o cérvix que o circunda são completamente removidos. Tenha em mente que os seios são considerados parte desse sistema também, então na lista seguinte você verá termos referindo-se à remoção cirúrgica ou reparo dessas partes do corpo também.

- ✔ **Colpopexia:** Fixação cirúrgica da vagina às estruturas que a circundam

- ✔ **Combinação especial** (histerectomia total com salpingo-ooforectomia bilateral): Remoção do útero, cérvix, ambas as trompas de Falópio e ovários, comumente é referida como TAH-BSO (da sigla em inglês)

- ✔ **Himenectomia:** Remoção cirúrgica do hímen

- ✔ **Histerectomia abdominal:** Remoção cirúrgica do útero através do abdômen

- ✔ **Histerectomia laparoscópica:** Remoção cirúrgica do útero usando um laparoscópico

- ✔ **Histerectomia subtotal:** Remoção cirúrgica do útero apenas (o cérvix é mantido)

- ✔ **Histerectomia total:** Remoção cirúrgica do útero e cérvix

- ✔ **Histerectomia vaginal:** Útero e cérvix são cirurgicamente removidos pela vagina

- ✔ **Histeropexia:** Fixação cirúrgica de um útero deslocado ou anormalmente móvel

- ✔ **Lumpectomia:** Remoção apenas do caroço canceroso do seio; a mastectomia subcutânea é a remoção do tecido mamário que preserva a pele e o mamilo para futura reconstrução; a mastectomia simples ou total pode envolver a remoção do seio inteiro; em uma mastectomia radical, o seio é removido, junto com os nódulos linfáticos e o músculo da parede torácica adjacente, em um único procedimento

- ✔ **Mastectomia:** Remoção cirúrgica de um seio

- ✔ **Ooforectomia:** Remoção cirúrgica de um ovário

- ✔ **Salpingectomia:** Remoção cirúrgica de uma trompa de Falópio

- ✔ **Salpingo-ooforectomia (ou ooforo-salpingectomia):** Remoção da trompa de Falópio e ovário

- ✔ **Salpingo-ooforectomia bilateral:** Remoção cirúrgica de ambas as trompas e ambos os ovários

- ✔ **Vaginoplastia:** Reparo cirúrgico da vagina

- ✔ **Vulvectomia:** Remoção cirúrgica da vulva

Naturalmente, já que criar vida e dar à luz são dois imensos trabalhos desse sistema, você seria negligente em deixar escapar esses termos obstétricos:

- **Amniocentese:** Envolve punção cirúrgica para aspirar líquido amniótico pela inserção de uma agulha através das paredes abdominal e uterina, usando a orientação de um ultrassom. O líquido é usado para avaliação da saúde e maturidade fetal. Este procedimento é usado para ajudar no diagnóstico de anormalidades fetais. É realizado cedo na gravidez, até as 16 semanas, para determinar anormalidades como *síndrome de Down*, *espinha bífida* ou determinar o sexo do feto. É feito mais tarde na gravidez para determinar a maturidade pulmonar do feto.

- **Amniotomia:** Incisão na bolsa amniótica para induzir o trabalho de parto. É referida também como *ruptura artificial das membranas*.

- **Cesariana:** Remoção cirúrgica do feto através das paredes abdominal e uterina. Uma *cesariana* pode ser feita devido a uma *apresentação pélvica* (a cabeça do bebê não está na posição para baixo), *nascimentos múltiplos*, placenta prévia (que desenvolve-se na parede uterina inferior e pode cobrir o cérvix, bloqueando o canal do nascimento), *descolamento de placenta* (separação prematura da placenta da parede uterina), *desproporção cefalopélvica* (quando a cabeça ou o corpo de um bebê é muito grande para encaixar na pélvis da mãe), falha no trabalho de parto ou qualquer sinal de que o feto está em estresse.

- **Episiotomia:** Refere-se à incisão da vulva ou períneo. É feita durante o parto para prevenir o rompimento do períneo.

- **Pelvimetria:** Medição da pélvis da mãe para determinar a capacidade de o feto passar através dela.

- **Ultrassom obstétrico:** Ultrassom do abdômen e pélvis que determina o desenvolvimento fetal, taxa de crescimento e estima a idade fetal, peso e maturidade.

- **Salpingectomia:** Remoção de uma trompa de Falópio a fim de remover uma gravidez ectópica.

Raio X Terminológico: Farmacologia para o Sistema Reprodutor Feminino

E agora, uma breve fala sobre nossos amigos, os medicamentos. Muitas mulheres com esperança de ter filhos, e que estão experimentando dificuldades, são muito agradecidas por haver remédios para tratar a infertilidade, tais como *citrato de clomifeno*. Essas pequenas maravilhas trabalham estimulando a glândula pituitária a lançar LH e FSH, além de aumentar a capacidade do corpo para a fertilização. Embora esses medicamentos não sirvam para tudo, eles têm ajudado incontáveis mulheres a alcançarem seu objetivo de se tornarem mães. Na outra extremidade do espectro da concepção, alguns bebês querem aparecer muito cedo. Nesses casos, relaxantes uterinos são usados para interromper o trabalho de parto prematuro na gravidez.

Analgésicos são calmantes usados para tratar cólicas menstruais e períodos dolorosos. E existem os "antis". Remédios *antifúngicos* são usados para tratar infecções fúngicas vaginais, enquanto os *anti-inflamatórios* e *antibióticos* são usados para tratar algumas doenças sexualmente transmissíveis (para mais informação sobre DSTs que afetam homens e mulheres, veja Capítulo 22).

Parte VI
A Parte dos Dez

"Na minha opinião, você sofre de um transtorno de hiperatividade. E, quando tiver terminado de escrever, gostaria da minha tabela de volta."

Nesta parte . . .

Esta é a seção rápida e certeira. Ponha sua mente para pensar diferente. O que queremos dizer é que esta é uma seção cheia de informação rápida e fácil de aprender, que vai afiar seu cérebro carcomido terminologicamente e impressionar as pessoas nos jantares. No Capítulo 24, você tem uma lista rápida dos nossos recursos terminológicos favoritos, de livros a sites. O Capítulo 25 mostra alguns dispositivos mnemônicos legais, enquanto o Capítulo 26 dá ideias para atividades divertidas de construção de palavras, para aqueles dias em que simplesmente usar suas fichas já não funciona.

Capítulo 24

Dez Referências Essenciais de Terminologia Médica

Neste Capítulo

▶ Acesse as referências terminológicas mais amplamente utilizadas

▶ Encontre o tipo de referência que funciona melhor para o seu modo de vida

A h, você sabe que quer mais. Referências de terminologia médica, eu quero dizer. O que você pensou que era? Seja você atraído pelas pilhas de livros da sua biblioteca local ou prefira o clique do computador, aqui estão dez referências terminológicas que você não pode viver sem (em inglês).

Medterms.com

Um subsite do MedicineNet.com, esta referência médica inclui mais de 16.000 termos em inglês. Através de um mecanismo de busca simplificado, o site pode buscar palavras com grafias semelhantes e grafias incorretas — o que é uma vantagem para aqueles de nós que nunca venceram um concurso de soletração. O site também oferece a palavra do dia e ganha em credibilidade pelo fato de que seus médicos são os autores da última edição do *Webster's New World Medical Dictionary*.

No Brasil um site muito utilizado como fonte de consulta para dúvidas em cada uma das especialidades médicas é o Medicinanet.com.br.

Medilexicon.com

Este site é bom "tem de tudo", apresentando uma lista de abreviações médicas que podem ser totalmente pesquisáveis e também um dicionário médico em inglês. É uma grande festa da pesquisa, oferecendo essa função para medicamentos, instrumentos médicos e códigos de CID-10 (códigos usados para tabelas e faturamentos médicos).

Há diversos sites de abreviaturas médicas em português disponibilizados por hospitais. No entanto, são abreviaturas utilizadas especificamente como regras ditadas por cada instituição, não podendo ser generalizadas ou padronizadas para todas. Algumas abreviaturas comuns já citadas neste livro são amplamente utilizadas por derivarem do inglês. É possível consultar todos os códigos e doenças listados pelo CID-10, códigos também utilizados pelo médico para requisição de exames e procedimentos cirúrgicos de planos de saúde, através do site do Departamento de Informática do Sistema Único de Saúde (DATASUS). O site de referência para tal consulta é: `www.datasus.gov.br/cid10/v2008/cid.htm`.

Merriam-Webster's Medical Desk Dictionary

Esta referência de cabeceira chega a você por cortesia do paizão Merriam-Webster. Você já ouviu falar de Merriam-Webster, certo? Esses queridinhos da dicção escreveram o seu quinhão de referências, então certamente você está em boas mãos.

Há uma referência brasileira semelhante, o Dicionário Médico MEDSI, traduzido para o português. São 512 páginas em sua 9ª. Edição, de termos e definições para se deleitar.

NetMED.com.br

Você pode contar com NetMED.com.br para acessar artigos e informações médicas. Além da consulta ao PUBMED/Medline, um importante banco de dados contendo artigos científicos escritos por membros da academia, é possível também consultar algumas revistas médicas de referência, um bulário médico contendo alguns medicamentos em inglês e traduzidos para português, assim como o CID-10.

Dicionário Médico Ilustrado Dorland

Se você se considera um aprendiz visual, pense no dicionário Dorland como o seu novo melhor amigo. Ele não apenas tem todos os termos que você precisa saber, como é cheio de ilustrações que o ajudam a chegar ao ponto. E está disponível tanto online, em inglês, em `www.dorlands.com`, quanto em formato impresso em português. Para acesso online em português, há um site brasileiro disponível, `www.dicionariomedico.com`, contendo 9.195 termos médicos para consulta.

Stedman Dicionário Médico

Este monstro tem bem mais de 2.000 páginas repletas de conhecimento de terminologia médica em inglês. A 27ª edição contém mais de 1.050 ilustrações coloridas, sendo revisto por várias especialidades médicas. Em um dos apêndices do dicionário, o leitor encontra pranchas anatômicas ilustradas. O dicionário Stedman é famoso pelo número de imagens coloridas, que tendem a ser úteis para os estudantes e profissionais de terminologia médica.

Dicionário Médico Enciclopédico Taber

O site do Taber em `www.tabers.com` diz que é "o dicionário de saúde e ciências mais vendido no mundo", oferecendo mais de 56.000 termos. Como muitos dos seus concorrentes, o Taber oferece a versão impressa do seu dicionário em português, mas também um componente online e termos em inglês enviados diretamente para o seu dispositivo móvel. Outras estatísticas vitais do Taber incluem: setecentos imagens coloridas, 2.500 pronúncias em áudio, lista de favoritos personalizada, busca de similaridade de som e tópico de referências cruzadas. Então, se você está checando alguma parte de um sistema em particular, o dicionário irá apontá-lo na direção da informação relacionada. Isso é quase como gentilmente levá-lo pela mão.

Medicalmnemonics.com

Este é um site legal e divertido, em inglês. Se você precisa de um pequeno impulso para ajudá-lo a lembrar de palavras e termos, há chances de que você já use dispositivos mnemônicos. Você sabe, como "vou a, volto da, crase há; vou a, volto de, crase pra quê?".

Dispositivos mnemônicos são, com frequência, pequenas frases para ajudá-lo a lembrar-se do que está tentando aprender e colocar no papel, em um discurso ou em um teste padronizado. É um site completamente dedicado a esse conceito. Funcionando praticamente como uma enciclopédia virtual colaborativa, você pode adicionar seus próprios dispositivos ao banco de dados e ajudar outras pessoas. É possível fazer uma busca no banco de dados ou procurar por sistemas e tabelas. Pode, inclusive, personalizar para atender suas necessidades ou configurar o site para baixar em seu celular ou dispositivo móvel. A parte mais legal: é totalmente gratuito e sem fins lucrativos. Então, agradeça aos seus colegas da saúde por compartilharem o amor, e lembre-se de compartilhar algo seu adicionando seu próprio recurso mnemônico.

Medical Terminology Systems Quick Study Guide

Aquela boa gente da Bar Charts, Inc. pensou, "por que se aborrecer com todas aquelas páginas e amarrações que fazem um livro tradicional?". Quando você realmente quer saber algo, você quer que apareça como mágica bem em frente aos seus olhos. Voilá! Entre no *Quick Study Guide*, também conhecido como o cartaz gigante laminado. Você provavelmente já viu gráficos similares no consultório médico representando suas entranhas. Este material é superútil e aponta os destaques terminológicos. Você pode encontrar todo tipo de guias similares em www.barcharts.com para coisas como abreviações comuns, termos sistêmicos individuais (com ilustrações) e até mesmo guias para enfermeiros. Quem precisa de papel de parede quando você pode pendurar essas belezuras?

Infelizmente, esta maravilha está toda em inglês, mas em português, temos o Dicionário de Termos Médicos da Porto Editora, com mais de 41 mil palavras e 30 mil conceitos médicos. No entanto, lembre-se que o site www.infopedia.pt/termos-medicos está em português, mas o de Portugal! E a estrela gratuita de estudos, artigos e revisões acadêmicas da área de saúde, que reúne literatura de toda a América Latina e Caribe, é a Biblioteca Virtual em Saúde. Se quiser informação detalhada, no entanto, em linguagem técnica, acesse www.bireme.br.

REY – Dicionário de Termos Técnicos de Medicina e Saúde

Este, definitivamente, é um compêndio comparável a uma enciclopédia da área de saúde. É usualmente destinado a estudantes e profissionais da área. Investimento bibliográfico que perpassa as simples definições e detalha a morfologia, fisiologia e patologia, bioquímica e biologia molecular, genética, ecologia, epidemiologia, farmacodinâmica e imagem, além de informar sobre doenças e medicina tropicais. A obra utiliza, preferencialmente, as nomenclaturas internacionais.

Capítulo 25

Dez ou Mais Dispositivos Úteis de Memorização

Neste Capítulo

▶ Use dispositivos frasais simples para se lembrar de termos médicos

▶ Descubra maneiras rápidas de relembrar funções sistêmicas simples

*U*m *dispositivo de memorização* (mnemônico) é qualquer maneira simples de lembrar algo, como listas de termos, funções ou definições. São normalmente meio bobos, o que os faz destacarem-se em sua mente. Neste capítulo, vamos compilar 11 grandes dispositivos úteis para você (em inglês).

Nervos Cranianos

Não force seu crânio para lembrar daqueles nervos cranianos. Apenas recorde: "Olha, o meu pateta, tanto mal fazer a gente precisa s(e)r hipócrita!" para lembrar:

(O)lha--------olfatório

(O)----------óptico

(M)alvado---motor ocular comum(oculomotor)

(P)ara-------patético (troclear)

(T)anto-------trigêmeo

(M)al---------motor ocular externo (abducente)

(F)azer-------facial

(A)------------auditivo (vestíbulo-coclear)

(G)ente-------glossofaríngeo

(P)recisa-----pneumogástrico (vago)

s(E)r----------espinhal (acessório)

(H)ipócrita---hipoglosso

Número de Lóbulos do Pulmão

Para lembrar a localização dos diferentes lados dos pulmões, pense em *tri* e *bi*. O pulmão trilobular vive do lado direito, junto com a válvula cardíaca tricúspide. A bicúspide e o pulmão bilobular vivem no lado esquerdo do seu corpo.

O Tamanho da Tireoide

Você já brincou de olhar para as nuvens e tentar descobrir com o que elas se parecem? Bem, você pode fazer o mesmo com a tireoide, que parece um pouco com um sutiã. Para lembrar o tamanho da tireoide, apenas lembre-se que os peitos são maiores nas mulheres do que nos homens, então a tireoide é maior na mulher. Ainda mais, mulheres grávidas têm os maiores peitos, então elas têm as maiores tireoides.

Camadas do Couro Cabeludo

As camadas do seu couro cabeludo podem ser memorizadas pela palavra SCALP, de escalpo, em inglês. Lembre dessa fórmula simples:

S – (Skin) Pele

C – (Connective tissue) Tecido subcutâneo

A – (Aponeurosis) Aponeurose muscular

L – (Loose connective tissue) Tecido adiposo areolar

P – (Pericranium) Pericrânio

SCALP!

Músculos do Manguito Rotador

Lesões do manguito rotador podem ser debilitantes, especialmente para um atleta. Você pode lembrar-se dos músculos do manguito rotador lembrando de SITS. Estes músculos são (no sentido horário, a partir de cima):

Supraspinatus (supraespinhal), Infraspinatus (infraespinhal), Teres minor (redondo menor) e Subscapularis (subescapular).

Nervo Radial

Os músculos abastecidos pelo nervo radial são "the BEST" (os melhores)! Lembre-se:

Brachioradialis (braquiorradiais)

Extensors (extensores)

Supinator (supinador)

Triceps (tríceps)

BEST!

Nervos da Face

Você pode lembrar o que os principais músculos da face fazem para combinar a ação ao nome. Pense em *M* e em *Facial*. O nervo *mandibular* está encarregado da *mastigação*. O nervo *facial* está encarregado da *expressão facial*.

Perineal versus Peroneal

Não consegue distinguir entre essas duas palavras? Apenas lembre-se que perIneal é *interno* (entre as pernas). PerOeal é o que você *observa* (nas pernas).

Caminho do Esperma Através do Trato Reprodutor Masculino

Pobre Steve. Esse é um momento difícil, mas ele é o melhor candidato para lembrar o caminho que o esperma toma para sair do corpo. Conheça Steve:

Seminiferous **T**ubules (túbulos seminíferos)

Epididymis (epidídimos)

Vas deferens (canais deferentes)

Ejaculatory duct (ducto ejaculatório)

Localizações do Osso do Carpo

Quem diria que os ossos do carpo pudessem ser tão atrevidos? Quando você estiver pensando nesses ossos, lembre-se da seguinte frase: *Teu Tio Cantou Helena Pedindo Para Ela Sorrir*:

Trapézio **T**rapezóide

Capitato

Hamato

Pisiforme

Pirimidal

Escafoide

Semilunar

Ossos Cranianos

Já que os ossos cranianos ajudam a compor o seu crânio, tenha em mente que "Olhe para frente em tempo, esperto!":

Occipital

Parietal

Frontal

Etmoide

Temporal

Esfenoide

Capítulo 26

Dez Atividades Divertidas de Construção de Palavras

Neste Capítulo

▶ Crie algumas alternativas para memorização

▶ Encontre a atividade que mais ajuda você a lembrar de termos importantes

*V*amos encarar: memorizar listas de termos médicos provavelmente não é a atividade mais divertida que você já teve. Há maneiras de fazer tudo se encaixar? Como se vê, há, sim. E aqui é onde compartilhamos isso com você.

Agrupamento de Palavras

Uma coisa é exatamente como a outra. Tudo bem, não é exatamente assim, mas serve aos seus propósitos se você conseguir lembrar melhor os termos agrupando-os em categorias similares. Muitas vezes, ajuda se pensar nos termos em relação a outros associados. Você pode agrupar palavras e termos por:

- Sistema
- Função
- Som
- Prefixos e sufixos
- Raízes comuns
- Tipo de palavra (como parte do corpo, condição, doença, procedimento ou farmacologia)

As possibilidades são infinitas, então gaste algum tempo pensando no que funciona melhor para você.

Usando Partes que Você Já Conhece para Construir Palavras Médicas

Você tem uma boa memória? Direcione seu cérebro para algumas partes que soem naturais para você e então comece a construir novas palavras. Alguns prefixos, por exemplo, são bem autoexplicativos. Cardio é usado para coração. Gine/o, para todas as coisas do trato reprodutivo feminino. Então use o que vem naturalmente para aprender as palavras relacionadas.

Aqui está um método:

1. Comece listando as partes que você já conhece por meio do uso diário, até mesmo o que você aprendeu em programas de televisão. Apenas certifique-se de que estão corretas!

2. Crie uma relação para cada parte que conhece. Você pode fazer isso no computador, em um editor de texto ou — ainda mais eficiente — em uma planilha.

3. Construa algumas palavras! Neste ponto, apenas escreva livremente e adicione todas as palavras relacionadas que conhece.

4. Assim que começar as listas, pode pesquisar mais palavras que derivem daquela raiz, prefixo ou sufixo. Quando estiver pronto para estudar, você terá um imenso banco de dados de palavras.

Combinando a Parte da Palavra com a Definição

Uma atividade similar envolve a combinação de partes de palavras, seja prefixo, sufixo ou raiz, à sua definição. Esta é provavelmente a forma padrão mais conhecida de memorização, e funciona. Se você pode aprender as partes individuais, pode criar quase qualquer termo médico. Aqui está uma maneira útil e de pouca tecnologia para fazer isso:

Crie dois conjuntos de fichas — um com a parte da palavra e outro com a definição correspondente. Então, combine-os. Como você saberá se está correto? Corte cada cartão pela metade de um modo distinto, de forma que cada um só encaixará com o seu parceiro. Se encaixar, você acertou.

Palavras Cruzadas

Você é uma daquelas pessoas que gastam as manhãs de domingo mergulhadas no jornal, trabalhando nas palavras cruzadas? Considera-se um mestre na construção de palavras? Bem, essa atividade divertida e mentalmente desafiadora não é apenas uma grande maneira de matar o tempo, é um jeito incrível de lembrar palavras e suas definições. Você pode criar suas próprias palavras cruzadas ou buscar outros recursos para encontrá-las. Para criar sua própria, confira os sites:

- ✔ www.educolorir.com/crosswordgenerator/por/
- ✔ www.imagem.eti.br/gerador-palavras-cruzadas/
- ✔ www.lideranca.org/word/palavra.php

Você também pode adquirir um software de palavras cruzadas em sites como www.baixaki.com.br/busca/?q=palavras-cruzadas.

Se você não está a fim de criar suas próprias palavras cruzadas, aqui está um par de recursos online (em inglês):

- ✔ www.studystack.com
- ✔ www.medword.com

Confira também sites de instituições médicas. Muitos programas oferecem jogos e quebra-cabeças de construção de palavras tanto para estudantes, quanto para visitantes.

Fichas

Se você não encontrar fichas prontas no mercado para esse propósito, pode fazer as suas próprias. Tudo o que precisa é de um pacote barato de cartões e uma caneta e, pronto! Você pode fazê-las por definição, sistema, função ou parte da palavra.

Nomeie Aquele Sistema

Se você pode nomear uma função, pode nomear um sistema. Monte essa atividade com alguns amigos, alguns drinks e você terá uma noite inteira de diversão. Essa atividade pode ser feita de várias formas, do básico Pergunta & Resposta até quizzes com dicas. Você pode incorporar algumas fichas rápidas e fáceis ao jogo. Uma atividade similar é recitar um monte de termos e citar o sistema associado a eles, ou fazer exatamente o oposto.

Forca Médica

Você deve se lembrar de matar o tempo jogando forca, não? Essa é exatamente a mesma atividade, mas com termos médicos. E talvez o pequeno homem sendo desenhado não esteja pendurado, mas deitado em uma mesa de operação. Aqui estão alguns sites que fornecem jogos de forca médicos (em inglês):

- ✔ www.quia.com
- ✔ www.studystack.com
- ✔ www.cssolutions.biz

Caça-palavras

Crie um caça-palavra de termos que você precisa saber. Há inúmeros programas de computador que oferecem ferramentas para criação de caça-palavras, e muitos são gratuitos online. Monte uma busca usando quaisquer termos que você precise saber. Essa atividade funciona melhor se você usar palavras que são pouco familiares ou difíceis de lembrar. Onde está o desafio de procurar palavras que você conhece bem? Estique-se e veja o que acontece. Tente esses sites:

- ✔ www.lideranca.org/word/palavra.php
- ✔ www.imagem.eti.br/gerador-caca-palavras/

Você também pode tentar alguns sites que com caça-palavras médicas já criadas (em inglês):

- ✔ www.mwsearch.com
- ✔ www.world-english.org/wordsearchmedical.htm
- ✔ www.medword.com
- ✔ www.medtrng.com/quia.htm

Formas Combinadas

Nossas boas companheiras, as formas combinadas (raízes das palavras), estão de volta. Você pode criar listas customizadas de formas combinadas junto com suas definições, misture e combine ou pegue um colega de quarto, ou outra pessoa, para perguntar a você (ou simplesmente pergunte a si mesmo) sobre o significado.

Palavras Misturadas

Uma atividade de construção de palavras completamente enlouquecedora, demorada e altamente útil é *palavras misturadas*. É exatamente o que parece ser. Palavras são misturadas, letras são embaralhadas e é seu dever criar uma palavra real a partir da bagunça. Por exemplo, você pode compreender *etrvidliuceti*? É a boa e velha *diverticulite* disfarçada! Palavras misturadas são incrivelmente úteis se você tiver problemas com ortografia e trabalhar com palavras muito longas. Jumble.com e wordjumble.com são dois dos sites mais populares (em inglês).

Apêndice

Prefixos e Sufixos

Precisa de uma solução rápida? Aqui está uma grande lista dos principais prefixos e sufixos que cobrimos neste livro, todos em ordem alfabética e prontos para serem estudados. Muitos deles podem ser aplicados a mais de um sistema corporal.

Rapidamente, antes que você mergulhe nos prefixos e sufixos que vai conhecer e amar, pense sobre o que cada parte da palavra faz e por que faz. Prefixos e sufixos são modificadores ou adjetivos que alteram o significado da raiz.

O começo, o alfa, o ponto de partida é o prefixo. Ele diz algo sobre o que você irá encontrar dentro da palavra em si. O prefixo aparece no começo de uma palavra e diz o como, por que, onde, quando, quanto, quantos, posição, direção, tempo ou estado.

Você deve reconhecer muitos dos prefixos associados à terminologia médica, porque eles têm significados similares no vocabulário diário. Por exemplo, o prefixo mais básico *a-* significa sem, ou não, na terminologia médica, exatamente como é em qualquer outra palavra. Se algo é *atípico*, por exemplo, não é típico. *Hemi-* significa metade, como em *hemisfério*. A moral da história é que prefixos não são apenas decoração. Eles têm um único e específico objetivo, que é dizer mais sobre as circunstâncias que envolvem o significado da palavra.

Prefixos

A-/ ou an-/	Sem ou falta de
Bi- ou bin-	Dois
Bradi-	Devagar

Dis-	Difícil, doloroso, desconfortável
Endo-	Dentro
Epi-	Sobre, acima de, em cima de
Eu-	Normal
Ex-, exo-	Para fora, exterior
Hemi-	Metade
Hidro-	Água
Hiper-	Excessivo, acima do normal
Hipo-	Abaixo do normal
Inter-	Entre
Intra-	Dentro
Nuli-	Nenhum
Pan-	Todos
Para-	Anormal
Para-	Ao lado, além, ao redor
Per-	Através
Peri-	Ao redor
Polio-	Cinza
Poli-	Muitos, muito
Primi-	Primeiro
Quadri-	Quatro
Re-	De volta
Retro-	De volta, para trás
Secundi-	Segundo
Sub-	Abaixo, por baixo
Taqui-	Rápido
Trans-	Através, transversal, além

Sufixos

Em seguida, temos o ômega, a última chamada para a cena das palavras — o sufixo. O sufixo, sempre no fim de uma palavra, costuma indicar um procedimento, um problema ou uma doença. Enquanto o prefixo dá uma pista do que esperar no significado de uma palavra, o sufixo não faz rodeios e diz o que está acontecendo com uma parte ou um sistema específico do corpo. E também pode vincular o que está errado medicamente ou indicar o procedimento usado para diagnosticá-lo e solucioná-lo.

Sufixos operam no mundo médico como fazem na terra do português comum. Como os prefixos, muitos desses têm significados similares na boa e velha língua do dia a dia ouvida nas ruas. Por exemplo, o sufixo *-metro* indica um instrumento usado para medir algo, exatamente como é em português (como *odômetro*). *Geografia*, um termo temido por muitos alunos do quinto ano no mundo inteiro, termina com *-grafia* e significa, mais ou menos, "registrando terras".

-algia	Dor
-aferese	Remoção
-ar, -ari	Referente a
-ase	Enzima
-blast	Imaturo
-capnia	Dióxido de carbono
-centese	Punção cirúrgica com agulha para aspirar fluido
-calase	Relaxamento
-continência	Parar
-cuse	Audição
-ciese	Gravidez
-citose	Condição de células
-dese	Fixação cirúrgica
-drome	Executar, funcionamento
-ectase	Alongamento ou expansão
-ectomia	Remoção cirúrgica ou incisão
-emia	Condição sanguínea
-fagia	Comer ou engolir
-fonia	Som

-forese	Carregar/transmissão
-flux	Fluxo
-gen	Produtor
-genese	Produção
-globin	Proteína
-globulin	Proteína
-gram	Imagem ou gravação finalizada
-graf	Instrumento usado para gravar
-grafia	Processo de gravação
-lase	Condição anormal
-ician	Aquele que
-ismo	Estado de ou condição
-ite	Inflamação
-litiase	Cálculo ou pedra
-lise	Afrouxamento, separação
-litic	Destruição ou quebra
-malacia	Amolecimento
-megalia	Aumento
-metrista	Especialista em medir
-metria	Processo de medir
-ologia	Estudo de
-oma	Tumor ou massa
-opia	Visão (doença)
-opsia	Vista de, exame
-optose	Flacidez
-orrafia	Fixação cirúrgica ou sutura
-orreia	Fluxo excessivo
-oria	Referente a
-oscopia	Exame visual de cavidade interna usando um escópio (instrumento)
-ostomia	Criação de uma abertura oficial
-otomia	Processo de cortar

-oxia	Oxigênio
-para	Aguentar, nascido vivo
-parese	aralisia leve
-patia	Doença
-pepsia	Digestão
-pexia	Fixação cirúrgica
-plastia	Reparo cirúrgico ou reconstrução
-plegia	Paralisia
-pneia	Respiração
-poiese	Formação
-prandial	Refeição
-ptose	Inclinação, flacidez, queda
-rragia	Irromper, fluxo excessivo
-rrafia	Reparação de sutura
-rreia	Descarga ou fluxo
-salping	Trompa de Falópio
-squese	Fenda ou divisão
-scopio	Instrumento usado para exame visual
-scopia	Exame visual
-stase	Parada ou controle
-stenose	Estreitamento ou constrição
-tenia	Falta de força
-torax	Tórax
-tocia	Trabalho de parto
-tresia	Abertura
-tripsia	Esmagamento cirúrgico
-tropia	Modificar
-uria	Micção, urina
-us	Condição

Índice

• *B* •

● F ●

• *U* •

Este livro foi impresso nas oficinas gráficas da Editora Vozes Ltda.,
Rua Frei Luís, 100 – Petrópolis, RJ.